Homilética

Teoría y práctica de la predicación reformada

Peter Y. De Jong

editorial **δουλος**
Embajadores en cadenas

McAllen, Texas
www.editorialdoulos.com

Editorial Doulos
2024 N 10th St
McAllen, Texas 78501
www.editorialdoulos.com
editor@editorialdoulos.com

Editorial Doulos

Colección de Educación Cristiana y Formación Teológica
Volumen 6

Editorial Doulos se complace en presentar el sexto volumen de la colección *Educación Cristiana y Formación Teológica*. El propósito de esta colección es de proveer libros que exponen la metodología de la educación cristiana y la formación teológica con el fin de equipar la iglesia para el servicio. La colección reunirá obras de teoría y manuales de práctica siguiendo una línea educativa en que la Palabra de Dios siempre es tomada como la autoridad final en el desarrollo de la mente y la vida del cristiano.

Volumen I
Marvin J. Argumedo. *Construyendo una Educación Teológica: Principios bíblico-teológicos de la educación.*

Volumen II
Donald Grey Barnhouse. *Enseñando la Palabra de Verdad: Lecciones prácticas de doctrina cristiana para niños y jóvenes.*

Volumen III
Sidney Greidanus. *El Predicador Moderno y el Texto Antiguo: La interpretación y predicación de la literatura bíblica.*

Volumen IV
Louis Berkhof. *Introducción al Nuevo Testamento.*

Volumen V
Bernard L. Ramm. *Interpretación Bíblica Protestante.*

Volumen VI
Peter Y. De Jong. *Homilética. Teoría y práctica de la predicación reformada*

Adquiérelos en su librería cristiana favorita o en nuestra página de internet: www.editorialdoulos.org. Para más información sobre nuestra editorial comuníquese con nosotros en:
Editorial Doulos
2024 N 10th St
McAllen, Texas 78501
(956) 682-9895
editor@editorialdoulos.org

CONTENIDO

Prefacio

De hacer muchos libros, dijo el antiguo sabio hebreo, no hay fin. Esto es verdad también con respecto a la predicación, desde los tiempos de la Segunda Guerra Mundial. Volúmenes escritos por autores británicos, alemanes y holandeses han salido de las imprentas, por no mencionar aquellos escritos por estadounidenses. Incluso en la iglesia Católico-Romana, que no es reconocida por tener un alto concepto de la predicación, dichos libros están lejos de ser una rareza.

¿Por qué, entonces, otro libro, ahora específicamente destinado a servir a los estudiantes de un seminario reformado? Muchos de los que ya han aparecido se pueden usar con cierto provecho. Pero, con sólo una rara excepción, estos se dirigen únicamente a unas pocas áreas que demandan estudio, reflexión y discusión. Algunos tratan con cierta exclusividad de temas y tópicos dignos de un sermón en estos días; otros tratan en gran medida con el estilo y la presentación. Muy incidentalmente mencionan los fundamentos teológicos en la historia de la redención y el llamamiento único de la congregación de Cristo en un mundo agónico.

Una feliz excepción es el texto de M. Reu: *Homiletics, Manual of theTheory and Practice of Preaching* [Homilética: Manual de Teoría y práctica de la predicación], reimpreso por Baker Book House en 1971. Sin embargo, su fuerte orientación luterana, a pesar de tener mucho material valioso, hace que sea menos que satisfactorio como libro de texto en un seminario reformado. También su tamaño, causado por las citas de escritores de corrientes confesionales y convicciones teológicas divergentes, hacen que sea muy complicado trazar líneas claras dentro del tiempo generalmente asignado a un curso básico sobre la predicación cristiana.

En un intento por llenar esta necesidad, el material que se encuentra en estas páginas fue primero preparado en forma de programa de clases para los estudiantes del Seminario Reformado Mid-America. Ahora aparece en forma revisada con la oración de que Dios nuestro Padre celestial, quien llama a los predicadores al oficio santo de "conducir a los pecadores a la reconciliación con Dios por medio de Jesucristo y nutrir a los creyentes en la fe y la vida del Reino de Dios", bendiga este esfuerzo para alabanza de la gloria de su gracia.

Peter Y. De Jong
Noviembre de 1993

INTRODUCCIÓN
Nombre y concepto de la Homilética

··· ൭Ⳃൠ ···

Cuando nuestro Señor Jesucristo, Salvador y Cabeza de la iglesia, estuvo listo para ascender al cielo, dejo tras de sí a hombres escogidos por Él para llevar a cabo su misión en el mundo (Juan 15:16; 17:20,21; 20:21).

Estos hombres tenían el mandato de llevar el evangelio hasta los fines de la tierra. Debían bautizar en el nombre de su Señor. También debían hacer discípulos a todas las naciones, enseñando a hombres y mujeres de todas partes, todas las cosas que Jesús les había enseñado a ellos (Mateo 28:19,20). De esto podemos ver qué tan importante, qué tan indispensable, es la comunicación del evangelio.

Con esto trata la *Homilética* misma, como ciencia o disciplina teológica. Y si nuestro aprendizaje debe ser llevado de forma ordenada y sistemática, entonces el término mismo debe ser explicado y justificado, de forma que nos provea de una «definición» adecuada. Esto establece límites y alcances alrededor de nuestro estudio, de manera que pueda cubrirse el material apropiado para esta área de investigación. Se necesita mucho más que algunas sugerencias prácticas sobre qué tópicos puedan parecer útiles o interesantes para los oyentes, o algunos puntos sobre cómo prepararnos para ser oradores más eficaces. Esta, no lo olvidemos ni por un instante, es una disciplina *teológica*; una que, de una manera fundamental, trata con Dios y su voluntad revelada (mandato) para un aspecto importante de la vida y la obra de los que le conocen.

Esta disciplina es apropiadamente llamada *Homilética*,

un término derivado de la palabra griega *homilia*. Es una palabra compuesta de la palabra *homou* que significa «de acuerdo; juntos», y la palabra *ilee* o *eilee* que quiere decir «una compañía, o una muchedumbre». Designa a un grupo de personas estrechamente ligadas por el compañerismo, los intereses y metas comunes; un grupo de amigos o compañeros que se han comprometido a un trabajo en común. Encontramos que la palabra se emplea de esta manera en varios lugares del Nuevo Testamento; en Lucas 24:14,15; con un énfasis un tanto diferente en Hechos 24:26; una vez más en 1 Corintios 15:33 donde el santo apóstol cita al poeta griego Menander.

Desde una fecha muy temprana la palabra aparece en relación con la iglesia como una reunión, una congregación adoradora. Dicha comunidad adoradora era ya para entonces el punto focal de la comunidad cristiana. Siguiendo en alguna medida el ejemplo de adoración en la sinagoga judía, incluía oraciones comunes, invocación al Señor Jesús; el canto de salmos, himnos y cantos espirituales; lectura de la Escritura, ya fuera de la ley del Antiguo Testamento y los profetas o de las cartas de los apóstoles; dar limosnas y ofrendas; la administración de la Cena del Señor, frecuentemente en relación con el «ágape» o fiesta de amor (Hechos 2:42; 1Co 11:17; 12:28.29; 16:1; Ef 5:18-20; Heb 10:22-25; etc.). También se explicaba una porción de la Escritura, y con frecuencia esto incluía el hacer y responder preguntas. Esta explicación, junto con la discusión que le pudiera seguir, tenía el carácter de una conversación familiar o fraternal. Al principio, de manera muy semejante a lo que se hacía en una sinagoga judía, se le daba oportunidad de hablar a cualquier miembro de la congregación que tuviera una palabra de exhortación. Incluso leemos de los «profetas» en algunas de las primeras reuniones de cristianos. Además, para que se pudiera mantener la decencia y el buen orden, estas intervenciones eran reguladas por alguna persona que oficialmente estuviese a cargo de la asamblea. De esta situación surgió lo que hoy llamaríamos «sermón». Una temprana referencia a estas asambleas cristianas la encontramos en la *Primera apología* de Justino Mártir (c. 150):

En el día llamado Domingo todos los que viven en las ciudades o en el campo se reúnen en un lugar, y son leídas las memorias de los apóstoles o los escritos de los profetas, tanto como el tiempo lo permite; después, cuando ha terminado la lectura, el presidente de la asamblea instruye y exhorta verbalmente a imitar estas buenas cosas. A continuación, todos nos ponemos de pie y oramos y, como ya hemos dicho, cuando terminamos de hacer la oración se trae pan, vino y agua y el presidente de la asamblea, de una manera parecida, hace oraciones y gratitudes, según su capacidad, y el pueblo asiente diciendo Amén...

Conforme avanzó el tiempo y las congregaciones fueron más firmemente establecidas y ordenadas de acuerdo con los modelos dados por los apóstoles, tales asambleas tomaron un carácter más formal. Hacia el final de la época apostólica los oficios permanentes del ancianato y el diaconado tomaron forma. Cada vez más los discursos tomaron una forma unificada y bien pulida, pero de ninguna manera perdieron su carácter familiar para los hermanos y hermanas reunidos como creyentes en su comunitaria adoración a Dios. Estos discursos pronto fueron llamados *homiliai*.

De esto se desprende claramente que la distinción haya sido hecha entre estos discursos y, por ejemplo, la proclamación misionera del evangelio que Pablo llevó a cabo en sus contactos iniciales con la gente en sus varios viajes misioneros. El Nuevo Testamento ya apunta a los diferentes enfoques por los que el evangelio fue llevado a individuos o grupos en sus diferentes situaciones existenciales. Así, la palabra *homiliai* es usada para referirse a los discursos de Pablo a los creyentes reunidos en Troas (Hechos 20:11), en tanto que el término *kerygma* es usado para la proclamación misionera en pasajes como Mateo 12:41; 1Corintios 1:21; 2:4;

11

etc., y la palabra *katechesis* para referirse a la instrucción oral o escrita, en la fe cristiana para los interesados en el evangelio (Lucas 4:4; Hechos 18:25; 1Corintios 14:9; Gálatas 6:6).

De esta manera el uso de *homiliai* para designar los discursos religiosos o sermones en las congregaciones cristianas, ha tenido una larga y venerable historia. Así fue usado por Tatiano el apologista y por el autor del *Acta Johannis* en el segundo siglo. También forma el título de los sermones predicados por Orígenes en el siglo III. Todavía en el siglo IX Focio, el influyente patriarca de Constantinopla, defendió el término *homiliai* como la designación apropiada para los sermones de Crisóstomo, debido a que en ellos aquel predicador se dirige a sus oyentes de una manera coloquial y amistosa, incluso haciéndoles preguntas y contestándolas a lo largo de su mensaje. Agustín introdujo el término *homilia* en el lenguaje de la iglesia latina (romana), pero limitado considerablemente a la forma analítica del mensaje y usó la palabra «sermón» para el mensaje en sí. Así entonces, «sermón» y «praedicatio» (predicación, preaching, predigt, prediking) se volvieron términos comunes, especialmente durante y después de la Reforma, cuando estos elementos fueron restaurados a su justo lugar en la asamblea del pueblo de Dios.

El término *Homilética* como designación de la teoría de la predicación a la congregación es, por supuesto, de una época mucho más tardía. Una vez más, la teoría o investigación científica sigue a la práctica. El término llegó a ser de uso común en algún momento durante el siglo diecisiete, cuando aparecieron los manuales o libros de texto para esta disciplina, con títulos como *Cursushomileticus* por Leyses (1649) y *Methodologiahomiletica* por Coebel (1672).

Su pertinencia es evidente inmediatamente. Ya que desde el principio la *homilia* fue usada para la predicación congregacional, la *homilética* correctamente concebida debe ser restringida al estudio de la teoría y arte de esta tarea asignada por Cristo.

Por cierto, que esto no implica que la predicación misionera (i.e., el llamado de los que anteriormente no les ha sido expuesto el evangelio y no han respondido aún en fe y recibido el bautismo cristiano como signo y sello de su incorporación a la congregación) pueda ser ignorada en el currículum teológico. Tampoco deberíamos hacer una fuerte distinción que casi equivalga a un divorcio entre el *kerigma* y *didache* como lo propuso C. H. Dodd en algunas de sus muy conocidas obras. Indudablemente, hay ciertas similitudes y paralelos que nadie debe ignorar. Aun así, la predicación dentro de la congregación, aun reconociendo que en la asamblea del pueblo de Dios bien pueden estar quienes no pertenecen a la iglesia y los que no son convertidos, tiene un sello dado por Dios que debe ser completamente reconocido tanto por el predicador como por la congregación. Esto se concluye claramente de la enseñanza bíblica sobre la singularidad de la iglesia de Cristo como el pueblo del pacto.

Se han sugerido otros términos y títulos para esta disciplina. Por algunos es llamada «La teoría de la predicación», una designación que no hace justicia a su carácter de oficio dentro de la congregación del pueblo de Dios. Entre los católico-romanos y algunos protestantes este estudio ha sido titulado «Retórica Sacra», nombre que sufre de las mismas deficiencias e incluye a la predicación bajo el tópico general de la comunicación, dando más énfasis a la forma y al estilo que a su carácter único de comunión de Dios con su pueblo en el momento de la adoración pública. C. A. T. Sickel fue el primero en proponer el nombre «Halieutics», tomándolo del nombramiento que Cristo hizo de sus discípulos para ser pescadores de hombres. Unos cuantos años después Stier exhorta a que esta disciplina sea llamada «Keruktics», derivando el término de la palabra *kerussein* que significa «proclamar como lo hace un heraldo». Una vez más estas dos designaciones fallan en reconocer la diferencia entre la predicación misionera y la predicación congregacional, y por lo tanto también de hacer justicia a la demanda especial que el Señor tiene sobre los que han confesado su Nombre y pertenecen a su pacto de gracia.

Necesidad y valor de la Homilética

En tanto que aún es generalmente reconocida la necesidad de la predicación cristiana, nos encontramos personas que ponen serias objeciones a una «ciencia» de la predicación. Consideran innecesario tal estudio teórico, aun cuando esté acompañado con muchas sugerencias prácticas, o, quizás, incluso peligroso. Argumentan el proverbio popular, «los predicadores no se hacen, nacen». Aunque no negamos que en estas palabras hay algo de verdad, enérgicamente rechazamos sus implicaciones y las conclusiones que demasiado rápido se sacan de este dicho.

Algunos consideran innecesario este estudio. Insisten en que los dones naturales, cuando son ejercidos en una forma simple, proveen todo lo necesario. Otros, con gran apariencia de rectitud, dicen que solamente el Espíritu Santo puede capacitar a alguien para ser un predicador, tanto que en ciertas partes el «oficio» de predicador es negado o minimizado, o tácitamente se asume que cualquier miembro de la congregación tiene el derecho de predicar. Las trágicas consecuencias de este énfasis unilateral y erróneo sobre la obra del Espíritu Santo para la insondable doctrina bíblica, la unidad de la congregación y su crecimiento espiritual en la doctrina de acuerdo con la santidad, han sido ampliamente demostradas en el curso de la historia de la iglesia. Estas pueden verse también en muchas partes hoy en día.

Otros más consideran muy peligroso este estudio. Por medio de un estudio como este, dice su argumento, se da demasiado énfasis a los principios de la retórica o el buen discurso. Esto hace de los predicadores unos profesionales elevados muy por sobre la congregación, y pronto hace que los sermones pierdan su espontaneidad, así como su enfoque íntimo y fraternal. En realidad estos argumentos tienen poco peso.

Por supuesto que el estudio de la retórica y los principios del buen hablar en público en ocasiones han sido utilizados para usos perversos. Solo necesitamos recordar a los sofistas, que ejercieron gran influencia, y frecuentemente una malsana influencia, en el mundo griego en los tiempos de Sócrates, Platón y Aristóteles. Estos hombres hicieron propaganda de sus propias ideas, con argumentos recónditos y sofistas, y guiaron por el mal camino a algunos. Platón ya advertía contra este uso, y a él apeló más tarde el famoso Quintiliano que estableció el principio: «Abusus non tollitusum». Al mismo tiempo estos hombres ilustres consideraron injusto llamar «mala» a cualquier cosa que pudiera, y a menudo lo sería, ser puesta para uso benéfico en la enseñanza, aconsejando y exhortando a la gente. Debido a que el discurso es uno de los más grandes dones naturales que Dios ha dado a la humanidad, es digno de ser bien cultivado. Ciertamente, el contenido es de mucha mayor importancia que la forma o el estilo, pero la Biblia misma nos enseña que «manzana de oro con figuras de plata es la palabra dicha como conviene» (Pr 25:11). Y la belleza, la dignidad y la fuerza de las palabras dichas por los profetas y los salmistas, por los apóstoles y especialmente por el Señor Jesucristo, son dignas de nuestra imitación.

Todo esto requiere ejercicio y práctica. Los dones naturales nunca deben ignorarse, mucho menos menospreciarse. Al mismo tiempo, la mejor «forma» o «estilo» no es demasiado buena para la proclamación del evangelio. La habilidad en el uso de las palabras apropiadas en el tiempo apropiado, no se logra sin estudio y práctica, de la misma manera que un músico, un artista o un escritor no pueden producir obras bellas, valiosas y significativas sin un arduo trabajo en el que están claramente reconocidos y vigorosamente ejercidos los principios básicos para su arte.

Tampoco debería darse ninguna importancia a la objeción de que el estudio de la homilética es innecesario ya que solamente el Espíritu Santo hace a un buen predicador. Sin su ayuda en instruirnos y guiarnos, así como bendecir nuestros esfuerzos, nadie puede ser productivo en este trabajo sumamente importante. Pero de esto no se concluye que el Espíritu automáticamente pondrá buenas palabras en el corazón y boca de una persona sin que exista una labor diligente. Apelar al pasaje de Mateo 10:19 demuestra una completa falta de entendimiento de las palabras de nuestro Señor. Tampoco es apropiada la referencia que algunas veces se hace en esta relación a 1Corintios 2:4 y 13, donde Pablo coloca su discurso en agudo contraste con los métodos usados por los retóricos griegos de su época y la desafortunada afición que muchos corintios tenían por la exhibición de oratoria. Lo que el apóstol enfatiza en esas relaciones es la fuente divina de su mensaje. Mucho menos podemos apelar al hecho de que los primeros apóstoles fueran considerados por muchos como «hombres iletrados». Ciertamente no tenían una educación formal como la que, por ejemplo, impartían los escribas contemporáneos de Jesús o en la escuela de Gamaliel. Esto pasaría por alto el innegable hecho de que nuestro Señor capacitó e instruyó Él mismo a sus discípulos durante los tres años de su íntima relación con Él.

Alejandro Vinet, un influyente predicador en Ginebra hace más de siglo y medio, y maestro de muchos estudiantes, advierte en su libro *Homilética o Teoría de la Predicación* (tr. Por Skinner, 1853, 1861) de dos errores que frecuentemente surgen en relación con la discusión acerca del valor de este estudio. Uno de ellos consiste en esperar muy poco de la homiética; el segundo consiste en esperar demasiado. El primero coloca a la naturaleza junto con sus dones y/o la gracia de Dios contra el aprendizaje; el segundo espera todo del estudio por sí solo. Indudablemente, se puede esperar el mejor resultado cuando uno somete sus habilidades naturales al estudio y la práctica, y cuando su vida es conscientemente dependiente y transformada por el Espíritu de Dios. Van Oosterzee, un predicador holandés y profesor de homilética, atinadamente comparó al predicador de la Palabra de

Dios con un barco navegando a un puerto lejano. La ciencia de la homilética lo provee de timón y brújula, pero el viento que debe hinchar las velas viene únicamente de arriba. Ninguna teoría o arte humano puede reemplazar nuestra dependencia del Espíritu Santo; aún sin timón y brújula, el barco llegará estupendamente a buen puerto.

Todo esto nos debería humillar y llevarnos diariamente a doblar nuestras rodillas y pedir la obra del Espíritu Santo también en nuestros estudios.

Carlos Spurgeon apropiadamente les recuerda esto a sus estudiantes en sus conferencias:

El Espíritu Santo no ha prometido proveer de alimento espiritual a los santos por medio de un ministerio improvisado. Él nunca hará por nosotros lo que podemos hacer por nosotros mismos. Si podemos estudiar y no lo hacemos, si podemos tener un ministerio estudioso y no lo hacemos, no tenemos el derecho de invocar a un agente divino para suplir las deficiencias de nuestra holgazanería o excentricidad.

Adolf Krauss, el clérigo alemán del siglo pasado, añade las siguientes advertencias pertinentes:

La dependencia de una iluminación inmediata del Espíritu Santo, siempre que sea hostil al estudio técnico, se despliega como una cubierta para la actividad sectaria anti-iglesia o para cubrir un sacerdocio indolente que, no contento con colocarse delante de su propio espejo, codicia los elogios de los demás. Pero qué pronto se secan las corrientes superficiales de ideas para estas personas, y qué tortura debe ser para sus oyentes escuchar los sermones que intentan ser inspirados, únicamente para terminar, en justo castigo a su ociosidad, siendo una tormenta de arena de frases vacías.

Únicamente cuando un hombre está profundamente convencido de la suprema importancia de la predicación del evangelio evaluará correctamente el estudio de la homilética. Y para esto la Escritura proporciona testimonio divino. Su estudio es el primero, fundamental, la tarea principal a la que es llamado por Dios el ministro del evangelio. Y mientras que el mandato y la comisión oficial vienen de Dios el Espíritu Santo, repetidamente se enfatiza la urgencia de la preparación personal a través del estudio, la meditación y la continua oración.

Los siervos de Dios, cuyos escritos encontramos en el Antiguo Testamento, ya dan muestra de esta preparación. Aunque como predicadores en la actualidad nuestro llamamiento de llevar el evangelio difiere en muchos aspectos importantes del de ellos, deberíamos aprender mucho de sus vidas y experiencias. Moisés fue educado en todo el conocimiento de los egipcios y después fue apartado por Dios durante un periodo de tiempo de cuarenta años en el desierto antes de que fuera equipado para llevar la Palabra y dirigir a los hijos de Israel a la tierra prometida. Sin duda Isaías era un hombre con dones y talentos excepcionales. Las palabras que habló y escribió dan evidencia de mucho entrenamiento en el don del discurso. Amós bien puede no considerarse a sí mismo como profeta, ni como hijo de profeta (quizá un estudiante en la escuela de los profetas que abundaban en algunos periodos en Israel), aunque su vida en las riveras del desierto le dio tiempo y oportunidad para reflexionar bajo la dirección del Espíritu sobre el qué y el cómo hablar en nombre de Dios a un pueblo pecador.

Mucho más significativo es, por supuesto, el mandamiento de nuestro bendito Señor en el momento de su ascensión. En los últimos capítulos de Mateo y Marcos aprendemos de cómo comisionó a sus apóstoles para predicar las buenas nuevas a todo el mundo. Debían llamar a los hombres y a las mujeres al arrepentimiento, a la fe y a la santa obediencia, bautizando a todos los que respondieran adecuadamente en el nombre del Padre, del Hijo y del Espíritu Santo, y enseñarles a guardar todas las cosas que Él les había enseñado. Los apóstoles sabían todo esto por su «entrenamiento» en los tres años siguiendo al que era su Salvador y

Señor. Sobre el fundamento del testimonio apostólico prometió edificar a su Iglesia, el pueblo de Dios, contra la que las puertas del infierno nunca prevalecerán. En garantía de que su trabajo sería fructífero dio la promesa de permanecer con ellos hasta el fin de los siglos. Así los poderes del mundo, del pecado y de los demonios serían vencidos en las vidas de los que lo abrazaron por fe. Y esto, así lo enseñó el Señor, sería realizado por medio de la predicación.

La suprema importancia de la predicación para la gloria de Dios, la salvación de los pecadores y la edificación de la iglesia también es evidente en el carácter y el contenido de la predicación. Esta es la «buena nueva», la «agradable noticia», que Dios ha provisto en Cristo; liberación para el cuerpo y el alma, para el tiempo y la eternidad, en la persona y obra de su Hijo unigénito; una redención y reconciliación divina que produce vida, perdón y comunión con el Dios trino. Especialmente en nuestros días, y entre los que han estado familiarizados por mucho tiempo con gran parte de la Biblia, se debe enfatizar una y otra vez la gloria del evangelio para que no lo den demasiado por hecho. Debe dominar el corazón del predicador, para que no se convierta en un mero vendedor de palabras que nunca ha puesto su corazón en el fuego. Esto no podrá experimentarse aparte de un estudio, meditación y oración ardientes. Un tesoro más allá de toda comparación ha sido confiado a los llamados a predicar. Siempre debemos estar conscientes de su alto y santo valor.

Todo esto y mucho más de las Escrituras ayudan para poner en la perspectiva correcta la necesidad de preparación.

La predicación servirá a su alto propósito, entonces los hombres llamados a este oficio deben comprometerse con ella con todo el corazón, mente y fuerza.

Ciertamente el poder de la predicación no radica en la excelencia del discurso y el conocimiento, en la belleza de la forma y del estilo. Sin embargo, el evangelio es completamente digno de todo esto y de mucho más. Como tal, el desarrollo de estos dones puede contribuir a su efectividad con la indispensable bendición de Dios. Nunca encontramos a los profetas o a los apóstoles llevando la Palabra de Dios de una manera indiferente. No solo estaban completamente persuadidos ellos mismos del poder de la Palabra; se expresan consistentemente en formas que dan clara evidencia de esa persuasión. La Palabra no se dirige simplemente a la mente; habla en plenitud a las emociones y a la voluntad. Así Pablo, en 2Corintios 5, habla de conocer el terror de Dios y va a persuadir conscientemente a sus oyentes y lectores. El evangelio demanda una respuesta de todo el ser; una fe salvadora incluye no solamente conocimiento de la verdad, sino que va acompañada de una confianza personal en todas las promesas del evangelio tal como se cumplen en la persona y obra de nuestro Señor Jesucristo. En relación con llevar el evangelio, la Palabra que hace sabios a los hombres para la salvación, una y otra vez leemos de la enseñanza, la exhortación, la amonestación, la súplica, la imploración, la reprensión y la consolación. El evangelio debe ser proclamado, para usar una vez más las palabras de Pablo (2Corintios 4:2-4), de manera que cuando este esté «velado», lo esté en los que perecen porque el dios del mundo ha cegado sus mentes con incredulidad. En tanto que esto coloca una gran responsabilidad sobre quien escucha la Palabra, la responsabilidad del predicador de llevar la Palabra pura, clara y persuasivamente no es menor. Está tratando con asuntos de vida y muerte eterna. Cualquiera que reconozca esto por lo que realmente es en todas sus profundas dimensiones, no se atreverá más a considerar el estudio de la homilética como algo puramente opcional. No es inoportuno resumir lo dicho anteriormente en las palabras de Porter que encontramos en su libro *Conferencias sobre Homilética y Predicación* (1834):

La predicación del evangelio es un gran trabajo. En la magnitud de su objeto está más allá de toda comparación con cualquier otro empleo en el que puedan ocuparse los hombres. Esto podría ilustrarse, si mis limitaciones permiten los detalles, por una amplia exposición de hechos, mostrando que el más alto grado de cultura intelectual, de libertad civil y de orden social, que se encuentra en las comunidades más favorecidas no resulta tanto de todas las otras causas combinadas como de la santificadora influencia producida por la fiel predicación del evangelio. Pero la consideración que da importancia preeminente a este trabajo es que Dios lo ha designado como el gran instrumento para la salvación de los hombres. El esquema de la salvación es un objetivo al que todos los demás objetivos y eventos de nuestro mundo deben estar subordinados. Este es el punto radiante donde todos los atributos y obras de Dios convergen en un resplandor de gloria. Contemplando «el gran misterio de la santidad» en la que los ángeles desean mirar, vemos qué infinita sabiduría, amor, justicia y gracia se unen en el perdón del pecado y en la reserva de esperanzas inmortales de los pecadores en la cruz de Cristo. Ahora el principal medio que Dios ha instituido para dar a conocer su proyecto de misericordia para el mundo perdido es la predicación del evangelio. Esta consideración confiere al predicador de la Palabra de un carácter de elevada y terrible dignidad que trasciende con mucho el empleo más elevado de este mundo. Bien lo dijo Pablo, y bien podía haber sido un ángel el que lo dijo, «¿quién es suficiente para estas cosas?». Sin duda, entonces, un hombre piadoso, falto de inspiración, debería aspirar al grado más alto posible de perfección en su preparación para este trabajo.

Relación de la Homilética con otras disciplinas

El estudio de la homilética no está aislado en la serie de los estudios teóricos y prácticos. En ambos campos depende y se complementa con muchas otras disciplinas.

Antes que nada, se espera que quien inicie este estudio ya esté familiarizado con los principios del lenguaje, la gramática y el discurso. Debe saber algo, aunque sea en una forma práctica, de psicología, a fin de ser capaz de dirigir a sus oyentes más efectivamente. Como los profetas y los apóstoles de la antigüedad lo hicieron, los predicadores deben conocer los tiempos en los que viven y hablan, reconociendo completamente que los sermones predicados hace cien, doscientos o quinientos años (no importa cuán necesarios y provechosos haya sido entonces) hoy no pueden ser predicados palabra por palabra de aquella misma forma.

Todo esto parece no requerir más que de una pizca de «sentido común». Aun así estos asuntos simples, pero fundamentales, en ocasiones han sido ignorados por aquellos que han sido llamados para llevar las «buenas nuevas de salvación». Por supuesto que el evangelio es básicamente invariable e inmutable. Es siempre antiguo y sin embargo siempre es nuevo, siempre es relevante para todos los hombres de cada era porque es la Palabra del Dios vivo. Pero como lo hicieron los predicadores más efectivos de la antigüedad, nos debemos ubicar donde se encuentra la gente de hoy y hablarles en un leguaje que puedan entender claramente. Y con los altos niveles de educación disponibles para los habitantes de nuestros países, la necesidad de una educación básica y más general ha llegado a ser cada vez más importante para nosotros. Un currículum teológico sano, por lo tanto, descansa sobre lo que se ha aprendido en circunstancias ordinarias en la preparatoria y la universidad.

Más importante aún para nosotros en este punto es reconocer el lugar de la homilética, que trata con la teoría y el arte de la predicación, en el currículum teológico. Un buen seminario siempre es mucho más que una escuela de artes y oficios. Los cursos que ofrece deben nacer de principios rectores que derramen la suficiente luz en sus interrelaciones. Por esta razón esta escuela provee una introducción a la ciencia teológica, llamada generalmente «Enciclopedia Teológica», para demostrar la naturaleza «orgánica» de la teología cristiana. Los diversos cursos o disciplinas no deben estar diseminados uno de otro atropelladamente; cada uno está planeado para depender y fortalecer a los varios otros cursos. Cuanto más claramente reconozca esto el estudiante, más asiduamente se aplicará en cada curso, no únicamente mientras está en su preparación para el ministerio del evangelio, sino mucho más cuando, por la ordenación, se involucre en el trabajo diario al que en la providencia de Dios se compromete.

La homilética se situa en lo que se llama el departamento de teología práctica, en casi todos los seminarios actuales. Como debe ser evidente a estas alturas, tal designación es errónea. Esto presupone que todos los cursos que no se encuentran en la teología práctica son, por su naturaleza, teóricos y quizá irrelevantes y poco prácticos para el ministro del evangelio. Esto ignora el indiscutible hecho de que en estos cursos la práctica sana claramente requiere una investigación teóricamente defendible.

Por esta razón, la esfera a la que este curso es asignado ha sido llamada: la «División de Ministerios». Esta tiene que ver con los «oficios» instituidos por Cristo a través de los apóstoles en la iglesia, y con las tareas que les han sido asignadas. Abraham Kuyper, en su valiosa *Encyclopedie de Heilige Godgeleerdhaid* (vol. 3), les da el título de estudios «diaconológicos», derivando la palabra del griego *diakonia*. Este término es usado consistentemente a través de todo el Nuevo Testamento para el ministerio o servicio que la iglesia, por medio de sus oficiales, debe dar en el nombre de Cristo y de parte de Él al mundo. Nuestros credos reformados, en tanto que reconocen «el oficio de todos los creyentes» (un área de estudio a la que la mayoría de los seminarios lamentablemente han dado demasiado poca atención hasta el presente), claramente hablan de los tres oficios permanentes –los ministros de la Palabra y los sacramentos, los ancianos gobernantes y los diáconos. Estos son requisito para una congregación bien organizada, y necesarios y provechosos «para perfeccionar a los santos, para la obra del ministerio, para edificar el cuerpo de Cristo» (Efesios 4:12). Debido la naturaleza y llamamiento únicos de la iglesia en este mundo y por la suprema importancia de la predicación, también dentro de la congregación, este curso es el primero para enseñarse en esta división de las disciplinas teológicas.

La predicación deriva todos sus principios y prescripciones básicas de las Santas Escrituras, la norma todo-suficiente para la fe y la práctica, también en llevar a cabo la comisión de predicar. Al mismo tiempo estamos aprendiendo mucho de la historia de la iglesia cristiana a través de los siglos, con respecto a la naturaleza, la urgencia y la efectividad de la predicación como un ministerio oficial, como también respecto a la formación, deformación y reformación del oficio del ministro del evangelio y la tarea de la predicación congregacional. Debido a que la iglesia está compuesta de hombres que aún están manchados con el pecado y viven en un mundo pecaminoso, la iglesia y sus oficiales siempre están en la necesidad de una continua reforma con el propósito de que la causa de Cristo, que Él nos ha confiado, pueda avanzar. Los estudios doctrinales tampoco deben olvidarse en la preparación de una predicación sana. Como creyentes reformados estamos comprometidos de todo corazón ante Dios y los hombres para ser y volvernos cada vez más "una iglesia confesional y confesante". Lo que se nos demanda creer y vivir día a día en el mundo, debe tener una expresión clara y pura en el mensaje que el predicador cristiano lleva, en el nombre de Dios, a la congregación.

Al mismo tiempo la homilética debe ser reconocida como curso primero y fundamental en el área de los estudios ministeriales. Esto, nótese bien, no tiene nada que ver con algo llamado la superioridad del predicador con relación a los ancianos o a los diáconos. Cada oficio tiene su propia tarea y responsabilidad; cada uno está planeado con el propósito de hacer su contribución única y necesaria a la edificación y expansión de la iglesia de Cristo y, por lo tanto, para su glorioso trabajo en la salvación de los pecadores, el fortalecimiento de los creyentes y la gloria del Dios del pacto. Pero la predicación es, en gran medida, determinante para todas las otras tareas a las que la iglesia está llamada.

En la iglesia se debe exponer clara, profunda y persuasivamente "todo el consejo de Dios", con el propósito de que todos puedan saber cómo comportarse en la casa de Dios, que es columna y baluarte de la verdad (1ª. Tim. 3:15). La primera responsabilidad de una conducta que glorifique a Dios está en aquellos que han sido llamados y ataviados con un lugar entre los oficiales. No está fuera de lugar enfatizar firmemente esto hoy en día, cuando el cuidado pastoral, especialmente en la forma de consejo personal uno a uno, parece haber llevado a muchos de los llamados al ministerio del evangelio a descuidar la preparación de sus sermones semanales con el supuesto interés de hacer a los individuos más buenos dándoles consejo y ayuda. Más aún ¿si esto no es enseñado desde el púlpito, cómo sabrán los ancianos y los diáconos, así como los miembros de la congregación, cuál es la forma apropiada del gobierno de la iglesia y el cuidado pastoral administrado en el nombre de Cristo a las familias y a los individuos creyentes? No es sin una buena razón que muchas de las epístolas del Nuevo Testamento hacen referencia explícitamente a tales asuntos en relación con la exposición de "la sana doctrina que es según la santidad". Tampoco la liturgia, la teoría y el arte de dirigir la adoración pública, puede entenderse correctamente sino a la luz de la posición central que, de acuerdo a la Escritura misma, invariablemente debe ocupar el sermón como la exposición y la aplicación de la Palabra de Dios a su pueblo. Y sin añadir más, mencionamos el hecho de que ninguna congregación será impulsada a la comprensión y celo de su tarea evangelística a menos que esto también sea predicado con entendimiento y convicción.

Breve historia de la Homilética

Aunque como reformados estamos comprometidos con la posición de que las Santas Escrituras nos proveen los principios fundamentales, así como las prescripciones y ejemplos para la predicación, la homilética como una ciencia teórica no floreció y fructificó completamente desde el principio de la historia de la iglesia. Mucho tiempo antes de que hubiera alguna "teoría" los hombres fueron comisionados por el

Dios vivo a llevar su Palabra dadora de vida; primero al pueblo del pacto del Antiguo Testamento y, con el cumplimiento de la misión terrenal de nuestro Señor, a todos los hombres y naciones por doquier. También aquí, como en la dogmática y el gobierno eclesiástico, la teoría fue desarrollada y perfeccionada como fruto de la reflexión en la Palabra a la luz de la práctica continua en obediencia al mandato recibido. Nuestro es, entonces, el alto privilegio de ingresar en las labores que han desarrollado muchos que nos han precedido. Debemos apreciar profundamente este privilegio. Esto nos debe impulsar a convertirnos, en una dependencia consciente de la iluminación y dirección del Espíritu Santo, en los « mejores» predicadores posibles de nuestro tiempo.

La iglesia antigua

Aquí, recuérdese, no estamos analizando la «historia de la predicación cristiana», mucho de lo cual será mencionado específicamente en los cursos sobre la práctica de la predicación. Para una de las introducciones más excelentes a ese material hacemos referencia al libro *Historia de la Predicación* [*A History of Preaching*] escrito por Edwin Charles Dargan, (reimpreso por Baker Book House, 1954).

Aunque encontramos muchas referencias a la predicación de los primeros padres de la iglesia, no es sino hasta Orígenes, quien escribe considerablemente sobre qué y cómo tratar los materiales bíblicos para el pueblo, que encontramos los inicios de la teoría homilética. Orígenes, como otros contemporáneos suyos, siguieron el método «alegórico» de interpretación de la Biblia, dedicando muy poca atención a la comprensión gramatical e histórica del texto bíblico.

Algunos avances se hicieron en la época de Crisóstomo, obispo de Constantinopla en la época de su opulencia y mundanalidad. Su auditorio frecuentemente era exigente, compuesto de «probadores de sermones» que aceptaban lo que les gustaba y se oponían, en ocasiones violentamente, a aquello que no era de su gusto. Sin embargo, Crisóstomo se entregó claramente a la opinión de que la predicación siempre debe ser la proclamación de la Palabra de Dios y que su más alto propósito es la gloria del Dios de salvación. En su obra *peri ierosune*, pone un énfasis excesivo en la oratoria como el medio por el cual serán afectados las mentes, los corazones y las voluntades de los hombres.

Más tarde Ambrosio escribió «De officiis ministrorum», que poco añadió a lo que ya se había escrito antes.

La primera verdadera homilética fue dada por *Agustín* en su obra «De doctrina christiana» (427 d.C.). El carácter único de la predicación a la congregación comienza a tomar su propio lugar, aunque Agustín estaba muy preocupado con las cuestiones de forma y estilo. Aún así, enfatiza que la verdadera predicación debe ser aprendida más bien del Espíritu Santo que de los retóricos y oradores. En ocasiones tomaba mucho de Cicerón, enfatizando la importancia de la belleza, del estilo y especialmente de la claridad. Pero siempre insistía en que la predicación no podía ser incluida bajo la «comunicación» como tal. Una y otra vez les recordó a sus lectores que sobre todas las cosas el predicador debe estar marcado por una forma de vida santa. *Gregorio el Grande* no añadió más que un recordatorio de que existen grandes diferencias entre los oyentes, las cuales deben ser identificadas por aquellos llamados a predicar.

La Edad Media

Después de *Gregorio el Grande*, y hasta alrededor del año 1200, se agregó muy poco a la teoría homilética. *Rabanus Maurus* (856 d.C.) en su tercer libro «De clericorum institutione» repitió ampliamente lo que Agustín y Gregorio ya habían escrito.

Alrededor del año 1200 grandes órdenes monásticas se volvieron prominentes, resultando en el incremento del número de predicadores en la iglesia occidental y dando un nuevo ímpetu a la ciencia homilética. Uno de los primeros interesados en esta materia fue *Buenaventura* (1274 d.C.) que en su «*Biblia pauperum*» introdujo la predicación temática y sugirió abundante material para los que se sentían llamados a predicar. Muchos de estos hombres no eran sacerdotes ligados a una parroquia, sino monjes que iban de una ciudad a otra, e incluso de un país a otro. Frecuentemente siguieron el modelo dado por *Guibert de Novigentum* (1124 d.C.) que en un sermón que se encontró en su libro «*Liber quo ordine sermon fieri debeat*» permitió que el elemento moral o ético predominará, a expensas del evangelio de la gracia divina. Como consecuencia, gran parte de la predicación de los siglos siguientes, aspirando a la reformación de la vida, subordinó totalmente la fe a las buenas obras. Sin embargo, en este periodo podemos encontrar algunos énfasis excelentes. *Alaurs de Ryssel* instó a que cada sermón debía apoyarse claramente sobre la autoridad de la Escritura. Esto lo enfatizó en su *libro* «*Summa de arte praedicatoria*». *Henricus de Hassia*, cuyo nombre ha sido muy olvidado, da un modelo para sermones afirmando que cada sermón debía contener «prothema (introducción), thema, divisio, et subdivisio». Este énfasis en el orden lógico era altamente necesario en una época cuando muchos sermones apelaban únicamente a las emociones en lugar de hacerlo también a la mente. En su libro *Gereformeer de Homilitiek*, Hoekstra también menciona el nombre de *Surgant de Basle* (1503 d.C.) como el padre de la primera homilética completa. Fue seguido por *Hieronymus Dungersheimvon Ochsenfurt* quien argumentaba que un «buen» sermón debía contener lo siguiente: "credenda, servanda, fugienda, et timenda».

Todo esto se menciona con el propósito de que no caigamos en la trampa de pensar que la predicación había sido eliminada completamente durante la edad media en la iglesia romanista. Sin embargo por el tiempo de la Reforma poco parece haber sido recordado de las distintivas de la predicación cristiana. *Johann Reuchlin* en su *obra* «*Liber Congestorum de arte praedicandi*» elabora una teoría de la construcción del sermón casi exclusivamente sobre los modelos de los antiguos griegos y la retórica romana, igual que lo hizo el muy conocido *Erasmo* (1469-1536 d.C.), que es uno de los más claros ejemplos del espíritu humanista que dominó gran parte de aquella iglesia. A lo largo del periodo de la post-reforma, los profesores y predicadores católico romanos generalmente siguieron las opiniones de Reuchlin y Erasmo.

Las iglesias reformadas

Una de las primeras y principales contribuciones de la Reforma fue su fuerte énfasis en el carácter único, urgencia y provecho de la predicación para la reforma de la iglesia y su membresía.

Aunque ni Lutero ni Calvino escribieron libros de homilética, dejaron huella indeleble en las iglesias Luteranas y Reformadas. Sus obras abundan en referencias a los principios, prescripciones y ejemplos escriturales para la proclamación de las impenetrables riquezas de la gracia de Dios en Cristo Jesús para la humanidad perdida. En ellos el énfasis no recae en primer lugar en lo moral o las obras, que fueron puestas en su debido lugar, sino en las poderosas obras de Dios en Cristo.

Como resultado, la gente comenzó a escuchar la Palabra de Dios con gozo nuevamente. Frecuentemente los sermones que desafiaron a hombres, mujeres y niños a la fe y a la santidad tuvieron que ser predicados al aire libre, y en ocasiones en medio de las llamas mismas que consumieron los cuerpos de aquellos que profesaron la fe evangélica.

En las iglesias luteranas

Aunque en las iglesias luteranas, al igual que en las iglesias reformadas, se hicieron excelentes comienzos, estos fueron eclipsados o ignorados por las siguientes generaciones, que se dirigieron a las cuestiones básicas de la homilética.

Podemos descubrir esto ya en *Felipe Melanchton*, aquel estimado amigo y mano derecha de Lutero. Incluso Calvino manifestó su profundo aprecio por él, no tanto por sus opiniones como por su carácter cristiano. Sin embargo, este hombre erudito (que dejó una fuerte huella en las iglesias luteranas) perdió de vista la predicación como «administración de la Palabra de Dios». Su énfasis estaba considerablemente en la retórica y la oratoria que más tarde contribuyó al formalismo, y que caracterizó gran parte de la ortodoxia luterana durante el siglo diecisiete. Por supuesto que un hombre como *Weller* insistió con acierto en que la tarea del predicador es exponer («explicare», «interpretari») el texto de la Biblia, pero no hizo justicia a la responsabilidad del predicador de aplicar este texto a los corazones y vidas de los oyentes. Entre tanto que *Osiander* (1575 d.C.) distinguió a la predicación de la oratoria clásica, *Andreae* (1590 d.C.) se inclinó en gran medida sobre las reglas para la retórica al exponer sus ideas sobre la predicación.

Poco después, una clase de formalismo plagó a las iglesias luteranas durante varias décadas. La predicación frecuentemente degeneró en una discusión erudita sobre temas científicos con poca apelación a la Escritura. Frecuentemente los predicadores se involucraron en diatribas, especialmente contra los reformados y católico romanos. A través de la insistencia en las «pericopas», pasajes escogidos por las altas autoridades eclesiásticas para los predicadores en cada congregación, gran parte de la Escritura fue abandonada. Esto se agravó cuando en lugar de tener dos, o tres e incluso cuatro servicios de predicación el Día del Señor y durante la semana, como era costumbre en los primeros años de la Reforma, estas iglesias se conformaron en gran medida con un servicio, y eso el domingo.

Un cambio radical, no siempre para bien, tuvo lugar con la influencia del pietismo. Los pastores influenciados por este movimiento necesariamente unilateral, buscaron abolir el uso del «sistema de pericopas». Querían ser libres para predicar sobre cualquier texto interesante para ellos, como necesario para sus oyentes. Al mismo tiempo muchos de estos hombres, por medio de su énfasis en la necesidad de la conversión personal tendieron a «predicar al cristiano más que a Cristo». En aquel tiempo también se introdujo en la iglesia el espíritu del racionalismo. En su reacción contra el pietismo, *Mosheim* llama a la necesidad de edificar al pueblo recurriendo a las reglas para la vida cristiana. *Spalding* fue más allá en su énfasis sobre la predicación moralista recomendando a Jesús a sus oyentes (incluyendo estudiantes) como el gran ejemplo. A lo largo de este periodo entre los líderes luteranos hubo poco énfasis, si es que alguno, en la predicación como administración de la Palabra a la congregación.

Schleiermacher (1834 d.C.) trajo un cambio revolucionario por su énfasis, uno que también dio fruto en la iglesia reformada (estatal) de los Países Bajos, y no para bien. Sostuvo que el corazón de la vida cristiana era «un sentimiento de dependencia» de Dios como se reveló en Cristo Jesús. Por lo tanto los sermones debían ser expresiones de los sentimientos religiosos del predicador con la esperanza de que de esta manera pudieran ser despertadas las emociones religiosas de la gente. Se había olvidado completamente el carácter oficial de la predicación. El predicador llegó a ser considerado solamente como un hermano hablando a los hermanos y hermanas con el propósito de despertar en ellos las actitudes correctas hacia Dios. *Harnack*, algún tiempo después, intentó hacer una síntesis entre la propuesta de Schleiermacher, que en gran parte pertenecía al pietismo, y las confesiones luteranas. Por lo tanto, no es ninguna sorpresa que *Niebergall*, una figura importante en la homilética luterana, enseñara que los personajes bíblicos debieran ser usados como modelos para el estudio y la predicación, que todas las historias religiosas tienen gran valor para enseñar a la gente a través del sermón, y que el ministro siempre debe ser un estudiante diligente de la psicología religiosa.

En muchos territorios luteranos hubo reacciones contra esto. *Steinmeyes* se opuso al subjetivismo que dominó la perspectiva Scheliermacheriana. *Achelis* correctamente minimizó el énfasis sobre la psicología religiosa que por un tiempo ganó demasiados adherentes y seguidores. *Kleinert* regresó a las convicciones originales de que el predicador siempre se debe ver a sí mismo como «minister Verbi divini». La Palabra debe ser expuesta, pero no como un testimonio personal, aunque el predicador debe estar convencido y convicto por ella. Del mismo modo insistió en que cada sermón debía consistir de una unidad de pensamiento y forma, una totalidad. Mucho de este énfasis lo encontramos en la valiosa contribución de *M. Reu* cuya «*homilética*» ha sido la norma por mucho tiempo para la predicación luterana en los Estados Unidos. Debido a su favorable aprecio de Scheliermacher y de sus fuertes, y frecuentemente mal dirigidos, ataques sobre la predicación reformada, su obra puede ser usada por nuestros ministros cuando se haga con sensatez. Favorece el uso de «pericopas» en y muchas de sus ilustraciones y ejemplos de la forma del sermón enfatiza la aplicación y la edificación (una vez más, un tipo de intento de orientación hacia la «subjetivación» del texto) a expensas de una exposición bien definida de su propósito central. Pero el sabor pastoral de cada sermón, por el que aboga, no debe ser ignorado por ningún ministro reformado de la Palabra.

En las iglesias reformadas

Calvino puso el estilo de la predicación reformada, no mucho por la forma en que da su mensaje, sino por su fuerte insistencia sobre la predicación como la administración oficial de la Palabra a la congregación. Aunque profundamente endeudado con Lutero y Zuinglio, Calvino fue más lejos al colocar el fundamento para la homilética reformada en la Palabra de Dios.

Sin embargo el «padre» de la homilética reformada es *Andreas Hyperius* (1511-1564). Nació en Ypres, Bélgica y sirvió como profesor por cuatro años en Marburgo. Varias de sus obras ayudaron a colocar un fundamento sólido para la práctica de la teología cristiana como una disciplina científica (bien ordenada) en las escuelas y universidades reformadas. Dos de sus obras tienen importancia para nuestro estudio: «*De formandis concionibus sacris seu de interpretatione scripturarum populi*», libro II (1553) y «Topicatheologica» (1561). Según él el predicador debe verse a sí mismo y ser reconocido como el representante oficial o embajador de Cristo. Este fuerte énfasis en el «oficio» lo resguarda contra el trazar sus propias opiniones y experiencias o de apelar a lo que sus oyentes desean escuchar. Al mismo tiempo la predicación no consiste en una conferencia erudita o discurso sobre algún tema religioso; predicar es proclamar la Palabra de Dios en el lenguaje y estilo apropiado para la congregación. En este sentido esta debía ser «popular» como lo fue la *homilia* de los apóstoles y los primeros padres de la iglesia. Al mismo tiempo Hyperius no negó una referencia a las emociones y la voluntad. Estaba muy adelantado para muchos de sus contemporáneos, siendo consciente de la psicología involucrada en el escuchar, responder y recordar. Un sermón, decía, tiene la intención de despertar a toda la persona a Dios y a su Palabra, y así intenta producir también respuestas como gozo o tristeza, contrición, temor y convicción según el texto proclamado. Es de lamentar que después de él en muchas iglesias reformadas se olvidó lo que enseñó tan clara y consistentemente.

En Alemania las iglesias reformadas no siguieron en modo alguno las enseñanzas de Hyperius, aún cuando había dado clases en Marburgo. *Keckermann* (1609) enfatizó el contenido material y el acercamiento psicológico de la predicación. Sin embargo se equivocó en tender a eclipsar la diferencia entre predicación y retórica. No negó la absoluta necesidad de la obra del Espíritu Santo para hacer fructífera la predicación, pero esto frecuentemente parecía ser oscurecido por su insistencia en la dependencia de la oratoria para hacer efectiva la predicación del evangelio. *Alstedt* (1638) se inclinó profundamente a la anterior obra de Agustín, enfatizando «las tres funciones del alma» de manera que no solo la mente, sino también la voluntad y las emociones serían abordadas apropiadamente. Sin embargo, aunque en este respecto estaba más en armonía con Hyperius, no era tan claro sobre la naturaleza esencial y la fuente de todo sermón verdaderamente cristiano.

Calvino y Hyperius generalmente fueron seguidos más de cerca por los eruditos reformados en los Países Bajos que en Alemania. *Voetius* (1676) ejerció una influencia profunda para bien en aquella tierra, a pesar de la lucha entre los voetianos y los coccejanos que hicieron gran daño por mucho tiempo. Insistió fuertemente en la predicación como proclamación oficial de la Palabra de Dios, y en una forma popular, advirtiendo contra un minucioso análisis del texto. Según él debemos recordar que el estudio detallado de la exégesis con la aplicación de reglas hermenéuticas sanas pertenecen, no al púlpito, sino al estudio del pastor. Nunca podemos aspirar a impresionar a la gente con nuestra sabiduría. Siempre debemos procurar mantenernos como humildes siervos de la Palabra viva, aprendiendo a los pies de Cristo Jesús y dependiendo de la instrucción y la obra santificadora del Espíritu Santo. Solo esto nos guardará de ser «profesionales» y traer sobre nosotros la represión tan singularmente descrita en una rima de origen desconocido:

Un cura austero de una parroquia
Subió a lo alto del campanario de la iglesia
Para estar más cerca de Dios, para poder traer
La Palabra de Dios al pueblo

Y en un sermón escrito diariamente escribió
Lo que pensó era enviado del cielo,
¡Y lo dejaba caer sobre las cabezas de la gente
Dos veces al día cada Domingo!

En su vejez Dios le dijo «desciende y muere»
Y gritó desde lo alto del campanario,
«¿Dónde estás, Señor?» Y el Señor le respondió,
«¡Aquí abajo, en medio de mi pueblo!»

Un predicador así puede ser bien consciente, trabajador e incluso bien instruido, pero a pesar de todo, un desconocido espiritual en la congregación. Ha olvidado la máxima de Jeremías Taylor de que debemos predicar como hombres moribundos a hombres moribundos. *Hoornbeek* (1666), a pesar de sus buenas intenciones y fuerte defensa de la fe reformada tal como fue enunciada oficialmente en el sínodo de Dort (1618-1619) se deja caer y permite que sus seguidores caigan en esta trampa por su argumentación escolástica.

Por mucho tiempo, por la influencia de *Coccejus* (1669), dominó el método analítico de tratar el texto. Los sermones fueron divididos en puntos y sub-puntos a tal grado que el pueblo se cansaba de escuchar, siendo incapaz de seguir lo que se decía en todos sus detalles. Frecuentemente, el principal énfasis del texto era completamente borrado por la presentación abundante de detalles. No eran mejores muchos discípulos de Voetius.

Mientras tanto, el pietismo se infiltró en las iglesias holandesas como una reacción contra la presentación y argumentación detallada de los puntos más finos de doctrina, lo que producía sermones llenos de material polémico. Pero incluso los que estaban influenciados para bien por este movimiento, que intentaron atraer la atención de la congregación a que toda sana doctrina es para santidad, en gran parte siguieron este método puramente analítico.

Las iglesias holandesas hicieron muy poco para escapar de la influencia del racionalismo durante el siglo dieciocho y el inicio del siglo diecinueve. Sus seguidores buscaron agasajar a sus oyentes con conferencias eruditas con temas que tenían que ver con los eventos del día, con la ciencia, la cultura o la política en lugar de con la Palabra de Dios. Después esto se unió a las «aplicaciones moralistas», de manera que el sello de la membresía de la iglesia llegó a ser la respetabilidad externa, en lugar de una piedad genuina. En su momento esto produjo el modernismo sobrenatural y natural que plagó muchas de aquellas iglesias hasta el avivamiento y reforma que acompañó a la secesión de 1834. Más tarde encontramos un regreso cada vez más consciente a las posiciones defendidas por Calvino e Hyperius. Son evidentes las contribuciones hechas a este campo de estudio por *Pieter Biesterveld, Tj. Hoekstra*, y en años más recientes *Klaas Dijk*.

Aunque sería provechoso considerar en detalle lo que se hizo en esta área de estudio teológico en Francia y en Suiza, en Inglaterra y en Escocia, entre los anglicanos, los puritanos y presbiterianos, y no menos en los Estados Unidos, nos conformaremos con solamente algunos comentarios generales.

En Francia hubo una época de gran predicación reformada. Recordamos *a Jean Claude* (1687) quien no solo analizó cuidadosamente la estructura apropiada de un sermón sino que sostuvo a todo costo que el predicador debía ser un hombre santo así como un orador competente. *Gaussen*, el teólogo suizo buscó hacer volver a aquellas iglesias del racionalismo a la sana fe reformada e hizo una significativa contribución a través de su obra *Theopneustia: the Plenary Inspiration of the Holy Scripture* (tr. Por David Scott). Poco añadió en el aspecto de la homilética formal. *Vinet* (1834), otro líder del avivamiento suizo fue muy deficiente en su comprensión reformada de la predicación. Sometió la homilética a la retórica. Para él el sermón solo era un discurso religioso sin importar si era predicado a una congregación de creyentes o a un grupo de incrédulos. De esta manera, perdió de vista el carácter oficial y de pacto de la predicación congregacional.

En Inglaterra se hicieron varias contribuciones en este campo. Pero el estilo fue puesto por *Perkins* (1602) cuya atención se concentró casi exclusivamente en el aspecto material de la homilética, es decir, sobre qué partes de las Escrituras son las más apropiadas para material del sermón. Insistió en que un buen sermón siempre incluye exposición y aplicación. Especialmente entre los puritanos de una época más tardía encontramos a aquellos que estaban tan preocupados con el estado del alma, que las riquezas del evangelio no siempre se hicieron manifiestas claramente. Entre los predicadores de Escocia había un fuerte énfasis sobre la predicación «sintética» del texto, en la que el mensaje central era recalcado a expensas del arreglo específico y los detalles del pasaje. Esto a su vez fácilmente llevó, a veces, a un tipo de predicación «topical» que no expuso las riquezas de la autorevelación de Dios en toda su plenitud y profundidad.

Aunque se han escrito numerosos libros sobre homilética en los Estados Unidos y Canadá, la gran mayoría trata de asuntos prácticos. Encontramos poco énfasis sobre el carácter oficial, o congregacional, o de pacto, y sí bastante sobre qué predicar y, especialmente, *cómo* predicar. En este aspecto la obra del profesor luterano Reu, constituye una grata excepción. Se necesita y se debe hacer mucho trabajo para dar a conocer la riqueza y la fortaleza de la propuesta reformada a la homilética. Esto constituiría un antídoto prometedor a la actitud más bien arrogante con la que muchos, tanto en el púlpito como en la banca, se acercan al alto llamamiento de proclamar la plenitud de la Palabra de Dios. Ciertamente que en algunos seminarios y universidades se han hecho importantes contribuciones a través de series de conferencias sobre la predicación, pero con mucha frecuencia este material es por completo olvidado, mientras se llena de polvo en los estantes de la biblioteca.

La división

Con esto concluimos nuestra introducción a esta disciplina teológica. A la luz de lo arriba mencionado, se hace evidente, primero que todo, que la abundancia de material para ser estudiado debe ser ordenado y organizado apropiadamente, y en segundo lugar, que se debe justificar la manera en que es hecho.

Seguimos divisiones que han sido ampliamente utilizadas, no solamente por varios homiletistas reformados notables, sino también por otros, incluyendo algunos luteranos. Estas pueden arreglarse apropiadamente bajo tres encabezados:

Homilética Fundamental, que trata de los principios que controlan la distribución del sermón.

Homilética Material, que trata de la fuente de la que el sermón ha de ser trazado, las Escrituras. Aquí se debe poner atención a los varios tipos de literatura que se encuentran en la Biblia, así como a las diferentes formas en las que la Palabra de Dios, en diferentes épocas, ha llegado a nosotros, tales como la histórica, la profética, la poética, los materiales epistolarios, como también las instrucciones, las admoniciones, reprensiones, oraciones, parábolas, milagros, etc.

Homilética Formal, que trata de la construcción de sermones; es decir, cómo desarrollar un sermón a partir del texto escogido y prepararlo para su entrega desde el púlpito.

Primera Parte
Homilética Fundamental

··· &O&B ···

Que los pastores desafíen todas las cosas por la Palabra de Dios, de la cual son constituidos administradores. Que constriñan todo el poder, la gloria y la excelencia del mundo para dar lugar y para obedecer la majestad de esta Palabra. Que por ella ordenen a todo mundo, desde el mayor hasta el menor. Que edifiquen el cuerpo de Cristo. Que aplasten el reino de Satanás. Que den alimento al rebaño, maten a los lobos, instruyan y exhorten a los rebeldes. Que aten y desaten, que reprendan y consuelen, pero que lo hagan de acuerdo a la Palabra de Dios.

Juan Calvino

Toda alma regenerada debe ser colocada por el mismo espíritu dentro de la posibilidad de leer la Palabra, y especialmente escucharla predicada. Como dijo Bucero: «Es imposible llegar a la fe; a la vida eterna, si no entiendes el evangelio, y ese evangelio administrado por un hombre». Lutero dijo, «nadie ha recibido la fe aparte de la proclamación oral del evangelio».

Pierre Ch. Marcel

Los predicadores, reza el bien conocido adagio, nacen; no se hacen. ¿Y quién negaría su verdad? Sin alguna aptitud natural, dada misteriosamente por el Espíritu, que es la fuente y el sustentador de toda la vida, nadie aspiraría a convertirse en un pianista concertista. Pero esto es solo parte de la historia. Se puede esperar alcanzar la meta sólo a través de interminables horas, días e incluso años aprendiendo la teoría de la composición e interpretación musical, a la vez que también se empeña en ponerla en práctica.

La predicación, en tanto que reconoce el papel único que Dios le ha asignado para la salvación de una persona y que ésta pase a ser su posesión, se diferencia no poco, en este punto, de otras actividades humanas. Son insensatos, más allá de toda descripción, aquellos que les gustaría gastar tiempo y energía buscando un atajo para convertirse en predicadores del santo evangelio.

La teoría y la práctica, por supuesto, pueden distinguirse; separarlas, una de la otra, es fatal. Los dones, tan graciosamente dados, deben cultivarse. Sin un ejercicio de nosotros mismos, lograremos pocos resultados de nuestros esfuerzos en este campo designado por Dios.

Para este ejercicio es que Pablo pidió a su hijo espiritual, Timoteo, llamado a servir en las iglesias de Éfeso y sus alrededores:

Por lo cual te aconsejo que avives el fuego del don de Dios que está en ti por la imposición de mis manos. Porque no nos ha dado Dios espíritu de cobardía, sino de poder, de amor y de dominio propio. Por tanto, no te avergüences de dar testimonio de nuestro Señor...Retén la forma de las sanas palabras que de mí oíste, en la fe y amor que es en Cristo Jesús. Guarda el buen depósito por el Espíritu Santo que mora en nosotros (2 Timoteo 1:6-8a, 13-14).

Aquí, entonces, están algunas de las reglas fundamentales para la predicación, que nadie que ha sido llamado a este santo oficio debe atreverse a rechazar. Estas reglas exigen que comencemos, como algo que buscamos emplear sistemáticamente desde el principio en nuestro estudio.

John R.W. Stott en su libro *I Believe in Preaching* nos recuerda que el lugar adecuado para comenzar este estudio, que continuaremos a lo largo de todo nuestro ministerio:

En un mundo que parece no estar dispuesto o es incapaz de escuchar ¿cómo podemos ser persuadidos a predicar, y aprender a hacerlo efectivamente? El secreto esencial no es dominar ciertas técnicas, sino ser dominado por ciertas convicciones. En otras palabras, la teología es más importante que la metodología... si nuestra teología es correcta, entonces tenemos todas las ideas básicas que necesitamos para entrar a lo que debemos estar haciendo, y todos los incentivos que necesitamos para persuadirnos a hacerlo fielmente.

Por lo tanto, primero colocamos los fundamentos. Para los creyentes reformados, estos se encuentran solamente en la Santa Escritura. También para nuestra predicación esta es la única regla de fe y práctica. Únicamente Dios puede decirnos verdaderamente el qué, dónde, cómo y por qué de este tipo de predicación que Él promete usar para su gloria y para el bienestar de su pueblo. La primera parte de este estudio nos lleva a revisar algunos de estos aspectos.

CAPÍTULO 1
El carácter único de la predicación

··· ଃ⠦ ···

Toda carne es como hierba, y toda la gloria del hombre como la flor de la hierba. La hierba se seca, y la flor se cae; más la palabra del Señor permanece para siempre. Y esta es la palabra que por el evangelio os ha sido anunciada.

1 Pedro 1:24-25

El lenguaje del corazón que viene del corazón y va al corazón – siempre es sencillo, lleno de gracia y lleno de poder, pero que ningún arte de la retórica puede enseñar.

Bovee

Quisiera que todo predicador del evangelio se dirigiera a su audiencia con el celo de un amigo, con la energía abundante de un padre y con el cariño exuberante de una madre.

Fenelón

De todas las actividades y responsabilidades a las que un ministro del evangelio es llamado por Dios, ninguna es tan fundamental y extensa como la predicación.

Esto será evidente para cualquiera que lee la Biblia con alguna intención cuidadosa. Ya en el Antiguo Testamento hombres fueron enviados por Dios para llevar su Palabra a los demás. No podrían hablar ni más ni menos que aquello que había sido puesto en sus corazones y en sus mentes. Por medio de estos mensajes el pueblo debía aprender cómo adorar al Señor en fe y obediencia, invocarlo en cada circunstancia de la vida y vivir en conformidad con su santa voluntad. En el Nuevo Testamento es mucho más clara la notable importancia que tiene la predicación. Juan el Bautista fue enviado a predicar el evangelio del arrepentimiento para la remisión de los pecados, preparando así el camino para la manifestación de nuestro Señor Jesucristo. Y nuestro Rey-Salvador comenzó su ministerio como servicio a Dios, así como al pueblo de Israel, proclamando el evangelio del reino.

Por lo tanto, no sorprende que los discípulos (habiendo sido educados durante unos tres años por su Señor) recibieran órdenes para predicar el evangelio a toda criatura, bautizando a los que respondieran al llamamiento del discipulado, y enseñándoles a guardar todas las cosas que Jesús mismo les había enseñado. Con el derramamiento del Espíritu Santo el día de pentecostés, encontramos a estos hombres comprometidos con esta predicación. Esto culmina con el sermón de Pedro. Aquel fuerte énfasis sobre la predicación y la enseñanza la encontramos a través de todo el libro de los Hechos, que registra el establecimiento y expansión de la iglesia. Proclamaron el mensaje de Dios tanto a judíos como a gentiles, reuniendo a todos los que habían sido ordenados para salvación. También las epístolas, dirigidas a las congregaciones dispersas por todo el imperio romano, dan un elocuente testimonio de la centralidad de la predicación en el orden de salvación de Dios y, por lo tanto, en la vida de su pueblo.

Para nosotros es imperioso recuperar un claro entendimiento bíblico de lo que es la predicación.

Podemos hacer esto distinguiéndola, primero que nada, de todo lo que no es la predicación cristiana. Esto es lo más necesario en nuestros días, debido a la confusión y a las contradicciones que tan ampliamente predominan.

De vez en cuando oímos de la predicación «budista» o «islámica». No se puede negar, por supuesto, que los líderes de estas y otras religiones hoy imitan a sus fundadores, involucrándose en formas de comunicación oral basados en los escritos considerados sagrados por sus seguidores. Algunas veces esto toma forma en la confrontación personal; en ocasiones dentro de un pequeño grupo de los iniciados como discípulos; y aún otras ocasiones en grandes reuniones públicas. En el lenguaje común esto es llamado «predicación».

Pero no lo es. Puede haber similitudes formales significativas, pero ambos se conforman y aproximan de forma radicalmente diferente a lo que es la predicación según la Escritura. En estas actividades no hay proclamación de los poderosos hechos de Dios para la salvación de la humanidad. Por el contrario, encontramos discursos intelectuales acerca de aspectos de esas religiones o explicaciones litúrgicas y mandamientos morales que se hacen a sus oyentes. En todas estas religiones es el hombre quien es llamado a «salvarse» él mismo, con o sin la ayuda del dios que afirman adorar.

Más al punto de nuestro estudio, sin embargo, está el hecho de que no todo lo que los cristianos llaman predicación es realmente predicación. La predicación, tal como esta tiene lugar en la asamblea del pueblo de Dios, tiene su propio carácter único. No es simplemente una palabra de exhortación o de edificación dicha por un individuo; al contrario, es un servicio oficial o ministerio en, por medio de y para la iglesia como pueblo reunido de Dios. Se tendrá que decir mucho más en explicación de esto. Pero ya se debería notar que la predicación es el ministerio que Cristo Jesús, como Salvador de la iglesia, apóstol y sumo sacerdote de nuestra confesión (Hebreos 3:1), ejerce a través de los siglos y en todo lugar sobre la tierra para reunir, defender y guardar en unidad de la verdadera fe a quienes están ordenados para vida eterna. Por estos medios Él los une a Dios y los une entre ellos mismos, los santifica por su Palabra para servicio espiritual y los alimenta con todos los beneficios de su vida, muerte y resurrección.

De esta forma, Cristo edifica a la iglesia como su cuerpo

(Efesios 4:16, etc.), de manera que en y por medio de ella venga su reino para una manifestación más rica y plena en el mundo. Cristo desarrolla este trabajo en una variedad de formas, como lo manifestó claramente su ministerio en los días de su humillación. Dio instrucción individual por medio del cuidado pastoral a gente como la mujer samaritana, a Nicodemo y a Pedro, después de que le negara. Pacientemente educó a los doce por medio del precepto y el ejemplo como preparación para el apostolado. Habló públicamente en las sinagogas, así como en los patios del templo y en la montaña. Obtuvo fortaleza para su obra pasando mucho tiempo en oración, de lo que tomaron nota sus discípulos. Por consiguiente Cristo los instruyó en este arte santo. Instituyó los sacramentos, la administración de los cuales debía ser normativa para la iglesia por doquier. Asistió a las cenas y otras festividades en los tiempos señalados; reprendió a los pecadores; animó a los cobardes; consoló a los tristes. Todo esto encuentra su continuación en la vida y el ministerio de su iglesia. Pero el primer, lugar, el que todo lo controla, lo dio a la predicación y enseñanza de su Palabra. Él vino para revelar la voluntad y propósitos de Dios en la salvación. Así que la iglesia fiel siempre asignará su alta prioridad a la predicación oficial, dentro y fuera de la congregación. No sólo para controlar y dominar la adoración pública; debe poner su sello sobre y dirigir cada tarea a la que la iglesia está llamada.

Si el «objeto» o «contenido» de la predicación es la voluntad de Dios para los hombres, entonces toda perspectiva de la predicación que permita que la Escritura sea oscurecida o minimizada debe declararse contrabando. Estamos de acuerdo con Schleiermacher quien, en reacción a mucho de la ortodoxia pomposa y estereotipada de su época, insistió en que la predicación debería ser una repetición de las experiencias espirituales tanto del predicador como de la congregación. Encontramos algo de este énfasis ampliamente extendido en muchos de los círculos fundamentalistas y místicos con su fuerte énfasis en los «testimonios personales». Este uso del término «declaración» [testimony] es muy contrario a lo que encontramos en el Nuevo Testamento en cuanto al «atestiguar» [witness]. En la Biblia esas palabras designan un llamamiento y responsabilidad *oficial* que puede ser guardado en nuestra situación de vida únicamente en un sentido derivado y secundario. Podemos atestiguar y testificar solamente cuando y en la medida en que estemos atados por el testimonio apostólico escrito para la iglesia de todas las épocas. Con esto en mente, rechazaremos toda subjetivación y personalización de la proclamación del evangelio como si se tratase de una plaga. Esto hace de la verdadera predicación reformada algo completamente diferente de la que se escucha en muchos otros púlpitos. Todo esto no quiere decir que no haya lugar para la aplicación directa a la vida y la experiencia de los oyentes. Pero esto, como mostraremos más adelante, debe derivarse del texto mismo, no de las experiencias personales del pastor o del pueblo.

Objeciones parecidas deben ser hechas a la perspectiva de la predicación defendida por Alexander Vinet, el notable predicador y profesor suizo del siglo XIX, con sus exigencias para la proclamación ética y moralista. Correctamente requirió corazones y vidas transformadas entre sus oyentes, pero este énfasis frecuentemente excedió los límites de la Biblia en un intento por hacer relevante el mensaje para su tiempo.

Para que no sea malentendido agregaremos que en la predicación ciertamente hay lugar para exponer la «vida interior, espiritual, devocional» que debe caracterizar las vidas de quienes han sido librados del pecado por la gracia de Dios. Esto es altamente necesario para que no sea solamente una presentación de la Palabra. Los creyentes no solo deben crecer en el «conocimiento» de su Dios y Salvador; su gracia debe y transformará sus corazones y vidas. Pero la norma para tal predicación que los instruye sobre cómo amar y obedecer al Señor, junto con los problemas y experiencias espirituales en los que estén involucrados, es la Palabra. Para todo esto se encuentran ricos tesoros en, por ejemplo, los Salmos y Proverbios, los mandamientos del Señor y los pasajes parenéticos de varias epístolas del Nuevo Testamento. La variedad de formas en las que la Palabra de Dios nos llega hoy en día será considerada en mayor detalle en el aspecto *material* de la Homilética.

A la luz de lo anterior debería ser claro que la distinción entre predicación «objetiva» y «subjetiva» –tan discutida y debatida en nuestro pasado- en realidad es un falso dilema. Aparece repetidamente en las iglesias en la forma de una demanda de menos sermones doctrinales y más sermones prácticos. Toda predicación, también sobre materiales doctrinales, históricos y proféticos, deberían dirigirse no solamente a proveer la muy necesaria instrucción en la fe; al mismo tiempo esta es para exhortar, de una manera apropiada al texto mismo, a una vida de santa obediencia en todas las cosas. Entonces este será trazado directamente de la Palabra viva y duradera, no de las experiencias del predicador o de la gente.

En agudo contraste al tipo de predicación empírica y moralista que aún es muy popular en muchos lugares, tomamos nota de la reacción engendrada bajo la influencia de la teología dialéctica, de la que Karl Barth debe ser considerado padre. Con él y sus seguidores la predicación ya no es más la exposición y aplicación de la Palabra de Dios. Por el contrario, es la actividad de la iglesia a través de la cual, de una manera prometedora, se da lugar a la venida de la Palabra de Dios como evento o suceso («Raumschaffenfur das WortGottes» [Creación de un espacio para la Palabra de Dios], como frecuentemente hablan de ello los teólogos alemanes).

Esta perspectiva de la predicación fue un inexorable resultado de su errónea estimación de la Escritura. Entre ellos la Biblia no es considerada como la Palabra autoritativa e infalible de Dios para todas las épocas, sino una «palabra» de individuos extraordinariamente dotados que puede o no llegar a ser de Dios según su propia libertad. Esta perspectiva es contraria a la Biblia misma, que habla de los «oráculos» confiados a la iglesia; de las «tradiciones» transmitidas por la autoridad divina; de la «revelación» de Dios, hablada primeramente a los hombres y después confiada para ser escrita por la inspiración del Espíritu Santo, y de las características de la Escritura como Palabra de Dios, que no puede quebrantada y nunca pasará.

También debemos sopesar otras aproximaciones erróneas a la predicación. Actualmente por el fuerte énfasis en la educación «visual» y por tanta «ayuda» a hacer la predicación más clara y relevante, debemos estar alerta, no sea que por nuestros métodos oscurezcamos la Palabra que es «poder de Dios para salvación a todo el que cree» (Ro 1:16,17).

Incluso en la predicación como comunicación oral del evangelio, debemos hacer solamente un uso cauto y cuidadoso de las ilustraciones (aun siendo importantes), no sea que estas sean recordadas y el mensaje de Palabra oscurecido. Se dirá mucho más sobre esto en la discusión sobre el uso de las historias bíblicas, de las figuras del lenguaje que abundan en la Escritura y de las parábolas. Incluso mucho más lejos va el empleo de objetos materiales en el púlpito, tales como títeres, herramientas, manzanas, etc., o la actuación de historias bíblicas como la de David matando a Goliat. Todas estas cosas pueden atraer el interés de los oyentes, pero hacen poco por aumentar la gloria de la Palabra de Dios como la verdad que hace libre a los hombres. De la misma forma advertimos contra el uso de interpretaciones musicales, ya sea por instrumentos o voces, como sustituto para los sermones, así como también las presiones para el uso de danza litúrgica a fin de hacer significativo el mensaje de Dios. Es la Palabra la que ha sido confiada a la iglesia. Los predicadores son comisionados por Cristo para proclamarla en toda su longitud y amplitud, en su altura y profundidad. Esta, y solo ella, por usar la frase de Pablo en una de sus oraciones, debe tener «curso libre» entre nosotros. Para esto el predicador debe estar comprometido de todo corazón; para esto la congregación debe aprender a tener hambre y sed, con un fuerte deseo espiritual.

A la luz de lo anteriormente dicho, volveremos a insistir en que la «esencia», el carácter único, de la predicación, especialmente en el contexto congregacional, es *la administración de la Palabra de Dios*.

Los tres términos usados en esta definición merecen atención.

Es la Palabra, llamando ya a la mente por medio de la comunicación oral, la que debe ser llevada. Esto no invalida el lugar que tienen los dos sacramentos. Su institución autoritativa por nuestro Señor impide toda minimización de ellos. Su valor para la comprensión espiritual y experiencia del pueblo de Dios está atestiguado. Pero los sacramentos no pueden ocupar una posición independiente en la liturgia y la vida de la iglesia. Estos claramente son, de acuerdo a la fe reformada que busca ser fiel a la enseñanza de nuestro Señor y sus apóstoles, dependientes de y secundarios a la Palabra traída en forma oral. Una sencilla ilustración debería dejar esto claro. Tome a un niño dentro de la ciudad, que nunca ha escuchado, mucho menos visto, una vaca. Muéstrele una fotografía de una hermosa Holstein. No entenderá lo que es aquel objeto a menos que los padres, el maestro o un amigo le expliqué claramente lo que son las vacas y qué tan útiles son para la salud de las personas. En ocasiones una fotografía «valdrá más que mil palabras», como dice el dicho, pero una fotografía no explicada deja al inculto tan ignorante como antes.

Por supuesto que aquí el énfasis recae primeramente sobre la Palabra como mensaje santo, divino y, por tanto, autoritativo de Dios para la doctrina y la vida. La fuente, la revelación, las cualidades e importancia de esta Palabra en las vidas de todos los que están dentro alcance de sus oyentes, son claramente expuestas en un seminario reformado (también en conformidad con los credos), en algunos de los primeros y más fundamentales cursos en la teología cristiana. Para el verdadero predicador la aceptación de estos estudio es, por sobre todas las cosas, un asunto del corazón. Solamente cuando aquella Palabra se convierte en «fuego consumidor» en su alma, en una Palabra que expone los asuntos de la vida y de la muerte para todos los que oyen, el predicador puede cumplir su llamamiento de forma agradable a Dios y para la salvación de los que escuchan en fe.

Además, esta Palabra, de acuerdo a la definición, debe ser administrada.

Este término está íntimamente relacionado con y derivado de su similar, «ministerio». El Nuevo Testamento hace uso frecuente y provechoso de esta palabra. Se refiere al ministerio del evangelio, el ministerio de la Palabra, el ministerio de Dios a través de sus mensajeros llamando al hombre a la fe y a la obediencia, y al ministerio de la reconciliación. Nos tenemos que comprometer a este llamamiento.

La Palabra en el idioma griego es *diakonía*, que enfatiza el servicio como idea controladora. Este servicio es en nombre de Dios y para su alabanza para aquellos a quienes va dirigido. Por lo tanto ningún predicador puede «dominar» a la Palabra. No debe transmitir sus propias ideas, prejuicios o ideales en el mensaje que lleva, ni en ningún sentido controlar la eficacia de la Palabra, aunque su comunicación involucre al completo su personalidad y habilidades. Es únicamente la providencia del Espíritu Santo, la que compromete su actividad siempre presente dondequiera que la Palabra es predicada con pureza, a fin de completar el propósito para el que Dios la envío. Es decir, como se hará cada vez más evidente, es el principal «medio de gracia», el ejercicio de la primera de las llaves del reino de los cielos. Por medio de esta son proclamadas las inagotables riquezas de la gracia de Dios. Es el anuncio de la inquebrantable fidelidad de Dios en amor con promesas y mandamientos. Enciende la lámpara de la Palabra, que alumbra en lugar oscuro, hasta que el día esclarezca y el lucero de la mañana salga en toda su gloria en los corazones y vidas de los hombres (2 Pedro 1:19-20).

Esta Palabra es la que ha de administrar el ministro del evangelio. Hace uso de ella como un administrador oficial, encargado con esa responsabilidad por su autor y Señor. Lo que primeramente le ha sido confiado, puede darlo a otros para su bien. Así pues, vive en sujeción a su autoridad divina y sustentadora de la vida, completamente consciente de que solamente al hacerlo así puede ser una bendición para sí mismo y para los que le escuchan.

Son muchas las palabras usadas por el Nuevo Testamento para designar la comunicación oral del evangelio. Todas ellas nos llegan como parte de la auto-revelación de Dios conforme circunscribe la santa tarea de la predicación. Llega en una variedad de formas para instruir y exhortar, para amonestar, animar y consolar. Siempre es un «ministro del evangelio» que incluirá y no contradecirá o contravendrá el lugar de la ley propiamente entendida, aplicada al pueblo de Dios. Es la predicación o proclamación de las buenas nuevas de la obra de gracia de Dios y la venida de su reino. Tal es también la predicación en un contexto misionero que debe ser distinguido (no divorciado) de llevar la Palabra a los que ya están en el pacto con Dios. Es, por supuesto, un «sermón» que, como término técnico, está reservado generalmente para discursos en una reunión pública ocupada en la adoración. Para expresar la "esencia" de la predicación que ahora nos interesa, no existe mejor designación que la de «administración de la Palabra de Dios».

Todo esto coloca grandes y serias demandas sobre el predicador.

Debe conocer, creer y regocijarse en la Palabra como la Palabra misma del Dios vivo del cielo y la tierra. Nada en ella debe ser considerado como de poca importancia; mucho menos cuestionada y dudada en su propia autoridad.

Debe predicar que la Palabra, como en verdad es, es la Palabra viva que por la operación del Espíritu crea, despierta y alimenta la vida espiritual, es decir, la vida en comunión con el Dios del pacto.

Está comisionado a predicar únicamente esa Palabra, no permitiendo ninguna intrusión en forma de ideas subjetivas, experiencias o teorías que oscurezca su plenitud.

Debe aprender a predicar la Palabra completa, no permitiéndose el lujo de enfatizar partes de la misma y descuidando la mayor parte de la Escritura. Toda la Escritura ha sido dada por inspiración divina y por lo tanto es útil para enseñar, para reprender, para corregir, para la instrucción que es en justicia. Únicamente de esta manera el pueblo de Dios, por medio del ministerio de hombres fieles, será completamente equipado para toda buena obra (2 Timoteo 3:16). Esta es la predicación de «todo el consejo de Dios» que Él en sabiduría, gracia y fidelidad ha decretado necesaria para el completo disfrute de su gracia salvadora en Cristo Jesús.

CAPÍTULO 2
El agente designado de la predicación

··· ଓଓଓଷ ···

Porque no me avergüenzo del evangelio, porque es poder de Dios para salvación a todo aquel que cree; al judío primeramente, y también al griego. Porque en el evangelio la justicia de Dios se revela por fe y para fe.

Romanos 1:16-17b

Dios se compadece de nosotros cuando comisiona a los hombres, a los ministros de la Palabra que nos instruyen en su hombre y en su autoridad, porque conoce nuestra constitución. Y vemos que, debido a que somos débiles, deberíamos ser engullidos por su majestad y aplastados por su gloria.

Juan Calvino

Hoy día, según los reportes registrados de los años pasados, enfrentamos una crisis en el cristianismo. Aparentemente vivimos, a juzgar por el surgimiento del materialismo, el secularismo y el subjetivismo, en la era "post-cristiana".

El mundo occidental, una vez centro de influencia para el evangelio, ya no está comprometido, al menos aparentemente, con las perspectivas de la vida y del mundo que surgen de las Santas Escrituras. Multitudes han abandonado la iglesia. Además, todos los que aún afirman tener alguna forma de apego a la iglesia, y que usan sus servicios quizá para la celebración de bodas y funerales, muestran poco interés por su mensaje. Aunque la teología de «la muerte de Dios», que tuvo una rápida trayectoria en los 1960's, raramente es discutida, encontramos a la mayoría de la gente, una vez abiertos a las ideas e ideales cristianos, ignorantes e indiferentes al evangelio. Incluso la idea de un «cristianismo sin iglesia» unido a «cristianos anónimos» ejerce poco poder. No son pocos los que aseguran con convencimiento que para el año 2000 la iglesia, tal como la hemos conocido durante siglos, será eclipsada.

Todo esto, junto con otros factores que operan en el mundo actualmente, demuestra claramente una crisis para las iglesias. Y proporcionalmente descubrimos una crisis en el ministerio en toda denominación, tanto católico romana como protestante.

Los ministros, sea cual sea el nombre con que los llamemos, han abandonado su oficio en masa. Muchos están completamente desilusionados. Algunos afirman que no pueden satisfacer las diversas expectativas de sus congregaciones. Otros están confundidos en sus propias mentes acerca de lo que constituye aquello que una vez era ampliamente considerado un llamamiento alto y santo. Sin duda la causa de esta insatisfacción, tanto en los predicadores como en la gente, es resultado de un profundo alejamiento de las enseñanzas bíblicas.

En nuestro estudio de la predicación, sin embargo, es esencial que escuchemos otra vez la Palabra y su insistencia en la gloria del ministerio del evangelio. Pocos textos enfatizan esto con tanta seguridad como Isaías 52:7 cuyo pasaje Pablo cita en su carta a los Romanos.

¡Cuán hermosos son sobre los montes los pies del que trae alegres nuevas, del que anuncia la paz, del que trae nuevas del bien, del que pública salvación, del que dice a Sion!: ¡Tu Dios reina!

Aquí se declaran los poderosos hechos de Dios para la salvación en tiempos de tensión y agotamiento. La voz de esperanza se levanta alto sobre todas las confusiones y contradicciones de la historia humana. Por lo tanto, no es ninguna sorpresa que muchas conferencias sobre la predicación tomen su norma de estas palabras. Son palabras de orientación y ánimo a todos aquellos que sienten el llamado del Señor para traer su verdad en cada crisis que pueda oscurecer los corazones de los que escuchan. Es sus *Conferencias sobre la Predicación* de Yale (1877), el predicador estadounidense Philips Brooks se dirige a los futuros predicadores con estas palabras:

No puedo comenzar a hablarles, a ustedes que se están preparando para el trabajo de la predicación, sin felicitarlos sinceramente acerca del futuro que les espera. No puedo evitar el testificar del gozo de vida que esperan. No hay profesión que se le pueda comparar, ni por un momento, en cuanto a las relaciones ricas y agradables a las que esta lleva a un hombre con sus semejantes, en la perspicacia profunda e interesante que esta da con respecto a la naturaleza humana, y en el cambio a una mejor cultura para su propio carácter humano. Su encanto nunca envejece, su interés nunca disminuye, su estímulo nunca se agota…

Pero aunque estas palabras son muy ciertas, es necesario decir más. Únicamente así será correctamente entendido, practicado y cuidado el alto llamamiento de proclamar las inescrutables riquezas de las obras y los caminos de Dios.

Brooks dijo estas palabras en tiempos muy diferentes a los nuestros.

En su tiempo la predicación aún era altamente estimada por gran parte de la población europea y estadounidense. En la mayoría de las comunidades los servicios de la iglesia eran fielmente atendidos. Incluso los que estaban apartados de Dios, de su Palabra, y de la vida de la congregación, rara vez se atrevían a levantar la voz contra la predicación y los predicadores. A través de gran parte del mundo, también por medio del movimiento misionero, se puso un fuerte sello sobre las familias, las comunidades y las naciones por medio de la enseñanza escritural. No era extraño que el ministro, junto con el alcalde y el médico fueran los miembros más respetados del pueblo.

Hoy en día aquella situación ha cambiado radicalmente. En tanto que en el pasado incluso los estudiantes para el ministerio eran vistos muy favorablemente, ahora grandes números de personas los consideran tontos por no entrar a una profesión mucho más lucrativa. Las palabras del ministro, por regla general, no son tomadas tan seriamente como las palabras del médico, del maestro, del psicólogo, del economista o especialmente del magnate. Podría parecer que por todas partes el poder del evangelio –que una vez tuvo el propósito de iluminar toda relación de la vida de las personas- esta siendo ridiculizado, y en muchos lugares casi borrado. Incluso en las iglesias reformadas con fuerte tradición de predicación vital, con una fiel asistencia a la iglesia y una vida cristiana disciplinada, se está atestiguando una aguda decadencia en la valoración de la predicación y de los predicadores. A menos que esto cambie, ciertamente el futuro se ve negro para la iglesia.

Es indudable que varios factores han contribuido a dar forma a nuestra presente situación. Resulta necesario ahora llamar la atención sobre uno de estos factores. Es la estrecha visión del oficio, prevaleciente en todas las relaciones sociales, pero especialmente dentro de la iglesia.

Mucho de esto se ha esparcido por la influencia ejercida durante el siglo pasado de algunas «sectas» y su subjetivación del mensaje cristiano. Entre ellas encontramos poco aprecio por los «medios de gracia». De aquí que cualquier persona con el don para el discurso sea considerada capacitada para «predicar». Tan fuerte ha sido el énfasis en aquellos lugares sobre la igualdad de todos los miembros de la iglesia como hermanos y hermanas del Señor, que cualquier aprecio de los «oficios especiales» ha sido ignorado o completamente rechazado. Según los seguidores de estos grupos, el orden y la organización son considerados diametralmente opuestos a la libertad del Espíritu. Para ellos ningún llamamiento especial de Dios es necesario para involucrarse en la predicación. Esta predicación tampoco conlleva ninguna autoridad oficial. En el mejor de los casos, no es más que una buena instrucción y consejo dado para beneficio de los que escuchan.

Debido a que esta estrecha visión también ha infectado a muchas iglesias reformadas en las recientes décadas, haremos bien en recordar lo que es reconocido en la *Forma de la Ordenación (o Instalación) de los Ministros de la Palabra de Dios*. Citamos un poco de estos pasajes:

Se debe observar en primer lugar que Dios, como nuestro Padre celestial, habiéndose propuesto llamar y reunir una iglesia fuera de la raza humana corrupta a la vida eterna, como un favor particular usa el ministerio de los hombres para este trabajo...

Y otra vez,

De estas cosas uno puede ver qué glorioso trabajo es el oficio pastoral, por las grandes cosas que son realizadas por medio de este; sí, qué tan indispensable es para traer a los hombres a la salvación, que también es la razón por la que Dios quiere un oficio como este permanentemente...

Y una vez más,

Y ustedes, del mismo modo, estimados cristianos, reciban a este su ministro en el Señor con todo gozo y ténganlo en alto honor, recuerden que Dios mismo les habla y les ruega por medio de él ... si ustedes hacen estas cosas, entonces sucederá que la paz de Dios entrará en sus hogares, y en ustedes, quienes reciben a este hombre en el nombre de un profeta, recibirá recompensa de profeta, y por medio de su predicación, creyendo en Cristo, por medio de Él heredaran vida eterna.

Sin una estima tan alta de este oficio ningún predicador puede esperar resistir exitosamente los violentos ataques, sutiles y públicos, contra sí mismo como predicador y contra la Palabra que le es ordenada administrar.

Pero, podrán preguntarse, ¿cómo puede hacerse esto? Una vez más, volvamos a las Escrituras como única norma de fe y vida. Corriendo como un hilo dorado a través de todos estos escritos, descubrimos qué tan altamente Dios estima este trabajo como un *oficio* al que da gran importancia.

Ya en el Antiguo Testamento Dios envió hombres escogidos y llamados por Él mismo a proclamar su mensaje. A través del periodo patriarcal, e incluso antes, Él habló directamente a las personas. Con la organización de la nación hebrea como su pueblo especial, mandó a los sacerdotes repetir su voluntad para sus vidas. Cuando más tarde la vida de este pueblo mostró síntomas de una apostasía grave y creciente de su servicio del pacto, envió profetas como voceros suyos. Dios bendijo sus palabras con poder tanto en gracia como en juicio.

En algún momento después de la destrucción del templo en 586 a.C. surgió la sinagoga en Palestina y por toda la diáspora. Bajo la dirección de sus «dirigentes», se leían y explicaban porciones de los escritos sagrados por alguno de los miembros, un modelo que sirvió como prototipo de los servicios en las comunidades cristianas primitivas establecidas por los apóstoles.

Apenas si es necesario enfatizar que nuestro Señor Jesucristo comenzó su bendito ministerio, oficialmente presentado por Juan el Bautista, en forma de enseñanza y predicación. A esto se subordinaron sus numerosos milagros, tales como «señales» y «prodigios». Su anuncio de las buenas nuevas del reino de los cielos, encarnado en su persona y obra, era preparatorio al cumplimiento pleno del plan de salvación de Dios, terminado en su muerte, resurrección y ascensión. Con el propósito de que este evangelio, como único «medio» para la salvación, pudiera ser predicado a todos los hombres en todas partes, nuestro Señor llamó y preparó discípulos que se convirtieron en sus apóstoles. De esta manera la iglesia llegó a ser establecida y organizada adecuadamente para ocuparse a través de los siglos en la adoración, en el testificar y trabajar para Él por el poder del Espíritu Santo.

Una discusión acerca del desarrollo de los varios oficios mencionados en el Nuevo Testamento nos desviaría de nuestro tema en este momento. Este tema se explora directamente en los cursos sobre Política de la Iglesia y Gobierno de la Iglesia. Leemos de los apóstoles y profetas, de los maestros, evangelistas y ancianos; todos involucrados en llevar la Palabra dirigida a los oyentes. Entonces «los oráculos de Dios» que formalmente habían sido confiados a la nación judía como pueblo del pacto de Dios, fueron enriquecidos, ampliados y entregados en las manos de la iglesia cristiana como pueblo de la posesión de Dios. La labor de llevar por el mundo aquel mensaje vivificante y sustentador de la vida, fue hecha especialmente la responsabilidad de hombres escogidos y capacitados por Dios para esta obra. Debido a que los apóstoles no permanecerían en la tierra hasta el retorno glorioso de Cristo, bajo la dirección del Espíritu surgieron de las iglesias «los que trabajan en predicar y enseñar» (1 Timoteo 5:17). Estos «especialmente» debían ser «considerados dignos de doble honor», cuando desempeñaran bien su trabajo.

Desde entonces, a pesar de las deformaciones que han pervertido la organización y el trabajo de la iglesia, Cristo ha preservado el ministerio de la Palabra para el bienestar de su congregación comprada con sangre, y para la humanidad en general.

Entonces ¿quiénes son los hombres que pueden ser ordenados o apartados debidamente para este trabajo?

Hoy en día el Señor ya no llama a los hombres «inmediatamente» (i.e., sin el uso de medios) como hizo con los profetas del Antiguo Testamento y con los apóstoles del Nuevo Testamento. Tampoco los selecciona por el linaje de familias como lo hizo con los sacerdotes y los reyes, antes de su venida a la tierra. En su lugar ahora obra «mediante» la congregación. Habiendo recibido la llenura del Espíritu y el gozo de la plenitud de la revelación divina en las Santas Escrituras, la iglesia debe permanecer alerta para que no entren hombres impíos e infieles a este santo oficio. De esta manera honra la madurez espiritual de la iglesia que cree y obedece la Palabra.

Merece alguna atención el cómo funciona esta regla general.

El sentimiento de «ser llamado por Dios mismo» ordinariamente surge, en primer lugar, dentro del corazón y la mente del creyente. Puede suceder tarde o temprano en la vida, según la dirección del Señor mismo. Varios factores deben ser considerados por quien tenga este sentimiento del llamado divino fuertemente dentro de su corazón.

Debe tener un fuerte deseo, incluso al punto de la compulsión, de llevar la Palabra que ha bendecido y enriquecido tanto su propia vida para salvación. Sin un amor profundo y maduro por el Trino Dios, difícilmente puede haber un ministerio exitoso hacía los demás, aun cuando indudablemente Dios ha usado en ocasiones a predicadores infieles e incluso incrédulos que proclaman las verdades de la Sagrada Escritura. Como iglesias reformadas rechazamos caer en la trampa de los donatistas de la antigüedad (seguidos en algunas de sus opiniones por algunas de las actuales sectas). Esto hace «los medios de gracia» dependientes de la condición espiritual de las personas que los administran. Pero eso también sería una excepción. Un predicador no convertido está completamente fuera de lugar y trae juicio sobre sí mismo. La regla normal por la que Cristo reúne, defiende y preserva a su iglesia en la unidad de la fe para la vida eterna, es por medio de aquellos que participan en su salvación y están impacientes por impartir la Palabra en toda su plenitud a los demás.

Quien siente este creciente deseo de convertirse en ministro del evangelio debe también descubrir en él mismo algunos de los "dones" necesarios para el trabajo. Un hombre con una aptitud espiritual o intelectual pequeña para el estudio de las Escrituras no debe entrar a este llamado. Tampoco lo debe hacer quien no habla con cierto grado de claridad y fluidez. Mucho menos debe entrar quien se declara temeroso o enemigo de los tratos cercanos con otras personas.

Íntimamente relacionado con esto está la preparación directa y especializada antes de entrar al oficio. Este es principalmente de dos tipos, que deben mantenerse íntimamente unidos. Este hombre ha de prestar atención a su propia alma, buscando cultivar los dones y gracias de un caminar más íntimo con Dios. Al mismo tiempo, debe ansiosamente ocuparse en el estudio que lo hará más diestro en el entendimiento de las riquezas de la Escritura.

Desde los primeros días las congregaciones reformadas han insistido en un ministerio «culto». Con este propósito, Calvino y sus colegas trabajaron heroicamente para establecer y hacer productiva la academia fundada en Ginebra en 1559. Algunas personas reformadas, dirigidas por quienes tenían los medios y la influencia, establecieron universidades en Alemania, Francia, los Países Bajos, Gran Bretaña e incluso más allá de Hungría. Generalmente las facultades más prestigiosas fueron las que daban instrucción en teología cristiana. Los seminarios como los conocemos hoy en día fueron en su gran mayoría de una época mucho más tardía, ocasionada por una creciente deserción de las universidades de las Santas Escrituras. Frecuentemente estos seminarios eran organizados por grupos compelidos a abandonar las iglesias estatales establecidas en el interés de mantenerse fieles a la Biblia y a los credos.

Se ha discutido y debatido mucho acerca de cuánto tiempo y qué tan detallados deber ser los estudios requeridos para entrar al santo ministerio. En algunos grupos esto ha llegado a un nivel tan mínimo que casi son inútiles. Aún hoy en día hay grupos cristianos que miran con desdén un ministerio culto y se refieren a los seminarios como «fábricas de predicadores». Pero las iglesias reformadas en todo el mundo han resistido, en general, tales nociones que conducen a tratar a la Biblia en gran medida muy casual y superficialmente, y a despreciar la dignidad con la que Cristo mismo ha adornado esta obra. Si nuestro Salvador tomó la mejor parte de los tres años para entrenar a sus discípulos que servirían en el oficio del apostolado, y si el bien instruido Pablo, llamado fuera de tiempo para ser uno de los mensajeros de Dios, pasó más de dos años solo en el desierto preparándose para su ministerio, entonces la iglesia hace bien en procurar que ninguna persona inculta o superficialmente preparada administre oficialmente la Palabra del Dios vivo.

Pero también las iglesias reformadas, en los años más recientes, han permitido serias deficiencias en la preparación de hombres para el ministerio del evangelio. Idealmente la educación para los que aspiran a este oficio debe estar dispuesta al nivel de preparatoria y universidad, orientada especialmente para su trabajo de modo prometedor, y para el resto de sus vidas. La iglesia católico romana, después de haber sufrido durante siglos de un sacerdocio ignorante y disoluto, desde los días del Concilio de Trento (1545-1563) y hasta el tiempo del Concilio Vaticano II en nuestros días, ha preparado hombres desde su adolescencia para el sacerdocio. En tanto que las iglesias reformadas no pueden, por sanas razones, pedir que se siga ese modelo, es de lamentarse que se gasten tiempo y esfuerzo en muchos cursos en la preparatoria y la universidad (también por la proliferación de cursos opcionales que permitían a los estudiantes elegir lo que querían sin suficiente dirección) que podrían haber sido usados más efectiva y provechosamente en materias más directamente necesarias para servir bien en la predicación de la Palabra de gracia.

Hay cursos en estos niveles que fueron exigidos una vez por nuestras iglesias a los que buscaban ingresar al seminario. Mencionamos de pasada el estudio de la gramática, composición, oratoria, literatura, historia universal, filosofía, psicología, latín y griego como los más directamente apropiados para este fin, que la refinada educación en, por ejemplo, química, dibujo industrial, matemáticas avanzadas y administración de empresas. Aunque estos pudieran ser útiles para una educación general y esencial para muchas profesiones nobles, difícilmente pueden colocarse a la par con los otros mencionados, proveyendo un fundamento sólido para el ejercicio de las disciplinas teológicas. Con la explosión del conocimiento en nuestros tiempos, todo aquel que aspire al ministerio de la Palabra debería estar bien aconsejado para comenzar en alguna medida la «especialización» para su campo, tan pronto como sea posible.

Mucho más importantes en la preparación para este trabajo son aquellos cursos ofrecidos en un currículum de seminario bien redondeado. Cada curso debe servir específicamente al propósito de una predicación y enseñanza completa de la Palabra. La explicación de cómo estos diversos cursos se relacionan unos a otros y al ministerio mismo, es responsabilidad de la *Introducción a los Estudios Teológicos*. Esto demuestra que un seminario reputado siempre será mucho más que una «escuela de oficios» para predicadores. Por supuesto que tal currículum nunca puede degenerar en discusiones de teorías abstractas y abstrusas. La teoría y la práctica, el aprendizaje y la acción, siempre deben ir de la mano. Pero sin una base sólida en los principios básicos, nuestra práctica en el ministerio del evangelio quedará muy lejos de lo que puede y debe ser para la alabanza de nuestro Dios y el bienestar de su pueblo. No importa qué tan orientada a la práctica esté en ocasiones, cada curso debe tener su justificación y razón en la permanente Palabra de Dios.

Tampoco debemos pasar por alto la importancia de cultivar la vida espiritual personal en tanto que estamos ocupados en los estudios teológicos. El peligro de esto es mayor de lo que podamos imaginar. El continuo contacto con la revelación especial de Dios en Cristo puede fácilmente convertirla en algo corriente en nuestras mentes y corazones. Aquí está la amenaza de la «profesionalización» del ministerio de la Palabra. Cuando esto pasa, los ministros y sus familias, así como las congregaciones, sufren serias consecuencias espirituales, en algunas ocasiones hasta el punto del naufragio.

El cultivo de «las gracias y los dones espirituales» es, por supuesto, fundamentalmente igual al requisito que se ordena para los corazones de todos los creyentes. Pero a través de toda la Biblia, y especialmente en las cartas de Pablo a Timoteo y Tito, repetidamente se nos recuerda que los ministros deben ser ejemplos para el pueblo en todas las cosas. El pastor necesitará valor para resistir las tentaciones del mundo, la carne y el diablo, así como también las injustas críticas que surgen entre los miembros de la iglesia. Debe cultivar en todo tiempo la gracia de completa dependencia del Señor, como también la humildad, sabiendo qué tan fácilmente puede surgir en su corazón el amor a sí mismo y a sus logros. Debe disciplinar cuidadosamente el uso de su tiempo, ya que por regla general es responsable ante unos pocos en la tierra de sus actividades a lo largo de los días y semanas de su servicio. Cada hombre tiene sus propias predilecciones, junto con fortalezas y debilidades, de manera que mientras que uno encuentra gran deleite en el estudio privado, otro tiene gran placer en socializar o en la administración, sirviendo en comités u ocupándose en los deportes. En tanto que todas estas actividades pueden tener un lugar legítimo en el horario del pastor, este debe educarse a sí mismo a mantener claras sus prioridades y a hacer lo más esencial primero –ya sea que le guste en el momento o no– y perfectamente. También necesita tiempo para su familia, ya que en la providencia de Dios es también esposo y padre. Mientras algunos usan esto como excusa para no cumplir con las tareas de su oficio, otros han abandonado penosamente estas tareas para con el Señor y para con sus familias para su propia aflicción, y en ocasiones incluso para la ruina espiritual de quienes le fueron confiados a su cuidado especial.

Todo esto puede y se hará por la gracia del Espíritu Santo, con bendiciones divinas, cuando el ministro tome suficiente tiempo para meditar y orar. Este «tiempo tranquilo» es indispensable para un ministerio fructífero y feliz. A menos que el Señor nos sostenga con una profunda consciencia de su presencia y poder, que se da solamente cuando se vive íntimamente con él, pronto caeremos en muchas angustias, e incluso periodos de monotonía y oscuridad espiritual. Primero debemos alimentarnos a nosotros mismos, solamente entonces estaremos en la capacidad de alimentar a la congregación con la aprobación y la bendición divinas.

Todo lo anterior, aunque es necesario e incluso esencial, aún no nos asegura que seremos ministros de la Palabra y los sacramentos. Nadie puede meterse por la fuerza a este santo oficio, no importa que tan ansiosamente lo ha buscado o que tan exitosamente haya seguido sus estudios. Ninguna recomendación de la facultad o del consejo de administración puede garantizar la ordenación. El acto final, el decisivo, descansa, de acuerdo a los lineamientos del Nuevo Testamento, en la congregación actuando por medio de sus oficiales.

En las iglesias reformadas, donde las congregaciones se han unido unas con otras en obediencia a las Escrituras por las comunes confesiones y *Orden Eclesiástico*, este derecho está salvaguardado, y los procedimientos apropiados están meticulosamente desarrollados. Esto lo estudiaremos en los cursos de *Política Eclesiástica* y *Gobierno Eclesiástico*, pero ya debe mencionarse aquí. Al respecto, todos los que se sienten llamados al ministerio de la Palabra deben esperar pacientemente y creyendo en el Señor, que dirige a las congregaciones que buscan en oración hacer su voluntad. Las congregaciones pueden y en ocasiones han cometido serios errores, porque no son infalibles, en la obra del llamamiento. Entonces la responsabilidad recae sobre ellos. Sin embargo sus errores nunca deben dar a nadie el derecho de intentar entrar, por los métodos impropios, al servicio del Señor. Que un hombre preparado y recomendado para el ministerio, aun cuando esté decepcionado y lo haya intentado mucho durante meses, espere en oración en Aquel que dirige todas las cosas bien y sabiamente para los que confían en sus promesas.

No hay bajo el cielo título más solemne que se le pueda dar a un hombre que *Verbi Dei Minister*, siervo de la Palabra de Dios. A la vez, ningún título debería producir una humildad más profunda, ya que tal hombre lleva siempre consigo los «tesoros» del Dios vivo, misericordioso y soberano en un «vasos de barro». Esto ha sido descrito sucintamente por Pablo en 2 Corintios 2:14-16:

Más a Dios gracias, el cual nos lleva siempre en triunfo en Cristo Jesús, y por medio de nosotros manifiesta en todo lugar el olor de su conocimiento. Porque para Dios somos grato olor en los que se salvan, y en los que se pierden; a éstos ciertamente olor de muerte para muerte, y a aquéllos olor de vida para vida. Y para estas cosas, ¿quién es suficiente?

Nos ha dejado ese reto para que nadie que entre a este sagrado oficio sea hallado «como muchos, vendedores ambulantes de la Palabra de Dios». Los predicadores del evangelio son exhortados a ser como él era, «hombres sinceros, enviados por Dios» para que a la vista de Dios siempre hablen en Cristo.

En resumen, nadie puede entrar por sí mismo a este alto y santo llamamiento.

Debe buscar diligentemente en su corazón y en su vida si el Señor verdaderamente le ha llamado a este impresionante trabajo. Lo debe encontrar en sí mismo y cultivar asiduamente aquellos dones necesarios para cumplir con su oficio. Debe poner atención de sí mismo, a la congregación en la que a Dios le plazca colocarlo, y especialmente a la Palabra de Dios. Solamente entonces puede, por gracia, dar un servicio agradable a su Dios y Salvador como embajador autorizado de la Palabra que hace a los hombres, las mujeres y niños sabios para la salvación y les asegura la herencia de la bienaventuranza eterna.

CAPÍTULO 3
El contenido prescrito de la predicación

··· ℘)ℭ℞ ···

Y la paz de Dios gobierne en vuestros corazones, a la que asimismo fuisteis llamados en un solo cuerpo; y sed agradecidos. La palabra de Cristo more en abundancia en vosotros...

Colosenses 3:15, 16a

El Espíritu Santo, que en la regeneración no aplica nada sino la palabra, el poder y los méritos de Cristo, también dirige la vida consciente hacia esa palabra, que toma de Cristo y es predicada en la Iglesia.

Pierre Ch. Marcel

Se cuenta la historia de un pastor joven, que estaba profundamente decepcionado con la respuesta de su congregación. Una semana tras otra, intentó que los miembros se interesasen en asistir a la iglesia. Después de repetidos fracasos en los que utilizó temas oportunos y discusión de programas y películas, consultó a un anciano pastor. Con una sonrisa paciente, el veterano pastor contestó a su colega profundamente preocupado: «hombre, harías bien en tratar de predicar la Biblia; ¡esto siempre funciona¡»

Sea lo que sea que podamos pensar de esta contestación oportuna y pragmática, la respuesta dio en el fondo de la cuestión.

Es indudable que mucho del malestar que afecta la adoración de la iglesia hoy en día, debe atribuirse al descuido de la proclamación de la Palabra, toda la Palabra, y nada más que la Palabra. Cuando esto se hace fielmente, el predicador honra al Señor. Y todo el que en este trabajo busque honrarle, será honrado por él. Los cielos y la tierra pasarán pero la Palabra permanece para siempre.

La predicación es la primera y principal tarea de la iglesia. Sin ella no puede haber esperanza en el llamamiento a los hombres a la salvación, en la edificación de los creyentes en la fe que triunfa sobre todas las circunstancias de la vida, y en la glorificación de Dios, que es el fin principal de nuestra existencia terrenal.

El poder de la predicación se demuestra ya en el Antiguo Testamento. Las palabras de los falsos profetas eran dadas para vergüenza. Los que buscaron halagar a la gente con presentaciones de gusto popular, tarde o temprano fueron deshonrados, en tanto que los siervos fieles del Señor, incluso frente a las repetidas rebeliones y opresiones, fueron honrados por Aquel que los envió.

Así trabajó también nuestro Señor Jesucristo. Él fue enviado a este mundo a dar testimonio de la verdad. Habló con autoridad, no como los escribas y los fariseos con sus tradiciones. Además, cuando el Salvador comisionó a los apóstoles, les mandó predicar el evangelio a todos los hombres en todo lugar. Por medio de la obediencia a Él, nuestro Señor reunió, defendió y preservó las congregaciones en todo el Imperio Romano de aquel entonces. Pocos eventos en la historia son tan asombrosos como el rápido crecimiento del cristianismo en los primeros tres siglos. Muchedumbres experimentaron nuevo gozo y esperanza. Incluso los gobernantes y emperadores estaban profundamente influenciados por lo que estaba sucediendo ante sus ojos. Como la levadura, el evangelio comenzó a poner su sello para bien en los hogares, las comunidades y las personas.

Pero con el desarrollo de la jerarquía en las iglesias, se dio un cambio sutil. Cuando el cristianismo se convirtió en la religión favorecida, en muchos lugares la predicación perdió mucho de su poder. Frecuentemente degeneró en exhortaciones y represiones moralistas. La instrucción en la verdad que es para la piedad se hizo superficial. Los sacramentos, después de adaptar elementos de las religiones de misterio de esa época, eran rebuscados y ampliados. El mensaje de las riquezas de la gracia de Dios en Cristo Jesús fue oscurecido conforme las iglesias crecieron en influencia, poder y riqueza.

Este proceso se intensificó durante la Edad Media. Aunque leemos de predicadores fieles y misioneros valientes, en gran medida la iglesia tenía una ligera estima de la verdadera predicación. Así, los sacramentos fueron elevados como principales medios de gracia. Para recibir aquella gracia, que obraba *ex opere operato* según se concebía por medio de los sacramentos, los miembros eran exhortados a someterse sin preguntar a las reglas de la iglesia, especialmente las penitencias impuestas por los sacerdotes al momento de la confesión. De esta forma el camino a la comunión del pacto con Dios en Cristo fue obstruido para incontables multitudes por medio de tradiciones de hombres que decían estar en el lugar de Dios. Mientras tanto, la gracia supuestamente ofrecida por estos medios, podía ser fácilmente perdida según se afirmaba. Nadie tenía el derecho de gozar de la seguridad de que las promesas de Dios fueran verdadera y permanentemente suyas. La insistencia en las obras de justicia, a la manera de los fariseos en la época de nuestro Señor, vino a ser el principal mensaje de la iglesia. Debido a que la Palabra ya no se predicaba en su pureza y con poder, el gozo de la salvación se perdió considerablemente.

La Reforma liberó de esto, especialmente en las décadas iniciales, a aquellos que ansiosamente buscaban la paz con Dios para el tiempo y la eternidad.

Ya en sus primeros años, Lutero nunca se cansó de enfatizar la centralidad de la predicación de la Palabra de gracia a la congregación. En su breve tratado *Vonordnung des Gottesdienstes in der Gemeind* (1523) leemos:

Es necesario saber, primero que todo, que una congregación cristiana nunca debe reunirse a menos que la Palabra de Dios sea predicada y se hagan oraciones... en resumen, todo debe tener en cuenta este fin, que la Palabra de Dios sea guardada delante del pueblo y que el servicio no vuelva otra vez al ruido vacío como antes. Menos la palabra, todo lo demás bien podría omitirse, y no se puede hacer nada mejor que proclamar la Palabra.

Los reformados, que apoyaban a Lutero y sus sucesores inmediatos, no dejaron de enfatizar la centralidad de la predicación en el momento del culto. Solamente ella vive y permanece para siempre. En aquel entonces las congregaciones frecuentemente se reunían todos los días para escuchar el evangelio, que era explicado y aplicado a sus vidas. Aquí merece mención la predicación de Juan Calvino. Varias veces cada semana, y año tras año, abría las riquezas de la Escritura para el pueblo. En consecuencia, Ginebra, que una vez fuera una ciudad muy licenciosa, se convirtió, en palabras de Juan Knox, en la mejor escuela de Cristo desde los días de los apóstoles.

Toda esta reforma estuvo basada en la firme convicción de que la Biblia debía ser considerada por la fe como *ipsissima Dei verba*. No había duda de la veracidad y claridad, la eficacia, autoridad y divinidad de la Santa Escritura. Cuando la Biblia hablaba era, para aquellos padres y maestros de la iglesia, ni más ni menos que Dios hablando inequívocamente con claridad y autoridad. Únicamente esta alta estima de la Palabra, extraída de sus mismas páginas, dio libertad a los predicadores para proclamar su mensaje con la afirmación: «Así dice el Señor».

Puede parecer sencillo, e incluso algo simplista, insistir en que la Escritura, y solo ella, debe ser predicada. Pero esto nos obliga a mirar otros temas más profundos.

La Biblia ha llegado a nosotros por inspiración del Espíritu Santo (2 Timoteo 3:16,17; 2 Pedro 1:19-21). Al mismo tiempo, debe reconocerse claramente que el mensaje de Dios vino por medio de hombres que utilizaron el lenguaje de los hombres. Ningún teólogo reformado ha dudado ni por un momento que la Palabra de Dios era así producida, y por lo tanto, el hecho mismo de ser hablada y escrita posteriormente incluye un factor humano. En los pasados dos siglos, bajo la influencia de la alta crítica, esta supuesta tensión entre lo divino y lo humano en la Escritura se ha vuelto un campo de batalla en todas las iglesias, así católico romanas como protestantes. Apareciendo una y otra vez, aunque frecuentemente en nuevas formas, escuchamos a algunos afirmando que en la Biblia en realidad sólo tenemos palabras de hombres acerca de Dios. Otros alegan que tenemos una palabra humana que puede o no convertirse para nosotros en la Palabra creadora y redentora. La historia de estas aproximaciones críticas a la Escritura, demuestra claramente cómo las opiniones subjetivas entregan a la congregación en manos de expertos, siendo ellos solamente quienes pueden decidir lo que es o lo que no es provechoso para la vida espiritual.

Los predicadores reformados deben defenderse de todo esto repetidamente. La tentación hacía el orgullo en el conocimiento siempre persigue nuestros pasos, e intenta influenciar sutilmente nuestras mentes y corazones. Únicamente una fe como la de un niño, que toma la Palabra por lo que ésta claramente enseña de sí misma, puede mantenernos fieles al mensaje que el Dios de toda gracia, sabiduría y poder, desea que su pueblo escuche y crea. Por lo tanto, un curso sano de teología en *Principios de interpretación bíblica* (Hermenéutica) es una herramienta indispensable para el predicador comprometido de la Palabra. Sin ella pronto nos encontramos en el mar, perdiendo todo sentido de confianza, dirección y urgencia en nuestra predicación.

Pero se necesita decir más en este punto acerca de la Biblia y nuestra comprensión de ella, en la preparación de una predicación sana.

La Escritura claramente afirma y demuestra su unidad. Para el creyente y el predicador cristiano no hay sino una

Palabra, aunque dividida en dos «testamentos» o «pactos». El primero fue revelado apropiadamente para guiar al pueblo de Dios en la dispensación de las «sombras». Durante aquel tiempo nuestros antepasados vivieron por las promesas que les aseguraba la venida del Salvador prometido. El segundo afirma que, en Cristo Jesús, todas las promesas han sido cumplidas en principio y serán llevadas a la perfección en el día de su gloriosa manifestación. De esta manera, para todo predicador el Antiguo Testamento está incompleto sin el Nuevo Testamento, en tanto que mucho de lo que es revelado a la luz de la persona y obra del Salvador no puede ser completamente apreciado y apropiado sin una comprensión del Antiguo.

Todo esto es de suma importancia para el predicador que desea llevar la plenitud de la revelación bíblica a su gente.

No puede descuidar el Antiguo Testamento en sus sermones, a la vez que también reconoce que no puede predicar del Antiguo Testamento como lo hace un rabino judío. Sin la luz de la manifestación del Salvador, aunado al testimonio dado autoritativa y oficialmente por los escritos apostólicos, no tenemos evangelio, no tenemos «buenas nuevas» que proclamar al mundo agonizante. Al mismo tiempo debemos evitar el colocar a la ley y al evangelio en oposición mutua. Aquella ley revelada por Dios a Moisés descansaba en las primeras promesas de salvación dadas a nuestros primeros padres después de su caída, y sellada por el pacto a Abraham, quien es nuestro padre espiritual. Pablo pronuncia mucho de esta verdad, especialmente en su epístola a los Gálatas, exhortando a sus lectores a recordar cómo Dios trató con su pueblo en la antigüedad. Aunque las promesas y demandas del pacto están inextricablemente entrelazadas, el énfasis en el Antiguo Testamento, así como en el Nuevo Testamento, está sobre el carácter de gracia de la salvación. Por eso, aunque la justificación por la gracia y la santificación para la verdadera santidad deben distinguirse claramente, estas nunca deben separarse. Para usar las palabras de Pablo, la ley fue «añadida», además de y después, con el propósito de que la gente pudiera aprender a buscar más ansiosamente una completa salvación, reconociendo sus propios pecados, al mismo tiempo que se deleitaban en su ley y buscaban andar en los caminos de Cristo.

Únicamente teniendo esto presente, el predicador escapará a dos grandes males que tanto contaminan lo que es considerado como predicación cristiana; la proclamación de una «gracia barata», así como la que enseña un tipo de ceremonial u obras de justicia. En pocos documentos humanos se encuentra expuesto más claro, persuasiva y pastoralmente el equilibrio apropiado que en el Catecismo de Heidelberg, que como «ayuda» ha dado forma a mucha predicación reformada sana de nuestros días.

Debe quedar claro entonces, que la predicación del Antiguo Testamento no debe descuidarse entre nosotros. Esto haría injusticia a la plenitud de la revelación redentora de Dios, y arrebataría a la congregación mucha de la instrucción, amonestación y exhortación necesaria para la salud espiritual.

Sin embargo, a la hora de predicar sus textos, se necesita más que lo recomendado por la interpretación gramático-histórica. Siempre debemos proclamar la gracia de Dios en Cristo, algunas veces más directamente, y otras menos intencionalmente. Pero sin Cristo como «llave» para la comprensión de las Escrituras, un sermón deja de ser las «buenas nuevas» de Dios para la congregación. Se dirá mucho más acerca de esto cuando se trate con los materiales para la predicación, las clases específicas de textos tanto del Antiguo como del Nuevo Testamento.

Todo esto es consuelo y reto para el predicador comprometido de todo corazón con la Biblia como Palabra infalible e inerrante de Dios. Nunca debe estar necesitado de un texto apropiado. Aprende por medio de la meditación piadosa así como por el estudio dedicado, para gozarse cada vez más en la longitud, la anchura, la altura y la profundidad de ese bendito libro que llamamos nuestra Biblia. Ningún otro trabajo literario, no importa qué tan encantador, instructivo o laudable sea, se compara con las Santas Escrituras por su variedad, elegancia y su valor perene en su poder para persuadir. A través de esa Palabra, correctamente expuesta, Dios cumple sus propósitos gloriosos en el mundo. Así el antiguo salmista enseñó a cantar a Israel:

Enséñame, Oh Jehová, el camino de tus estatutos,
Y lo guardaré hasta el fin.
Dame entendimiento, y guardaré tu ley,
Y la cumpliré de todo corazón.

Aparta mis ojos, que no vean la vanidad;
Avívame en tu camino.
Confirma tu palabra a tu siervo,
Que te teme.

Los creyentes del Nuevo Testamento se hacen eco de estas mismas convicciones cuando testifican:

La gloria da brillo a la página sagrada,
Majestuosa como el sol.
Da luz a cada era;
Da, pero no toma de nadie.

Que las gratitudes por siempre sean para ti
Por tanto resplandor desplegado,
Que al mundo en tinieblas hace brillar
Con destellos de un día celestial.

Solamente el predicador que se ciña a la Palabra para el contenido de su sermón, y a la Palabra en toda su plenitud, tiene el derecho de entrar al púlpito cristiano con la confianza de que el Señor bendecirá su trabajo.

Enseguida se debe aclarar que esto impone responsabilidad es solemnes y sagradas al predicador.

El predicador no puede, por supuesto, predicar la Palabra en toda su plenitud en un solo sermón, ni siquiera en una serie de sermones. No puede siquiera comenzar a agotar las riquezas de la Palabra en el estudio dedicado, oración y predicación de toda una vida. No obstante debe ser habilidoso para trazar correctamente la Palabra de verdad para la gente a la que Dios le envía. Se debe seleccionar con gran cuidado, cada sermón lo ha de mover a hacer otro, y luego otro, de manera que los que le escuchan alegremente, puedan crecer cada vez más en el conocimiento del Señor Jesucristo. Entonces cuando sus días de hacedor de sermones se acerque a su fin, incluso el ministro de la Palabra más fiel confesará humildemente que no ha sido sino un siervo inútil de su Amo celestial, habiendo hecho solamente su deber, y ello con muchas imperfecciones. Con respecto al asunto de la apropiada selección del texto, junto con sus gustos y sus dificultades, lo atenderemos más adelante.

Dos materias más merecen ser añadidas conforme reflexionamos sobre el contenido de la predicación.

Ya se ha afirmado que un predicador cristiano debe considerarse a sí mismo alguien que está comprometido con la *administración* de la Palabra. Este llamamiento es aclarado especialmente en el Nuevo Testamento a través de varios términos con los que se designa a los que son llamados a llevar el mensaje de salvación.

Un ministro de la Palabra debe recordar que es un siervo o *diakonos* de Dios en Cristo, y, por lo tanto, de la Palabra. Esta debe ser llevada por medio de la proclamación misionera a los hombres en todo lugar, pero más intensa y regularmente a la congregación como asamblea de los creyentes y sus hijos en el pacto con Dios. Al mismo tiempo es un heraldo, *kerux* de *kerusso*, que anuncia la presencia del Rey-Salvador. Cristo viene ahora vestido con la Palabra y en el poder del Espíritu en el momento del culto público, mientras que sus pisadas resuenan a través de los siglos conforme Él, Señor de las naciones, cumple sus propósitos divinos en la historia del mundo hasta el día del juicio final. Este aspecto «escatológico» de la predicación bíblica nunca puede ser minimizado o ignorado. El pueblo de Dios siempre debe estar preparado para encontrar y recibir con gozo a Aquel que es su única salvación.

Para que esto se pueda hacer correctamente, para alabanza de Dios, el predicador debe verse a sí mismo como un evangelista, *euayyelistes*. No ocupa la misma posición en la historia de la salvación que Timoteo, Tito u otro de los ayudantes de los apóstoles. Sin embargo, para llevar la Palabra debe conducirse como un hombre «que lleva las buenas nuevas de salvación, que pública el evangelio de la paz». Repetidamente se deben hacer amonestaciones como lo hicieron los profetas, nuestro Señor Jesucristo y sus apóstoles. Pero la nota clave de todo verdadero sermón será aquella de grande gozo, aún cuando la congregación está reunida para confesar sus pecados en forma de arrepentimiento y fe. Si se entiende y ordena correctamente, el culto divino por parte del pueblo de Dios es de celebración. Y en ninguna ocasión debe ser tan clara como cuando se administran los sacramentos y se guardan las festividades cristianas. «Grandes cosas ha hecho el Señor por nosotros, por lo tanto estaremos alegres».

En su labor como predicador, el hombre así llamado y ordenado por Dios, se reconoce a sí mismo como administrador, *oikodomos*, de los misterios del evangelio. Hay un abismo de diferencia con las religiones de misterio, que reservaban el conocimiento de sus creencias y prácticas a los iniciados en los secretos, para mantenerse a salvo del conocimiento común. Por el contrario, la palabra «misterio» se usa en el Nuevo Testamento para referirse a las poderosas palabras y los hechos de Dios, desconocidos aparte de la revelación especial de Dios, pero para que han de ser predicados ahora clara y completamente a todos los hombres en todo lugar. Estos tesoros son de Dios. Deben ser administrados y distribuidos con el debido cuidado por los que Dios llama para su servicio.

¿Es el ministro también un profeta, *prophetes*, como en algunas ocasiones es afirmado por la gente que aboga por la urgencia de la predicación profética? Por supuesto que lo es, pero no en el mismo sentido en que ciertos hombres tanto del Antiguo como del Nuevo Testamento fueron comisionados para ser profetas. Los suyos eran oficios «especiales», que han cesado con la terminación del canon. Esto se debe recordar, especialmente cuando se trata con líderes y personas de ciertas sectas que afirman que el oficio profético ha continuado entre ellos para corregir o complementar lo que se encuentra en la Sagrada Escritura. Sin embargo, como hombres que hablan oficialmente de parte de Dios y en obediencia a la Palabra, los ministros de hoy en día se ocupan, en un sentido derivado, en el trabajo profético. Dan a conocer la voluntad revelada de Dios. Convocan a los hombres, las mujeres y los niños al arrepentimiento y a la fe. Anuncian la salvación a todo aquel que cree, y el juicio a los incrédulos, que van por los caminos de desobediencia y muerte.

Así también, con cierto grado de adecuada precaución, podemos hablar de los ministros como escribas, *grammateus*, quienes ansiosamente, con diligencia y oración examinan las Escrituras con el propósito de sacar de ese almacén cosas nuevas y viejas para la edificación de todos los creyentes. No sacan nada de fuera de la Biblia, porque la sabiduría de este mundo ha sido hecha locura en cosas espirituales por la auto-revelación de Dios en Cristo Jesús y en su cruz. También existe un sentido en el cual los ministros de la Palabra son testigos, *martues*. Haremos bien en preservar el uso primario del término *martus* de la corrupción de que ha sido objeto, por el descuidado uso actual de la palabra. Acerca de la solemnidad de este aspecto del llamamiento ministerial, John R.W. Stott llama la atención en *The Preacher's Portrait*, escribiendo:

Si la idea dominante del testigo es la de la experiencia personal, es obvio que debe haber una exacta correspondencia entre nuestra experiencia y nuestro testimonio. Debemos ser estrictamente honestos. La Biblia nos advierte del grave pecado del falso testimonio... La fidelidad de un administrador consiste en su distribución a la familia exactamente de lo que le ha sido encomendado; la fidelidad de un testigo está en su declaración con honestidad y sinceridad, precisamente de lo que sabe, no encubriendo parte de la verdad, tampoco deformándola, ni adornándola.

Nada es más vergonzoso que la práctica de proclamar como verdad aquello que no creemos, con la mente y el corazón, ser la verdad revelada de Dios. Estamos oficialmente atados a ella, y en respuesta a ella la congregación permanece o cae como iglesia del Señor Jesucristo.

Todas estas descripciones de la posición, la tarea y la responsabilidad del predicador nos recuerdan la casi infinita variedad de material, y, por consiguiente, del acercamiento adecuado a la congregación para traerle las buenas nuevas de Dios.

La Biblia, en muchos pasajes, hace esto muy claro. Quienes buscan servir obedientemente la Palabra, pronto comienzan a darse cuenta que deben hacer mucho más que simplemente repetir palabra por palabra lo que está contenido en las Escrituras. Es obvio que la Biblia tiene que ser leída públicamente en el culto a Dios. Pero la misión que pesa sobre el predicador es la de exponer su significado y aplicarlo apropiadamente, como lo establece la *Forma de la Ordenación*, «así en lo general como en lo particular, para beneficio de los oyentes». Esto era cumplido consistentemente por los profetas durante la dispensación del Antiguo Testamento, y, por consiguiente, de forma más plena y clara por nuestro Señor y sus apóstoles.

A todos los oyentes se les debe *demandar* una vida de arrepentimiento y fe. Deben ser instruidos, claramente informados por medio de la enseñanza o exposición acerca de lo que dice la Biblia. Esta Palabra es el pasto en el que el pueblo de Dios, como ovejas del gran y buen pastor, puede pastar seguras. Allí son alimentadas con palabras de vida eterna. Pero debido a que existe gran divergencia en las condiciones espirituales y el conocimiento entre los oyentes, la Palabra debe ser aplicada no solamente «en lo general» sino también «en lo particular». Ningún ministro debe intentar sacar los secretos del corazón; este conocimiento el Señor lo reserva únicamente para sí mismo. Ningún ministro debe reprender a un individuo desde el púlpito porque le faltó el coraje para amonestarlo en privado. En sumisión a su Señor, el sabio y buen pastor, *persuadirá* a los pecadores al arrepentimiento. Hará volver a la oveja desobediente y errante, que ha abandonado los caminos rectos. Reprenderá, censurará y exhortará con resignación y paciencia. Se gozará en dar consuelo a los que están afligidos. Animará al cobarde. Refutará las mentiras de los que quisieran llevar al error a la congregación. Declarará con seguridad y autoridad la riqueza del perdón divino a todos los que buscan a Dios con sinceridad y verdad.

Para todo esto la Palabra de Dios siempre es suficiente. Nada se le debe añadir a ese mensaje; nada se le debe quitar tampoco. Herrick Johnson en *The Ideal Ministry* (El Ministerio Ideal) ha cantado correctamente sus alabanzas en palabras que cada ministro hace bien en tener presentes:

¿Qué necesidad hay que ella (la Palabra) no pueda satisfacer? ¿Qué carga hay que ella no pueda aligerar, o ayudar a soportar, o quitar? ¿Qué pecado hay para el que ella no tenga expiación y reparación? ¿Qué pena hay que ella no pueda curar? Su doctrina de la paternidad de Dios, ¡cómo ha traído al hijo pródigo de regreso a la casa del Padre! Su doctrina del perdón, ¡cómo ha hecho callar los odios! Su cruz levantada, ¡cómo ha atraído a los hombres! Su *orge* divino, retumbando desde el púlpito, ¡cómo ha detenido a algún Saúl perseguidor, respirando amenazas y muerte, para clamar por misericordia! Esta espada del Espíritu, que es la Palabra de Dios, ¡cómo ha disipado más de un refugio farisaico de mentiras y ha mostrado a los sepulcros blanqueados estar llenos de huesos de muertos y de toda suciedad! No existe ninguna clase de hombre, o de estado o de corazón, o deformación de la conciencia, o sofisma de la razón, u orgullo del intelecto, o lascivia de la carne, o de muchísimo odio, o corrupción de la condición social, para el que la materia de la Santa Escritura no haya hecho una apelación exitosa.

Tal es el contenido de la predicación, a que se está comprometiendo el estudiante de homilética.

Y tal predicación siempre es apropiada; siempre es oportuna; siempre es provechosa para el propósito para el que el Señor la ha enviado. Armado con esa Palabra divina, el predicador puede predicar con seguridad. En ocasiones puede estar sembrando la semilla del evangelio con lágrimas; sin duda volverá con regocijo, trayendo sus gavillas con él.

CAPÍTULO 4
Los receptores de la predicación

··· ☜♡☞ ···

...a fin de perfeccionar a los santos para la obra del ministerio, para la edificación del cuerpo de Cristo, hasta que todos lleguemos a la unidad de la fe y del conocimiento del Hijo de Dios, a un varón perfecto, a la medida de la estatura de la plenitud de Cristo.

Efesios 4:12, 13

Como ahora disfrutamos a Cristo por medio del evangelio, creemos que el orden de la iglesia, establecida por su autoridad, debe ser sagrado e inviolable, y que por lo tanto la Iglesia no puede existir sin pastores para la instrucción, a quienes debemos respetar y escuchar con reverencia.

La Confesión Francesa de Fe (1559)

Nuestro Señor, al comisionar a sus apóstoles en el momento de su ascensión, les mandó claramente predicar el evangelio a todos los hombres en todo lugar. No será hasta que estas buenas nuevas sean proclamadas por todo el mundo «como testimonio a las naciones» (Mateo 24:14), que Él regresará en gloria para juzgar a los vivos y a los muertos.

El evangelio siempre llega con urgencia. Llama a cada oyente de la Palabra a arrepentirse y a volverse al Señor con fe, como una invitación gentil y manifiesta de la benignidad, la paciencia y la longanimidad de Dios (Romanos 2:4). Al mismo tiempo es un mandato autoritario, un llamado a buscar al Señor en tanto que puede ser hallado. Este llamamiento siempre es sincero, no importa cuándo o a quién esté dirigido. Nuestro Dios quiere decir exactamente lo que declara en su Palabra.

Los *Cánones de Dort*, que tienen mucho que decir acerca de la naturaleza, la urgencia y la eficacia del evangelio, lo dejan irrefutablemente claro. Afirman sin reservas:

Pero cuantos son llamados por el Evangelio, son llamados con toda seriedad. Pues Dios muestra formal y verdaderamente en su Palabra lo que le es agradable a Él, a saber: que los llamados acudan a Él. Promete también de veras a todos los que vayan a Él y crean, la paz del alma y la vida.

Aunque el evangelio se convierte, para quienes lo rechazan, en «olor de muerte para muerte» (2 Corintios 2:16), de ninguna manera la falta debe ser atribuida a Dios y a sus propósitos. El hombre es perfectamente responsable por la forma en que responde. La Escritura no nos deja duda al respecto. Una vez más, los *Cánones* afirman:

La culpa de que muchos, siendo llamados por el ministerio del Evangelio, no se alleguen ni se conviertan, no está en el Evangelio, ni en Cristo, el cual se ofrece por el Evangelio, ni en Dios, que llama por el Evangelio e incluso comunica diferentes dones a los que llama; sino en aquellos que son llamados...

Esto recalca la solemnidad de toda predicación, ya sea dentro o fuera de congregación de Dios reunida. Esta tarea no debe tomarse precipitadamente o a la ligera. Más vale que nadie entre al ministerio por preferencias o provecho personales. Estamos tratando con asuntos santos, con el poder de Dios en la salvación para todos los que creen, sean judíos o griegos, ancianos o jóvenes, cultos o ignorantes. Por lo tanto, en tanto que todo predicador verdadero se esforzará por persuadir a sus oyentes para que busquen al Señor en tanto que puede ser hallado, confiadamente deja el resultado a donde pertenece.

Todo esto nos recuerda que hay similitudes básicas entre la predicación misionera y la congregacional. Los llamamientos a la predicación siempre vienen de nuestro soberano y misericordioso Dios. La fuente para el mensaje a ser predicado siempre procede de las Santas Escrituras. El resultado siempre descansa solo en quien puede abrir los ojos y volver al hombre de las tinieblas a la luz, y del poder de Satanás a Dios (Hechos 26:18).

Al mismo tiempo hay diferencias entre la predicación misionera y la congregacional que no deben ignorarse.

Cualquiera que esté interesado con esta materia comenzará sus estudios con alguna referencia a la obra de C.H. Dodd: *The Apostolic Preaching and Its Developments (la predicación apostólica y su desarrollo)* (1936). Este erudito del Nuevo Testamento, intentando analizar el mensaje que debe ser predicado, comienza, especialmente en sus primeras presentaciones, a bosquejar agudas distinciones entre la predicación como *kerygma* y como *didache*. El primero, según él, consiste en llevar el mensaje de Cristo y del reino a los oyentes no cristianos, en tanto que la última estaba dirigida a los que ya habían aceptado al Salvador y por consiguiente recibían instrucción en «un cuerpo tradicional de enseñanza ética dada a los conversos del paganismo al cristianismo».

Su esbozo del *kerygma* es útil, aunque se le debe hacer una seria crítica con respecto a las agudas distinciones que bosqueja. Dodd enumera en el *kerygma* los siguientes materiales como apropiados para quienes todavía son ignorantes del camino de salvación:

Las profecías están cumplidas, y el nuevo siglo es inaugurado por la venida de Cristo; nació de la simiente de David; murió de acuerdo a las Escrituras, para liberarnos del presente siglo malo; fue sepultado; resucitó al tercer día de acuerdo a las Escrituras; está exaltado a la diestra de Dios, como Hijo de Dios y Señor de vivos y muertos; volverá otra vez como Juez y Salvador de los hombres.

A esto Dodd añade, en «la luz del sermón» encontrado en

Hechos 2, 4 y 10:

El Espíritu Santo en la iglesia es el signo del poder y la gloria de Cristo presente, la era mesiánica pronto llegará a su consumación en el retorno de Cristo; un llamamiento al arrepentimiento.

Que este material es adaptado eminentemente para llevar la Palabra a aquellos que nunca lo han escuchado, difícilmente puede cuestionarse. Las poderosas obras de Dios en Cristo Jesús siempre constituyen el corazón del evangelio. Esto es evidente en *el Credo de los Apóstoles*, la confesión común de todas las iglesias ortodoxas y las bases para la catequesis saludable. Todo misionero normalmente debe comenzar con lo que es más fundamental, lo que coloca al evangelio del Dios vivo lejos de las nociones religiosas y oposiciones de la humanidad.

Pero cuando revisamos los materiales referentes al contenido y los destinatarios de la predicación, pronto descubrimos que hay mucha superposición en el uso de los términos *kerygma* y *didache* para aceptar sin reservas la construcción de Dodd. En este respecto casi nunca podemos decir «aquí encontramos la proclamación y allí descubrimos la enseñanza». Se puede encontrar una evaluación crítica pero elogiosa de la obra de Dodd en Robert H. Mounce, *The Existential Nature of New Testament Preaching* (1960) [La Naturaleza Existencial de la Predicación del Nuevo Testamento]. Ninguna predicación congregacional puede omitir repetidas referencias a la vida, la muerte y la resurrección del Señor Jesucristo junto con otros elementos de los que Dodd llama el llamamiento al arrepentimiento. Tampoco pueden los misioneros, que están empapados en los llamamientos del Nuevo Testamento a la vida en Cristo, ignorar la instrucción ética que está indisolublemente unida a las poderosas obras de Dios en la salvación. Los dos tipos de predicación, encontrados en el Nuevo Testamento, revelan completamente muchas similitudes en sus fuentes, urgencia y contenido. No deben ser tan radicalmente distinguidas como lo ha hecho Dodd.

Al mismo tiempo lo distintivo de cada una no debe solaparse. Y esto se ha hecho muy frecuentemente.

Lo distintivo de cada una está, básicamente, en la relación específica en la que los destinatarios del llamado del evangelio mantienen con el Dios de salvación. Esta es la distinción entre la *iglesia* y el *mundo*, una distinción agudamente marcada en todos los libros de la Santa Escritura.

Lo que esto demanda, tanto del misionero como del pastor comisionado para servir a la iglesia, es un claro entendimiento de lo que la Biblia enseña sobre este asunto. Hoy en día los límites entre la iglesia y el mundo se han vuelto muy imprecisos, e incluso flexibles. Hasta entre muchas de las personas creyentes en la Biblia ésta distinción difícilmente funciona con algún grado de claridad o consistencia. Mucho de esto se debe a la falta de entendimiento acerca de lo que la Biblia tiene que decir respecto a la iglesia. Una minuciosa discusión sobre este material recibe atención en el estudio de *la Teología Sistemática*. Al mismo tiempo, sin una breve revisión de este punto, cualquier consideración de los principios de la *Homilética* debe considerarse incompleta e inadecuada.

En la Escritura no encontramos definiciones simples de la iglesia. Al contrario, se dan muchos títulos y descripciones para nuestra instrucción. Por todas partes es evidente que Dios ha establecido una clara distinción entre la iglesia y el mundo, entre la congregación creyente y el mundo incrédulo. Esta impone una solemne obligación sobre todo predicador para la congregación reunida para el culto en todo el mundo y los sacramentos, para entender su relación única con el Dios Trino. La congregación no es una «multitud mezclada, una masa o una suma de individuos casualmente reunidos. Constituyen «una santa congregación de verdaderos creyentes cristianos, todos esperando su salvación en Cristo Jesús», como lo afirma la *Confesión Belga*, «siendo lavados por su sangre, santificados y sellados por el Espíritu

Santo», en consecuencia el discurso en la predicación congregacional debe adecuarse a la relación única y responsabilidad para con el Dios del pacto de esta «asamblea santa». Esto distingue a la predicación congregacional de la misionera. Aquí, el ministro de la Palabra administra la Palabra y los sacramentos, no en virtud del mandato misionero, sino como pastor que ha recibido la comisión: «apacienta mis corderos; pastorea mis ovejas» (Juan 21:15.17). El ya fallecido Samuel Volbeda, siguiendo los pasos de todos los homiletistas reformados, llamó a esto «el genio pastoral de la predicación». Un predicador en la iglesia no es primeramente un «heraldo» anunciando que el Reino de Dios ha venido en y a través del Señor Jesucristo, en su persona y obra. Es antes que todo, con igual autoridad a la del «heraldo», un «pastor» del pueblo que el Salvador ha comprado con su preciosa sangre.

Así pues toda predicación congregacional debe ser controlada por la idea bíblica del pacto, del que el Señor Jesucristo es Mediador y Fiador.

Esta demanda de la predicación congregacional la encontramos claramente enseñada en la Escritura.

En la predicación y enseñanza de los profetas del Antiguo Testamento la relación de pacto de Israel con el único Dios Trino siempre se enfatizaba. El que ya había anunciado la venida de un Salvador a nuestros primeros padres en el paraíso, estableció su pacto con Abraham y en él con su simiente por todas las generaciones (Génesis 17:17, etc.). Los profetas siempre apelaron en sus instrucciones, advertencias y consolaciones a este vínculo inquebrantable. Israel era la posesión especial, escogida de entre todas las naciones y pueblos de la tierra para ser su tesoro. Los liberó de la esclavitud. Los guió a través del desierto a la tierra prometida. Los guardó de sus enemigos, incluso cuando los castigó por sus pecados como un padre castiga a sus hijos. Sus mandamientos y ordenanzas para sus vidas fueron puestos dentro del contexto de su gracia hacia ellos, manifestada en todas sus obras y caminos. Los amó como un padre ama a sus hijos y como un esposo que se mantiene fiel a su esposa. Por eso, toda desviación de sus caminos, especialmente para servir a los dioses de las otras naciones, fue calificada como «adulterio» y «prostitución». Sobre la base de este pacto de gracia, Israel fue repetidamente llamado al arrepentimiento y a la fe, le fue prometido perdón para buscar su rostro, recibió el consuelo de su presencia y poder cuando prestó atención a sus palabras, y fue animado a mirar hacia delante, al día del pleno cumplimiento de sus promesas. A las naciones, porque los profetas también se dirigieron a ellas, llegó el llamamiento: «mirad a mí, y sed salvos, todos los términos de la tierra, porque yo soy Dios, y no hay más» (Isaías 45:22). Pero para el pueblo del pacto, a pesar de sus repetidas apostasías y transgresiones, el Señor proclamó: «Convertíos, hijos rebeldes, y sanaré vuestras rebeliones» (Jeremías 3:22, etc.).

Este mismo énfasis lo encontramos en las palabras del Salvador. Para Él Israel no era un desierto árido, sino una viña (Mateo 21:33); no un cardo, sino una higuera plantada en una viña bien regada (Lucas 13:6). El hijo pródigo de quien habla el Señor no era un extraño sino un hijo que había vagado lejos de casa. Y pensando para sí mismo dijo, de acuerdo a las palabras de nuestro Señor: «me levantaré e iré a mi padre» (Lucas 15). Cristo siempre se dirigió a las multitudes, a pesar de su ignorancia y desobediencia, como quienes habían recibido el privilegio del pacto y por lo tanto eran llamados a asumir sus responsabilidades. Por ello, en caso de incredulidad y desobediencia, caerá sobre ellos un juicio mayor.

Encontramos la misma distinción, entre la predicación misionera y la congregacional, con los apóstoles. Al dirigirse a los judíos el punto de partida siempre era el de los ricos privilegios que habían recibido por la gracia de Dios. Nada de esto marca la predicación de los apóstoles, como por ejemplo Pablo, cuando hablan a los gentiles. En ningún lugar se encuentra esta distinción expresada tan sucintamente como en la carta a los Efesios. Les recuerda que antes de que Cristo «viniera y les predicara la paz» ellos «estaban en aquel entonces separados de Cristo, alejados de la ciudadanía de Israel, y ajenos a los pactos de la promesa, sin esperanza y sin Dios en el mundo» (Efesios 2:17a, 12). A través de la predicación misionera, alegremente recibida y confesada públicamente, estas personas, una vez alejadas de Dios y de la salvación, recibieron un lugar en su pacto de gracia. Y esto, en obediencia al mandato del Salvador, fue sellado para ellos y para su simiente por el sacramento del bautismo, así lo afirma la *Confesión Belga*.

… Somos recibidos en la iglesia de Dios, y separados de todos los otros pueblos y religiones extrañas, a fin de estarle a Él totalmente consagrados, llevando su enseñanza y estandarte; y nos sirve de testimonio de que Él será eternamente nuestro Dios, siéndonos un Padre clemente.

A la luz de esto podemos entender el profundo significado de las salutaciones con las que comienzan varias de las epístolas del Nuevo Testamento al dar instrucción, consuelo y advertencia a las congregaciones. La iglesia es amada de Dios, son «llamados a ser santos» (Romanos 1:7). Se compone de «los santificados en Cristo…» (1 Corintios 1:2). La congregación de Éfeso es llamada «los santos y fieles en Cristo Jesús» (Efesios 1:1). Pedro, en su epístola, toma mucho del lenguaje del pacto del Antiguo Testamento para recordar a sus lectores su lugar en el mundo: «Más vosotros sois linaje escogido, real sacerdocio, nación santa, pueblo adquirido por Dios, para que anunciéis las virtudes de aquel que os llamó de las tinieblas a su luz admirable; vosotros que en otro tiempo no erais pueblo, pero que ahora sois pueblo de Dios; que en otro tiempo no habíais alcanzado misericordia, pero ahora habéis alcanzado misericordia» (1 Pedro 2:9, 10).

Este entendimiento de la congregación como estando en pacto con Dios ha tenido expresión desde los tiempos de

Calvino en las liturgias reformadas, que han mantenido fielmente la enseñanza bíblica a este respecto.

El culto a Dios es solemnemente abierto en el nombre del Señor de los cielos y de la tierra. La invocación anuncia a los reunidos la gracia y la paz que el Señor garantiza a todos los que le buscan con fe. La iglesia canta los salmos de la fidelidad. Y todos los formularios litúrgicos, desde los primeros días de la reforma, se dirigen a la congregación como aquellos que son propiedad del Señor. En ningún otro lugar es más clara y más explícita la enseñanza reformada de esta relación de pacto que en la *forma para la administración del bautismo*.

Es de lamentarse que frecuentemente esta relación única entre Dios y su pueblo no haya funcionado como debiera en la vida de dicho pueblo y el predicador. En ocasiones fue seriamente cuestionada, especialmente en la época cuando las iglesias reformadas tendían a convertirse en iglesias que aceptaban a todas las personas o iglesias nacionales. Debido a ello Koelman (d. 1695) se rehusó a usar algunas de las oraciones litúrgicas. Consideraba que las «congregaciones» en aquellos días ya no se manifestaban como pueblo de Dios. Pero, en lugar de trabajar para reformar esto, incluso a través del uso de la «segunda llave» del reino, simplemente omitió de los formularios lo que consideraba inapropiado.

En cierto modo, de la misma manera, la doctrina bíblica del pacto como se aplica a la iglesia en su situación histórica, se convirtió en el centro de mucha discusión, debate e incluso disputa. Seguir esta historia no pertenece al estudio de la homilética, únicamente en tanto que el predicador debe estar al tanto de los problemas que surgen.

A veces la membresía en el pacto era identificada con la compañía de los elegidos; por ello se consideraba que aquellos que no eran elegidos desde la eternidad no tenían lugar en la administración de Dios del pacto, con sus promesas y demandas. Otros hicieron lo que consideraron una legítima distinción entre el pacto «externo» y el pacto «interno», despojando así las promesas del pacto de Dios de su consuelo, y arrebatando a los creyentes una seguridad verdadera y bíblica de fe. La gente fue animada a buscar señales de la obra de la gracia de Dios dentro de sus almas, en lugar de las promesas seguras e inquebrantables de Dios. En tales casos, el bautismo llegó a ser para muchos miembros de la iglesia no más que «un signo vació» con poco significado para la vida espiritual.

Por otro lado están aquellos que, dentro de las iglesias reformadas, parecen suponer que todos los que han recibido el bautismo y han hecho profesión de fe están en completa posesión de la gracia de Dios en Cristo para el tiempo y la eternidad, incluso cuando su estilo de vida flagrantemente contradice a la voluntad de Dios. Este es el peligro de predicar y vivir una «gracia barata» que deshonra al Señor, lleva a la iglesia al desprestigio, borra los límites entre la iglesia y el mundo, y, conduciendo al auto-engaño, trae la ira de Dios sobre los incrédulos y desobedientes. Ese juicio es mucho más severo que el que cae sobre el mundo que está sin el pacto. La Biblia claramente habla de los «guardadores del pacto» y los «quebrantadores del pacto», de manera que el predicador, siempre enfatizando el alto privilegio de la congregación al estar compuesta de aquellos que por designación de Dios están «en Cristo» (Juan 15:1, etc.) nunca, ni por un momento, divorcia las promesas de gracia de Dios de sus demandas de una vida santa, piadosa y fructífera en su servicio.

La Biblia no deja al predicador en una incertidumbre acerca de cómo debe dirigirse a la congregación. Es evidente que pertenecen a Dios, como una asamblea llamada y bautizada. Pero no todos los que se reúnen a escuchar la Palabra están en total posesión de la rica gracia de Dios en Cristo Jesús.

Primero encontramos a los que, debido a su edad, son física y espiritualmente inmaduros. Ellos, junto con sus padres creyentes son «herederos de la promesa». Pero de acuerdo a su edad y habilidad para discernir la Palabra, tienen que ser instruidos, advertidos y consolados para buscar al Señor en tanto que puede ser hallado. Todas las promesas de Dios se les aplican. Su bautismo administrado en el nombre del Padre y del Hijo y del Espíritu Santo, es una solemne promesa de garantía de esto. Tienen todo el derecho de llamarlo Padre por Cristo Jesús. Suplican por todas las promesas dadas para esta vida y para la venidera. Son miembros del pacto de Dios y de su iglesia. En la predicación de la palabra, debemos dirigirnos así a ellos, de forma regular, en el momento oportuno y de la manera apropiada. Pertenecen a la asamblea del pueblo de Dios, que incluye a los viejos y a los jóvenes, se reúnen con los adultos en el momento de la adoración divina y, no en una iglesia infantil construida y arreglada artificialmente. En cada administración de los dos sacramentos, principalmente en el santo bautismo, tanto sus padres como el predicador deben recordarles de su propio bautismo. Y en cada celebración de la Cena del Señor debe despertarse en sus corazones un deseo ardiente por ese día cuando sean capaces, por la gracia de Dios, de hacer una sincera profesión de su fe en el Señor Jesucristo y así recibir el acceso a esta santa ordenanza. El descuidar a los hijos de los creyentes en el momento del culto es desobediencia del predicador al mandamiento del Salvador: «apacienta mis corderos».

Al mismo tiempo, el predicador debe tomar en consideración los diferentes niveles de la vida espiritual de los miembros de la congregación.

Están los «fuertes» y los «débiles». Están los que han alcanzado una gran medida de la seguridad de la fe, mientras que otros luchan con muchas dudas e incertidumbres. Incluso están los que en principio se mantienen leales a la verdad en Cristo Jesús, buscándole diligentemente y esforzándose por caminar en sus caminos, en tanto que otros parecen descuidar las advertencias con las que la Palabra se dirige a la congregación y ser negligentes en su forma de vivir. A todo esto la Biblia llama la atención repetidamente, sin una sombra de duda sobre la congregación como aquellos que pertenecen al Señor. Notamos como Cristo en la parábola del sembrador (Mateo 13:1) habla a los judíos de su época. Junto con sus apóstoles les advirtió repetidamente que no era todo Israel el que es llamado Israel. El escritor de la epístola a los Hebreos habla acerca del peligro de ser alejado del Salvador, de apostatar del servicio del Dios del pacto. Aún así, no todo el que cae en tales pecados debe ser identificado con el mundo. Suyas son las promesas más ricas, suyas son las responsabilidades más grandes. Aquí el llamamiento a la verdadera conversión, no como frecuentemente se hace en muchas reuniones de avivamiento, sino como está cuidadosamente descrito en el *Catecismo de Heidelberg*, siempre es adecuado en la predicación congregacional. El predicador verdaderamente reformado hace más que solo dar información histórica, doctrina y un devocional interesante; también, en obediencia a la Escritura y a quien lo envío, llama a la conversión y la corrección de la vida.

Esto requiere más que un llamado a una decisión momentánea. Se debe encontrar espacio para llevar el evangelio a la congregación para mantenerla sana, hacer una predicación «experimental» o «empírica» balanceada, sin caer en la trampa de predicar al cristiano en lugar de a Cristo.

En esto la «morfología de la vida espiritual» o «de la vida en el pacto con Dios» merece cuidadosa atención por parte del predicador-pastor. En obediencia a las enseñanzas de la Escritura hará estudio de esto así como de la persona y obra del Señor Jesucristo. Su interés será que Cristo tome forma en la subjetiva vida personal de sus oyentes. Este ministerio del Espíritu Santo en relación con la proclamación de la Palabra, no ha recibido en ocasiones la atención que merece y necesita. Es solo Él quien abre el corazón y la vida para recibir la palabra de gracia. Ordinariamente lo hace en relación con la predicación del evangelio. Este es el «medio» que Él provee y que honra. Cristo no solamente viene vestido con el evangelio en el momento de la predicación fiel de la Palabra, también el Espíritu Santo, por designación del Salvador, está presente en plenitud de gracia, sabiduría y poder. Esto hace de la adoración congregacional una ocasión tan gozosa y solemne. En esa ocasión Él hace cosas maravillosas por, para y en el pueblo, de las que nadie puede nunca ser totalmente consciente.

La Palabra siempre trabaja como una espada aguda de dos filos. Bajo la influencia del Espíritu está comprometida en «penetrar hasta partir el alma y el espíritu, las coyunturas y los tuétanos, y discierne los pensamientos y las intenciones del corazón. Y no hay cosa creada que no sea manifiesta en su presencia; antes bien todas las cosas están desnudas y abiertas a los ojos de aquel a quien tenemos que dar cuenta» (Hebreos 4:12,13).

Por una parte, esto separa a los creyentes de los incrédulos, de manera que los últimos bajo la sana predicación del evangelio se van alejando cada vez más de éste, para vivir sus vidas en desobediencia a la verdad. Otros, teniendo sus corazones y mentes abiertos por el Espíritu, son advertidos de su necesidad y comienzan a invocar con más diligencia al Señor para salvación. Por unos el llamado es rechazado; por otros es tomado en cuenta como fruto de la operación del Espíritu. Los *Cánones de Dort* resumen algunas de las características sobresalientes de lo que sucede cuando la salvación en Cristo es aplicada al corazón y a la vida:

Además, cuando Dios lleva a cabo este su beneplácito en los predestinados y obra en ellos la conversión verdadera, lo lleva a cabo de tal manera que no sólo hace que se les predique exteriormente el Evangelio, y que se les alumbre poderosamente su inteligencia por el Espíritu Santo a fin de que lleguen a comprender y distinguir rectamente las cosas que son del Espíritu de Dios; sino que penetra también hasta las partes más íntimas del hombre con la acción poderosa de este mismo Espíritu regenerador; Él abre el corazón cerrado; Él quebranta lo que es duro; Él circuncida lo que es incircunciso; Él infunde en la voluntad propiedades nuevas, y hace que esa voluntad, que estaba muerta, reviva; esa que era mala, se haga buena; esa que no quería, ahora quiera realmente; esa que era rebelde, se haga obediente; Él mueve y fortalece de tal manera esa voluntad para que pueda, cual árbol bueno, llevar frutos de buenas obras.

Los Cánones añaden a esto que «los creyentes no pueden comprender de una manera perfecta en esta vida el modo cómo se realiza esta acción; mientras tanto, se dan por contentos con saber y sentir que por medio de esta gracia de Dios creen con el corazón y aman a su Salvador».

A primera vista la frase «morfología de la vida espiritual» puede parecer extraña. En realidad el término es usado primeramente con referencia a la forma y la estructura de la vida vegetal o animal. Sin embargo también existe un «aspecto» perceptible de la vida del pueblo de Dios. Y este «aspecto» o «forma» experimenta cambios de tiempo en tiempo.

En principio esto constituye la transición de la muerte espiritual a la vida en Cristo, el primer fruto de la operación del Espíritu en una persona. Aunque el predicador no está en posición para juzgar la condición espiritual interna de ninguno de sus oyentes, debe estar consciente de la presencia de grandes diferencias entre ellos. También debe enseñarles desde la Palabra de Dios el cómo discernir su relación con Dios. Ordinariamente todas estas personas están en el pacto de gracia con Dios. Al mismo tiempo no todas ellas son conscientes de esta relación al mismo grado en lo que respecta a sus privilegios y obligaciones. ¿No tomó el Señor su metáfora de una planta, cuando hablaba de los diferentes grados de esta relación? En Juan 15 habla del Padre como el viñador, de sí mismo como la vid, y de las personas como las ramas injertadas en Él. Algunas de ellas, así lo advertía, no darían fruto ninguno. A su tiempo el viñador las quitaría, aunque ellas mantuvieran una relación única con él. Habla de ellas como ramas que también están en Él. Pero además hay otros que llevan fruto. Las primeras son podadas por el viñador para que las otras puedan llevar más fruto. Esto es «la salud y el crecimiento espiritual» que la Escritura repetidamente requiere que le atañe a todo el que escucha la Palabra.

De esto también habla Pedro cuando exhorta a sus lectores: "no sea que arrastrados por el error de los inicuos, caigáis de vuestra firmeza. Antes bien, creced en la gracia y el conocimiento de nuestro Señor y Salvador Jesucristo" (2 Pedro 3:17b-18ª). Pablo amplía sobre esto en Efesios 4:1-16. Aunque los creyentes en principio ya están en posesión de la salvación, la perfección espiritual nunca es conseguida en esta vida. Muchas son las tentaciones que los rodean. Algunas surgen del corazón. Otras pueden ser lanzadas por un tiempo con los vientos contrarios de doctrina que soplan de todas partes. El predicador debe ministrar con ternura, claridad y firmeza para sus necesidades en las diversas circunstancias y condiciones en las que se encuentran. Todo esto pertenece a su trabajo como pastor que con creciente solicitud y vigilancia conoce a las ovejas y las conduce en la Palabra que es el alimento provisto para sus necesidades.

Esto exige un profundo conocimiento de las riquezas de la Palabra de Dios. No todo texto se adecúa a la congregación en todo tiempo. Tampoco todo texto alcanzará toda mente y corazón con el mismo grado de eficacia espiritual. Por ello será necesaria cierta variedad en la elección de los textos y los mensajes. A veces el peso recaerá en la cuidadosa instrucción; en otras ocasiones recaerá más en las demandas éticas que el Señor mantiene delante de su pueblo. Hay necesidad de reprender, de animar, de advertir. Pero esto sale de la aproximación básica a la congregación como aquellos sobre quienes el Señor ha dado sus demandas del pacto, conforme Él los llama a experimentar y disfrutar sus favores respondiendo en obediente fe al evangelio.

Allí donde la sensibilidad a este vínculo de pacto entre Dios y su pueblo está clara para el predicador y el pueblo, la iglesia manifestará cada vez más ser lo que Dios quiere para ella –la sal de la tierra, la luz del mundo y una ciudad colocada sobre una colina llena de personas que manifiestan sus excelencias y caminan con alegría en sus caminos. Tal congregación aprende a cantar con entendimiento y entusiasmo las palabras del antiguo salmista:

> Sus santos se deleitan en buscar y seguir
> Sus poderosas obras y maravillosos caminos;
> Majestuosa gloria, bondadosa gracia,
> Y justicia despliega su obra.
>
> Las promesas de Dios permanecen para siempre,
> Él tiene cuidado de los que confían en su Palabra;
> Sobre sus santos es su poderosa mano
> Las riquezas de las naciones ha conferido.
>
> De Él viene la redención de sus santos;
> Su pacto no cambiará nunca;
> Todos alaben su santo nombre.
> Arriba en el cielo y abajo en la tierra. (Salmo 111)

CAPÍTULO 5
El propósito de la predicación congregacional

··· &)C& ···

Así que ya no sois extranjeros ni advenedizos, sino conciudadanos de los santos, y miembros de la familia de Dios, edificados sobre el fundamento de los apóstoles y profetas, siendo la principal piedra del ángulo Jesucristo mismo.

Efesios 2:19, 20

La predicación es más que hablar en imágenes muertas. Es en sustancia, la imagen de Dios que se manifiesta delante de nosotros con tal poder que somos transformados por ella.

Juan Calvino

Toda predicación, especialmente aquella que se dirige a los que están en pacto con Dios, debe tener una meta. El hombre que sube al púlpito sin un propósito definido y bien claro, golpeará el aire con palabras, hablará con poco o ningún efecto saludable, para sí mismo y para quienes lo escuchan.

Esta meta se ha descrito de muchas formas, cada una de las cuales puede hacer una apelación legítima a la Escritura.

Ningún pastor reformado negará que el principal y más alto propósito es la gloria de Dios. Y Dios se glorifica a sí mismo siempre y por medio de la predicación cuando esta es llevada a cabo en obediencia a las Escrituras. Dios se glorifica a sí mismo en la exposición de su verdad, rectitud y justicia. Manteniendo la responsabilidad del hombre, Él da a cada uno según sus obras. Por lo tanto la predicación del evangelio sirve para glorificar a Dios también cuando, debido a la incredulidad y desobediencia humanas, es «olor de muerte para muerte».

Pero esto no es lo único que Dios busca al enviar mensajeros al mundo con las buenas nuevas de gracia. Él, verdadera y sinceramente llama a los hombres por la predicación del evangelio a la salvación por el camino del arrepentimiento y la fe. Por ello la conversión de los pecadores es siempre el primer interés del predicador.

Para esto es que Dios repetidamente envió profetas a los judíos que estaban en pacto con Él. Así también Juan el Bautista y el Señor Jesús con sus apóstoles llamaron a la gente a arrepentirse, en su ministerio tanto a los judíos como a los griegos, a los que estaban en pacto con el Señor y a los que eran ajenos a las promesas de salvación. Pablo concluyó su defensa ante el rey Agripa en este estilo, afirmando que «anuncié primeramente a los que están en Damasco y Jerusalén, y por toda la tierra de Judea, y a los gentiles, que se arrepintiesen y se convirtiesen a Dios, haciendo obras dignas de arrepentimiento» (Hechos 26:20). A lo que añade en su segunda carta a los Corintios, enfatizando la urgencia de la predicación «así que somos embajadores en nombre de Cristo, como si Dios rogase por medio de nosotros; os rogamos en nombre de Cristo: Reconciliaos con Dios» (2 Corintios 5:20).

Pero el propósito de predicar a la congregación de acuerdo a la Escritura debe abarcar más que un llamamiento a lo que es generalmente enseñado como «conversión». Ha de haber conciencia de que los convertidos al Señor deben crecer en el conocimiento y la gracia de Dios. Esto puede llamarse conversión diaria o santificación. La vida de quienes se han vuelto al Señor, en su totalidad, debe ser llevada en conformidad con la voluntad de Dios. Debido a que aquellos que verdaderamente se arrepienten y creen aún viven en un mundo lleno de pruebas y tentaciones, y debido a que ellos mismos aún no son perfectos en su servicio a Dios, es necesaria la instrucción continua en las Escrituras, ya que estas abren el camino de gracia y salvación. Por eso Lutero enfatiza la importancia de la «instrucción en la fe», tanto para jóvenes como para ancianos, tomando esta frase en su más amplio sentido como objetivo de la predicación congregacional. Zuinglio también llamó la atención al hecho de que por medio de la predicación los oyentes deben ser movidos a la santa actividad, respondiendo a los llamados de Dios para vivir vidas santas y obedientes. Y Calvino nunca se cansó de predicar y recordar al pueblo que para experimentar y disfrutar las riquezas de la gracia de Dios en Cristo Jesús, debía vivir de acuerdo a la voluntad revelada de Dios. Sólo así conocerían y estarían seguros que eran la posesión del Señor.

Todo lo que esto implica es que las respuestas más profundas en la vida de una persona deben ser provocadas por el Espíritu Santo en conexión con la Palabra predicada.

No solamente es la *mente* la que debe ser informada de la verdad de Dios concerniente a la salvación; también las *emociones* y la *voluntad* deben ser movidas a una respuesta que glorifique a Dios. En esto siempre hay lugar para la tristeza por los pecados cometidos, con el propósito de que por el arrepentimiento sincero los oyentes puedan volverse del pecado, hacer el bien, y llevar una vida santa. Al mismo tiempo debe haber expresiones de asombro y gratitud por las poderosas obras de Dios en Cristo para la redención en toda su plenitud. Esto produce un amor a Dios que crece al entender sus caminos, crece junto con el amor por la familia del Señor e interés por todos los hombres en todo lugar.

Parece algo difícil expresar esto en una sola palabra. La gracia de Dios es muy esplendorosa. Sus caminos con el pueblo redimido y reconciliado son tan variados como tan variadamente son llamados a responder a su Palabra. La Biblia muestra que todo el propósito de Dios con la predicación, y por lo tanto del predicador verdadero, es la edificación, *oikodomein*.

Deberíamos recordar también que el término, volviendo al Antiguo Testamento que habla de los tratos de Dios con

Israel, es usado en un doble sentido: *pasivo,* como aquello que es hecho por y para la congregación, y *activo,* como aquello para lo que la congregación es llamada por Dios.

El término, como se encuentra en el Nuevo Testamento, tiene como su énfasis más fundamental un fuerte sabor mesiánico. El Salvador mismo promete edificar su iglesia, de manera que las puertas del infierno (los poderes de la muerte) no prevalecerán contra ella (Mateo 16:18). También el apóstol Pablo encomienda a los ancianos de Éfeso, y en ellos a la iglesia, «a Dios y a la Palabra de su gracia, que tiene poder para sobreedificaros y daros herencia con todos los santificados» (Hechos 20:32). Siempre es Cristo quien por su Palabra y Espíritu continúa su obra de reunir, defender y preservar a la iglesia para formarla o edificarla durante su existencia terrenal. En el mismo estilo Pedro habló de la iglesia y sus miembros como «piedras vivas» que están siendo edificadas como una casa espiritual (1 Pedro 2:5).

Al mismo tiempo los creyentes son amonestados a edificarse ellos mismos en la más santa fe. Para este fin el Espíritu ha repartido todos los dones espirituales necesarios (1 Corintios 14). Incluso los creyentes son exhortados a refrenar el ejercicio de su libertad en Cristo con el propósito de edificar a los demás (1 Corintios 1:13, también 8:9).

De paso, se debe llamar la atención al innegable hecho de que este propósito tampoco puede pasarse por alto en la predicación evangelística. Todos los que verdaderamente reciben a Cristo por fe como resultado de la predicación deben ser bautizados y admitidos en la iglesia cristiana. Ahora, como miembros de la iglesia de Cristo, son llamados a servir como «un reino de sacerdotes» que serán «edificados» en fe, esperanza y amor. Están bajo la santa obligación de servir al Señor en su ministerio unos a los otros. Incluso cuando reciben el ministerio del Salvador en y por medio de la congregación, aprenden cada vez más a ministrar en su nombre unos a los otros. De esto, es evidente, que aunque la predicación evangelística (misionera) y congregacional deben distinguirse en varios aspectos, nunca deben divorciarse.

La palabra *oikodomein* frecuentemente es usada en el Nuevo Testamento, no solo en sentido literal, sino también en sentido figurado.

Ninguno de los escritores del Nuevo Testamento usó más enfáticamente esta palabra en su aplicación a la asamblea de los creyentes que Pablo. Él la ve como un edificio, una casa o templo de Dios. Según Efesios 2:19, 22 el Señor Jesús mismo es la piedra del ángulo. Él también ha preparado y señalado su fundamento: el mensaje de los profetas y apóstoles. Sobre este fundamento los creyentes, individualmente, deben ser edificados como «piedras vivas» (1 Pedro 2:5). Y lo que ha tenido lugar una vez y para siempre será continuado hasta que todos los que son de Cristo, incorporados a la «nación de Israel» y con «acceso en el mismo Espíritu al Padre», son reunidos para «crecer en un templo santo del Señor». Tan rica y completa es su comprensión del carácter de esta nueva comunidad que experimenta comunión con Dios, que el apóstol no vacila en mezclar estas figuras retóricas. A la congregación siempre se le debe recordar de este sólido fundamento, sobre el que es llamada a edificar su vida y así progresar hacia la perfección espiritual. Desarrolla las mismas ideas en su oración por ellos en el capítulo tres. Por un lado toda edificación es fruto de las riquezas de la gracia de Dios en Cristo Jesús aplicadas por el Espíritu Santo. Por otra parte está el llamamiento de cada uno en la congregación para edificarse a sí mismo en santísima fe y contribuir, por medio de los dones y la gracia dados por el Espíritu, para edificar a los demás miembros como herederos de la salvación. Tal edificación, seguida obedientemente, edifica a la iglesia de Dios desde afuera así como desde dentro. Una congregación espiritualmente obediente, activa y vibrante, mira y trabaja más allá de sus propios límites.

La edificación de la congregación, como principal objetivo del predicador al llevarle el evangelio a su pueblo, toma contornos definidos en la oración de Pablo por los creyentes de Éfeso. En Efesios 3:14-21 el que frecuentemente les llevó la Palabra de gracia, ora por su edificación.

Lo hace dirigiéndose a Dios como *Padre*, indicando con ello la única relación en la que ellos, junto con todos los santos en cualquier parte, pueden ahora regocijarse. Pero están necesitados de *fortalecimiento* a través de la obra del Espíritu Santo. Esto no se produce simplemente como resultado de una mayor instrucción en las cosas de Dios, aunque Pablo por ningún motivo ignora este aspecto de la predicación congregacional. Su principal interés es el fortalecimiento del *hombre interior*. En la forma acostumbrada, él no vacila en mezclar las figuras retóricas. Deben estar más firmemente *enraizados* en amor, una figura tomada de la vida de una planta; al mismo tiempo deben ser fundamentados en amor, una vez más apelando a la iglesia como edificio levantado sobre un fundamento sólido de cuya solidez ellos deben ser hechos cada vez más conscientes y estar más atentos. El fruto de este ser fortalecido, de acuerdo con el apóstol, es que ellos puedan ser capaces de comprender, para sostener y asirse fuertemente a ellos, «la anchura, la longitud, la profundidad y la altura» de los caminos de Dios para con ellos en Cristo Jesús.

De esto resulta claro que el apóstol ora por su fortalecimiento espiritual o edificación en la fe, que es mucho más que el conocimiento intelectual y la aceptación de la verdad. Las raíces del carácter cristiano penetran profundamente en el evangelio; siempre ha de crecerse en la comprensión de sus fundamentos. Esto toma lugar en conexión con el amor que fluye de Cristo en las vidas de los creyentes, y los transforma para vivir una vida de comunión unos con otros. Este es un amor que sobrepasa todo conocimiento, un «misterio» mucho más grande y diferente a todos los otros caminos de salvación y esperanza ofrecidos por la sabiduría mundana. En este camino de edificación verdadera «serán llenos de toda la plenitud de Cristo».

Sin embargo esta «comprensión» o «dominio» por parte

de la congregación debería constituir la meta de la predicación del evangelio entre ellos. Es la actividad de una fe viva y salvadora que se experimenta y que afecta la totalidad de la vida. Al igual que nuestro Señor, el apóstol habla repetidamente de la capacidad de una fe verdadera, que involucra sobre todo el corazón del cual fluyen todos los aspectos de la vida. Y aunque el predicador no está en la posición de ser juez, sin tener tampoco el derecho o la habilidad para comprometerse en ello, si tiene la responsabilidad de enseñar clara y repetidamente en qué consiste la fe. Toda «gracia barata» es abominación a Dios y conduce a la destrucción a quienes se contentan con ella. Lo que Pablo mismo expresa aquí en forma de una oración por sus oyentes, indica que esta bendición del conocimiento de Cristo en la experiencia, de ser edificados como templo de Dios, es obra del Espíritu Santo. Al mismo tiempo conecta a esta con la proclamación de los poderosos hechos de Dios en Cristo. Los oyentes son llamados a asirse de estos. Cualquier falta de equilibrio en la predicación acerca de la fe, ya sea en interés de enfatizar la soberanía divina o la responsabilidad humana, es contrabando. Cuando los oyentes no creen, la falta –como lo testifican claramente los Cánones de Dort- no está en Dios o en Cristo o en el evangelio; la falta para la incredulidad que produce impiedad se encuentra completamente en los incrédulos mismos. Al mismo tiempo, la alabanza por la salvación pertenece a Dios únicamente. Él es abundantemente poderoso para hacer «todas las cosas mucho más abundantemente de lo que pedimos o entendemos, según el poder que actúa en nosotros...» (Efesios 3:20,21).

Con esto en mente podemos comprender por qué en el siguiente capítulo el apóstol Pablo va a retar a la congregación. Aquí nos damos cuenta más de cómo el *kerygma* y la *didache* están íntimamente relacionadas en su enseñanza. Llama a los que están en la iglesia a vivir vidas dignas del evangelio. Esta es la elevada meta del «llamamiento con el que fueron llamados». Frecuentemente la predicación parece carecer de la urgencia espiritual que caracterizó a los apóstoles, produciendo congregaciones que parecer estar descuidadas, indiferentes y espiritualmente dormidas. Los oyentes siempre deben cultivar aquellas cualidades que se encuentran en el Señor Jesús de forma perfecta, como frutos de una fe asida en el amor de Dios en el Salvador. Aunque la paz es un don del Espíritu Santo, se recibe y experimenta únicamente por la fe. Esta fe no está muerta o inactiva; la fe viva es activa, inspirada en Cristo, y produce frutos para la gloria de Dios. Esta es la actividad por la que, para usar otra metáfora de Pablo, los que escuchan de la salvación se edifican a sí mismos y a los demás en aquella vida comunal que agrada a Dios. El llamado del predicador imprime en todos los oyentes que de ellos es el privilegio pero también la responsabilidad de comprometerse en el «ministerio». Al hacerlo así, todos crecen juntos, no son llevados de aquí para allá por todo viento de doctrina ni son hechizados por la astucia y la mentira humana, sino que cultivando «la verdad en amor» crecen en todas las cosas en Cristo Jesús. Con eso el apóstol cambia una vez más su metáfora, ahora hablando de la iglesia como el cuerpo de Cristo que debe estar «bien concertado y unido entre sí por todas las coyunturas que se ayudan mutuamente, según la actividad propia de cada miembro, recibe su crecimiento para ir edificándose en amor» (4:6).

Evidentemente el poeta del Antiguo Testamento ya entendía esto cuando enseñó al pueblo a cantar:

Mirad cuan bueno y delicioso es
Habitar los hermanos juntos
En bendita armonía;
Tal amor es como el aceite de la unción
Que consagra para un trabajo santo
A los siervos del Señor. (Salmo 133)

El Nuevo Testamento se hace eco de las mismas convicciones:

Bendito sea el vínculo que une
Nuestros corazones en amor cristiano;
El compañerismo de mentes similares
Es como aquella de arriba

Delante del trono de nuestro Padre
Ponemos nuestras ardientes oraciones;
Nuestros temores, nuestras esperanzas, nuestras son una,
Nuestros consuelos y nuestros cuidados.

Y el *Catecismo de Heidelberg*, después de testificar oficialmente lo que la iglesia cree de sí misma en obediencia a las Escrituras, explica cuidadosamente «la comunión de los santos» con estas palabras: «primero, que todos los fieles en general y cada uno en particular, como miembros del Señor Jesucristo, tienen la comunión de Él y de todos sus bienes y dones. Segundo, que cada uno debe sentirse obligado a emplear con amor y gozo los dones que ha recibido, utilizándolos en beneficio y salvación de los demás» (pregunta y respuesta 55).

Cuando se predica, se necesita un acercamiento algo más que puramente psicológico para satisfacer las necesidades del pueblo de Dios, de manera que pueda responder en obediente fe a la Palabra. Es decir, si pusiéramos en una frase su significado bíblico, se necesita una satisfacción de estas necesidades por medio de un entendimiento psicológico de ellos y de su situación vital, que ha «sido bautizado en y con la Palabra». Ciertamente el predicador predica la Palabra, pero proclama esta Palabra a la gente en el lugar y situación en la que se encuentran. Por ello la exposición sin aplicación se queda muy corta de aquello que Dios demanda a los que son enviados a hablar el mensaje de gracia para salvación.

El fin principal de toda predicación es, naturalmente, la gloria de nuestro Dios. Nunca, ni por un instante, olvide esto el predicador. Está ante del rostro de su Enviador celestial con la Palabra que no puede ser quebrantada y que siempre cumplirá su propósito. La salvación es descrita en la Escritura como el medio que Dios se agrada usar para la gloria de su nombre. Pero esto, entonces, se requiere que busquemos ansiosamente la salvación de los pecadores que, lavados por la sangre del cordero y adornados con los dones de gracia del Espíritu Santo, deben ser edificados como la iglesia que manifiesta su alabanza.

Para que esto se haga manifiesto, el predicador persuade a sus oyentes para vivir una vida de fe, esperanza y amor. Estas son las tres principales virtudes cristianas, gracias o poderes que Cristo por medio de su Palabra y Espíritu, que obra en los corazones de su pueblo. Las tres deben ser cultivas en su relación inquebrantable. Esta es «la nueva vida en Cristo», que cada día se distinga el pueblo del Señor de aquellos que viven en tinieblas de pecado y de muerte.

Cada una de estas, en tanto que están involucradas en la edificación como meta de la predicación, demandan nuestra atención.

La primera es el llamamiento para persuadir a los oyentes de la Palabra a vivir una vida de fe.

La predicación actual, incluso en las iglesias reformadas, frecuentemente parece insuficiente en este punto. Muchos dan por sentado que en la congregación es innecesario el llamamiento al arrepentimiento o a la fe (conversión). Después de todo, ¿los que pertenecen a la congregación no son «hijos del pacto»? ¿No han recibido el santo sello y señal de aquel pacto? ¿No les ha prometido su fidelidad Dios mismo? De aquí que se asuma que todos están en el estado de gracia.

Esto contribuye a que la predicación sea no sólo superficial, sino también engañosa. Desde luego, no se debe dirigir a la congregación como si estuviera viviendo en total oscuridad. Los privilegios del pacto deben exponerse en todo su esplendor. Pero a la misma vez, y con no menos urgencia, deben subrayarse las responsabilidades de todos aquellos que pertenecen al pacto de Dios. Elocuentemente nos recuerda esto la Fórmula para el Bautismo:

Mientras que en todos los pactos están contenidas dos partes, por tanto somos, por Dios, amonestados y obligados a través del bautismo a nueva obediencia, es decir, a que seamos fieles a este único Dios, Padre, Hijo y Espíritu Santo, que confiemos en Él y le amemos con todo nuestro corazón, con toda nuestra alma, con toda nuestra mente y con todas nuestras fuerzas; que dejemos el mundo, crucifiquemos nuestra naturaleza antigua, y caminemos en una vida piadosa. Y si en algunas ocasiones caemos en pecado, no debemos por ello desesperar de la misericordia de Dios, tampoco continuar en pecado, ya que el bautismo es un sello y un testimonio indudable de que tenemos un pacto eterno con Dios.

Los tres, en alto grado, están incluidos en este breve párrafo. Pero tal y como se dice claramente, la primera cualidad a la que son llamados todos los que han recibido el bautismo es la de la fe, la de la confianza que no duda de las misericordias de aquel que nos llama hacía sí mismo.

Como predicadores, debemos seguir las pisadas de nuestro Señor. Él no vino a llamar a los justos, llenos de un sentimiento de su alta posición propia delante de Dios, sino a los pecadores al arrepentimiento. Él comió y bebió con los publicanos. Llamó a las prostitutas a una nueva vida por medio de Él. Dentro del contexto del pacto habla como el gran médico a los que estaban sufriendo los estragos del pecado. Dejó las noventa y nueve ovejas para buscar la que se había perdido, insistiendo en que había un gozo más grande en el cielo por un pecador que se arrepintió que por todos aquellos que confiaban en su propia justicia delante de Dios.

La exigencia de exhortar a los oyentes a responder en fe siempre es apropiada en el contexto de la predicación congregacional. Pablo, entre otros, pone en claro esto en 2 Corintios 5:12. En el pacto de Dios, especialmente entre los niños, todavía hay algunos que son inmaduros espiritualmente; no son completamente conscientes de su relación especial con el Señor. Por medio de la predicación se debe despertar en ellos la respuesta de fe. Pero también hay otros. Algunos se han desviado muy lejos, tanto en doctrina como en vida, de los caminos del Señor, demostrando que cualquiera sea la fe que profesan bien puede ser falsa. Esa era la característica de muchos israelitas en la época en que los profetas les hablaron, así como también lo era de los escribas y fariseos. Otros tienen la clase de fe que parece una mecha apagada. Hoy en día también encontramos dentro de nuestras iglesias reformadas algunos que, viviendo en gran parte en la doctrina de la elección, frecuentemente dan traspiés sin seguridad. Su fe, en la medida en que esté presente en sus corazones, mina la respuesta de «apropiación de la gracia de Dios» para sí mismos. Nunca olvidemos que en tanto que la fe es un don gratuito de la gracia de Dios, esta es obrada por el Espíritu en conexión con la predicación del evangelio y llega a nosotros como un mandamiento, un llamamiento, una orden divina para responder. Repetidamente leemos en el Nuevo Testamento de una fe obediente.

Se nos asegura que nuestro trabajo, cuando es hecho cuidadosamente y en oración dependiendo de Dios, no descansará en vano en una profunda convicción de su soberanía. Él, y solamente Él, trae a la salvación, el resultado no está en nuestras manos. Al mismo tiempo, el ministro reformado debe guardarse de la noción de que, debido a que la salvación es de Dios, es de poca importancia la apelación directa e insistente por medio de la Palabra. Posiblemente los comentarios de Herrick Johnson sobre este asunto serán de ayuda para dar el incentivo adecuado:

Cuando hemos dispuesto convenientemente el instrumento del sermón para hacer el trabajo de rescate, y lo hemos preparado frecuentemente para mostrar suficientemente que las almas perdidas pesan como una carga sobre nuestros corazones, y que estamos intentando hacer de ellos discípulos en obediencia al último mandamiento de Cristo; cuando hemos agotado las posibilidades de la fe y la oración, y hemos tenido a Cristo en nuestro estudio para preparar el sermón (también) para rescatar, cuando cada mandamiento de fe, de amor, de devoción y consagración ha sido satisfecho, entonces podemos recurrir a la soberanía de Dios, y, como Cristo mismo dijo una vez frente al mismo misterio, podemos decir: «Si, Padre, porque así te agradó».

También señalaremos la falacia de los pastores e iglesias que contratan predicadores especiales para persuadir a la gente al arrepentimiento y a la fe. En realidad testifican contra sí mismos, fracasando a la hora de buscar fortalecerse en el Espíritu en la administración regular de la Palabra, como si fueran insuficientes para cumplir el propósito para el que el Señor los ha llamado. Sin duda alguna que mucha de la debilidad y, por lo tanto, lo infructuoso de la predicación en la congregación debe atribuirse a la falta de convicción de parte de los predicadores y de la gente de que el Señor ha ordenado «los medios de gracia». Él honra a los que le honran a Él. En nuestros días está muy difundida una falsa confianza en la «predicación de avivamiento» como frecuentemente es organizada. Como consecuencia, se descuida y desprecia la predicación regular de la Palabra. En un sentido sano del término, cada predicador debería ser también un predicador de «avivamiento», buscando despertar y fortalecer la fe como primer objetivo de su proclamación de las buenas nuevas de Dios. Broadus correctamente ha llamado la atención a este contraste, que posiblemente es algo más aplicable a las formas de avivamiento de su época que de la nuestra, y que, no obstante sirve de aliento a todo pastor que busque ministrar diligentemente a su gente por medio de su predicación. Escribe acerca de aquellos avivamientos, calificándolos de:

... meros ruido y sensacionalismo, saturados de ingenio barato y crítica vulgar, afirmaciones extremas y unilaterales, medias verdades y errores plausibles –todos estos infectaron, como un veneno mortal, una gran porción de lo que se llama predicación evangelística. Una presentación seria y amorosa, pero al mismo tiempo provechosa y fuerte, de la verdad bíblica en asuntos de pecado, juicio, expiación, regeneración, gracia, arrepentimiento y fe, es la distintiva y enfática necesidad de la predicación de avivamiento de nuestra época.

Esta predicación tiene su debido lugar en cada congregación. Precioso es el privilegio del pueblo escogido por Dios de tener la Palabra *cerca* de ellos, día tras día, y año tras año. Pero tener la Palabra *cerca* no es lo mismo que tener la Palabra *en* y, por lo tanto, *implantada en* el alma. De esto da testimonio el Señor en su instructiva parábola sobre «el sembrador y la semilla».

Es sumamente útil para nuestra predicación reflexionar sobre las implicaciones de esta parábola.

Es claro que el sembrador es el Señor mismo; también es claro que la semilla no es otra sino la Palabra predicada. Pero no toda semilla da fruto. Algo de la semilla cae en el camino, el sendero duro donde los pájaros la comen. Satanás, conociendo el poder inherente de la Palabra, no simplemente la deja caer en el duro terreno del corazón, la quita. Después está el terreno sin profundidad, los corazones que parecen responder con emoción y entusiasmo a la predicación pero no la retienen. Contra esto los predicadores, buscando llevar a la gente a la fe, deben amonestar una y otra vez, de manera que todo oyente con esperanza pueda aprender a decir con el salmista: «Tu Palabra he guardado en mi corazón para no pecar contra ti». También hay oyentes cuyos corazones parecen responder, pero consienten que los cuidados y placeres de este mundo tapen la buena semilla, de manera que sus vidas no llevan fruto espiritual. Que el predicador, ya que es el primero de todos los oyentes de la Palabra, no se desaliente, y haga uso de esta enseñanza del Señor.

En este trabajo de persuadir y fortalecer en la fe a los oyentes, el predicador fiel hará uso de la ley y del evangelio en su inquebrantable unidad bíblica. Es necesario enfatizar esto donde, incluyendo a muchas iglesias reformadas, la ley raramente es escuchada. Para su pueblo Dios ha colocado la ley dentro del contexto de su gracia. Es una circunstancia triste que nuestro catecismo, aparte de su exposición adecuada y excelente de la ley, haya puesto muy poca (en realidad ninguna) atención a las palabras que son la base del llamamiento. Es una «norma de vida» para la congregación. Pero lo es solo cuando, y en la medida que por medio de esa ley llegamos cada vez más al conocimiento de nuestra miseria a causa del pecado. Entonces la ley opera para movernos, bajo la verdadera predicación de las riquezas de la gracia en Cristo Jesús, a buscar al Salvador con todo nuestro corazón. Nuestro catecismo es inconfundiblemente claro sobre este asunto.

La fe salvadora no es simplemente un conocimiento intelectual con una aceptación de la persona y obra de Cristo. No es un tesoro o un don estático que alguien puede mantener inactivo en el corazón. Es viva, dinámica, una respuesta progresiva a la Palabra que pone en movimiento toda la vida. Y esta fe siempre está acompañada por el arrepentimiento a Dios que surge de un cada vez más profundo conocimiento de nuestro pecado y pecaminosidad. Ninguna congregación puede prescindir de la ley.

Habiendo dicho lo anterior, en relación con la persuasión a la fe, debemos recordar que la ley se incluye dentro del evangelio. En ningún momento debe la una estar presente sin una clara referencia a la otra. Tengamos en cuenta que es el «enfermo» y el «moribundo», según las Escrituras, quienes necesitan la medicina de la gracia de Dios para salvación. Conocemos «el temor de Dios». Según la epístola a los Hebreos nuestro Dios es «fuego consumidor». Pero las demandas de su verdad, justicia y santidad han sido satisfechas por la persona y obra de nuestro Señor Jesucristo para todo el que cree (tanto en su obediencia pasiva como activa).

Esta es la graciosa invitación, que al mismo tiempo es el mandamiento del Dios de los cielos y de la tierra. Nadie puede obedecer este mandamiento por sí mismo. Únicamente es la gracia que mueve lo profundo del alma, que ilumina el alma con el conocimiento del pecado y el camino de salvación, que despierta las emociones para odiar el pecado con humildes anhelos por la paz prometida a través del perdón y que inclina la voluntad para apropiarse del Salvador en su totalidad. Pero a la vez no se puede dejar a ninguno de los oyentes con la impresión de que su incapacidad los deja con una buena excusa. Tal incapacidad es al mismo tiempo mala voluntad, un rechazo de los ofrecimientos de la gracia de Dios. Pervierte la Palabra y corrompe cada vez más la vida de los oyentes perversos. Se endurece a sí mismo y experimenta que Dios en su justo juicio endurece el corazón. La Biblia nos alerta repetidamente contra esta espantosa posibilidad dentro de la congregación. Ir a la iglesia para oír la Palabra nunca es un asunto neutral o indiferente a ser considerado sobre la base de tómalo o déjalo. Todos los que viven en la predicación del evangelio necesitan que se les recuerde continuamente esto.

La fe producida, el rico fruto de la gracia que acompaña la predicación fiel de acuerdo a la promesa de Dios, está en continua necesidad de fortalecimiento. Esto no entra en conflicto para nada con la doctrina bíblica, y por lo tanto estimada, de «la preservación de los santos». Junto con la preservación que está prometida por Dios mismo en el pacto de gracia, está la perseverancia a la que todos los creyentes, pequeños y grandes, son continuamente llamados. Deben ejercitarse en una fe viva. Para este fin han sido ordenados los «medios de gracia», principalmente la predicación de la Palabra. El apóstol Pedro no deja dudas acerca de este doble aspecto de la salud y crecimiento espiritual (cf. 1 Pedro 1:4).

Lo que significa ser edificado en la fe frecuentemente es identificado con la «seguridad» de fe. Y la seguridad, por supuesto, está íntimamente conectada con la fe verdadera y salvadora. El creyente es animado a apropiarse de las promesas del evangelio de manera que pueda regocijarse en testificar: «Cristo es mío y yo soy suyo». Pero en realidad esto forma parte de nuestro ser edificados y fortalecidos en esperanza. Los *Cánones de Dort* también hacen distinción entre aquellos que están completamente seguros y aquellos en quienes la seguridad aún es débil y confusa. Lo que primero se debe aclarar a la congregación es que toda fe salvadora está convencida de la veracidad, la seguridad de que la Palabra de Dios revela clara y completamente el único camino de salvación, en otras palabras, que lo que Dios ha hablado en su Palabra es verdad. Cada congregación necesita que esto se le recuerde repetidamente. Sin fe en la Biblia como la Palabra personal y veraz de Dios para nosotros, no puede haber fe salvadora. Aquí deben ser proclamadas las poderosas obras de nuestro Dios, incluso en sus detalles, que eficaz e infaliblemente dio a conocer para salvación. Tan pronto como uno comienza a dudar de la veracidad de lo que Dios ha hablado, la fe salvadora es puesta en peligro. Uno de los principales ataques del diablo, visto ya en su acercamiento a nuestros primeros padres, es la de minar la confianza en lo que Dios ha dicho. Esa duda de la veracidad de la Escritura como las verdaderas palabras del Señor puede, y frecuentemente lo hace, trabajar en la totalidad de la vida (mente, corazón y voluntad) de una persona como el mortal cáncer. Una duda produce otra y después otra, hasta que la fe es despojada de todo su contenido y se le deja sin ningún fundamento sólido.

No debe interpretarse que esto quiere decir que se exige del predicador «defender» la veracidad de la Escritura a cada vuelta de camino. Se puede asumir correctamente que la congregación, formada de creyentes junto con sus hijos, han recibido y testificado de la Biblia como la verdad permanente de Dios. Pero en medio de la confusión y contradicción de ideas a las que están expuestos, necesitan que se les recuerde una y otra vez, desde las Escrituras mismas, que la fe salvadora «tiene por verdadero todo lo que Dios nos ha revelado en su Palabra». Cuando la Escritura es recibida así y la fe en su veracidad es fortalecida, entonces las riquezas del pacto de gracia de Dios, junto con todos los beneficios de la persona y obra del Salvador para nuestro bien, son reforzadas también.

Debido a que la fe, la esperanza y el amor en la vida de los creyentes están tan íntimamente conectados con la Escritura, nuestros comentarios sobre la edificación de la congregación en esperanza y amor, pueden ser relativamente breves.

La esperanza como la respuesta cristiana al evangelio tiene una referencia claramente «escatológica». El creyente se apropia y mira hacia delante con confianza al cumplimiento de las promesas de salvación de Dios en Cristo Jesús. Como tal, esto implica una realidad objetiva y otra subjetiva; las cosas que Dios sin duda ha prometido y empeñado, y la anticipación de lo que Dios continúa haciendo en preparación para la consumación de su obra de gracia.

Al mismo tiempo pareciera que aquella esperanza es un ingrediente necesario de la fe cristiana. En este mundo el creyente lucha con todos los problemas y perplejidades a los que está ligada nuestra carne. Las dudas le pueden asaltar en ocasiones; la desesperación, cuando las cargas de la vida parecen tan pesadas para llevarlas, está cerca de la puerta de su corazón. Mucho le ha sido prometido en el mundo de Dios; al mismo tiempo, lucha con la cuestión acerca de dónde y cómo serán cumplidas estas promesas en su vida.

La esperanza del creyente está así íntimamente unida con lo que popularmente es llamado «la seguridad de fe». Más pronto o más tarde aquellos que han escuchado la Palabra comienzan a cuestionarse a sí mismos: ¿Las promesas de Dios, simbolizadas y selladas en mi bautismo, son realmente para mí? ¿Es posible que me engañe a mí mismo en esta vida y para la eternidad? He recibido a Cristo Jesús por la fe, pero ¿es quizá mi fe no más que una fe temporal o histórica? ¿Cómo puedo estar seguro de que yo, con mis pecados y mis defectos, soy verdaderamente un hijo de Dios?

Discutir en detalle este asunto de la seguridad de la fe nos desviaría mucho de nuestro actual tema. Será tratado en relación con el cuidado pastoral de congregación. Pero en la predicación a la congregación, el predicador debe tomar en consideración también esta lucha del corazón con la que muchos están batallando. En los primeros años de la predicación apostólica, y nuevamente en la reforma, este problema no era ni con mucho tan apremiante y persistente como en otras épocas. Entonces el evangelio, que llegó como las «buenas nuevas», fue recibido alegremente sin preguntas ni vacilaciones. Un mundo completamente nuevo brilló con esperanza para la temporalidad y la eternidad para quienes recibieron el mensaje. Pero conforme la iglesia creció en número, y se vieron amenazadas en muchos lugares las normas para la membresía, y el pueblo ya no pudo seguir señalando hacia un cambio radical de mente y corazón, el asunto de la «seguridad de la fe» que está involucrada en la esperanza cristiana apremió más persistentemente. Pronto se desarrolló una tendencia a buscar dentro de uno mismo las «marcas del verdadero cristiano». En algunos sectores estas fueron tan detalladas, que muy pocas personas en las congregaciones se atrevieron a expresar la esperanza de ser hijos de Dios. Especialmente por las influencias pietistas, aunque sus defensores tenían buenas intenciones en sus esfuerzos por prevenir contra una aceptación puramente externa e intelectual del evangelio, esto causó grandes estragos. Desde luego, que la Biblia repetidamente nos invita a hacer un examen de nosotros mismos. Advierte contra la posibilidad del autoengaño. Agudamente describe el contraste entre «los frutos del Espíritu» y «los frutos de la carne», exhortando a que esta última sea abandonada y que la primera sea buscada con oración y diligencia. Pero el error de muchos fue fundamentar su esperanza de salvación en lo que buscaban en sus propios corazones y vidas en lugar de en las ricas promesas de Dios, proclamadas en el evangelio y selladas para ellos en el sacramento del bautismo. No puede haber, entiéndase esto claramente, ninguna seguridad en el alma sin alguna medida de fe. Toco el que cree, aunque en ocasiones su fe sea débil y vacilante, tiene dentro de sí mismo la obra del Espíritu Santo. Estos deben ser consolados, conforme a las enseñanzas de la Biblia, diciéndoles que el Señor perfeccionará en sus vidas el trabajo que ha comenzado en ellos (Salmo 138:8; 73:23, 24; Juan 10:28,29; Hebreos 7:28; 1 Pedro 1:5; Filipenses 2:12, 13, etc.).

Mucho más definitivamente la esperanza, como la respuesta cristiana al evangelio, mira hacia delante con ansia a la consumación de nuestra salvación en Cristo Jesús. En cierto modo esto ya es experimentado y disfrutado en las confusiones de la vida porque, como lo afirma Pablo, «en esperanza fuimos salvos» (Romanos 8:24; cp. esp. Romanos 5:1-5). Incluso, más explícitamente, Pedro fundamenta esta sólida esperanza en los hechos poderosos de Dios en Cristo Jesús. Su primera epístola abre inmediatamente perspectivas de lo que el evangelio puede y debe significar para quienes confían en el Salvador:

Bendito el Dios y Padre de nuestro Señor Jesucristo, que según su grande misericordia nos hizo renacer para una esperanza viva, por la resurrección de Jesucristo de los muertos, para una herencia incorruptible, incontaminada e inmarcesible, reservada en los cielos para vosotros, que sois guardados por el poder de Dios mediante la fe, para alcanzar la salvación que está preparada para ser manifestada en el tiempo postrero. En lo cual vosotros os alegráis… (1 Pedro 1:3-6a).

Esta es la esperanza por la cual Dios edifica, consuela y ánima a su pueblo. Al mismo tiempo deben ser edificados mutuamente y testificar de esta esperanza a todos los que viven en derredor (1 Pedro 1:13; 3:15).

Ella da fortaleza en las pruebas y tentaciones de la vida. Ella da consuelo cuando la enfermedad, y especialmente la muerte, debe ser enfrentada. Libera a los creyentes de las ansiedades de la vida diaria, con la bendita seguridad de que aquel que dio su vida por nosotros en la cruz, ahora por su resurrección y ascensión, triunfa sobre los poderes de las tinieblas y la muerte que nos tiene separados de Él.

Este es el antídoto al materialismo, toda búsqueda de intereses materiales para dar significado, dirección o gozo a nuestras vidas.

Para que los creyentes puedan fortalecerse a sí mismos y a los demás en esta esperanza, el predicador debe hacer frecuentes referencias a su realidad. A través de la sana predicación del evangelio el creyente es liberado de la tiranía del insignificante presente. Es impulsado a mirar los eventos del pasado de la obra redentora de Dios en Cristo Jesús como el fundamento de su esperanza. Con un creciente conocimiento aprende a confiar en todas las ricas promesas para su futuro, aseguradas por Dios mismo en su Palabra. Con este propósito en mente el predicador será usado por el Espíritu para hacer de cada administración de la Palabra y los sacramentos una celebración, una ocasión de gozo y paz para los que son propiedad del Señor.

Esta vida de fe y esperanza también produce, por su poder espiritual, la respuesta de amor que es el vínculo de perfección.

Todo amor verdadero y agradable a Dios emana del amor de Dios por los pecadores, manifestado sobre todo en la persona y obra del Señor Cristo Jesús. Todo otro amor se queda corto de aquel que se ordena en la Escritura; será un amor que al final es vencido y que se derrota a sí mismo.

Hoy en día escuchamos mucho del amor que flagrantemente descuida o rechaza la enseñanza bíblica. Frecuentemente es un poco más que un sentimiento pasajero, un sentimiento que solo busca la gratificación personal. Por lo tanto es de incumbencia del predicador tener una clara comprensión de lo que la Escritura tiene que decir sobre este importante tema. Huelga decir que Dios ordena amar. Por ello es necesario un repetido énfasis, tanto por la exposición como por la aplicación, en que el amor nunca reemplaza a la ley, sino por el contrario, la cumple en cada detalle de la vida. Es la evidencia de la obra de gracia de Dios en los corazones y las vidas de su pueblo creyente. Nadie puede amar verdaderamente a su prójimo o a sí mismo, a menos que primero, y sobre todas las cosas, ame a Dios como Creador, Gobernador y Salvador de la vida. En gratitud por la salvación, que no solamente ha redimido y reconciliado, sino que también ha renovado nuestras vidas, los creyentes son exhortados por Dios: «habiendo purificado vuestras almas por la obediencia a la verdad, mediante el Espíritu, para el amor fraternal no fingido, amaos unos a otros entrañablemente, de corazón puro» (1 Pedro 1:22).

Más explícito aún sobre este énfasis en el amor como uno de los propósitos principales y controladores por el que el predicador lleva el mensaje de salvación, es el apóstol Juan: «Amados, amémonos unos a otros; porque el amor es de Dios. Todo aquel que ama, es nacido de Dios, y conoce a Dios. El que no ama, no ha conocido a Dios; porque Dios es amor» (1 Juan 4:7, 8). Para que nadie piense que este amor es el fundamento de la salvación, el apóstol continúa su exhortación: «En esto consiste el amor: no en que nosotros hayamos amado a Dios, sino en que él nos amó a nosotros, y envió a su Hijo en propiciación por nuestros pecados» (1 Juan 4:10). En respuesta a aquellos que argumentan que la libre gracia de Dios en Cristo Jesús produce cristianos descuidados e insensibles, afirma más adelante «todo aquel que cree que Jesús es el Cristo, es nacido de Dios, y todo aquel que ama al que engendró, ama también al que ha sido engendrado por él. En esto conocemos que amamos a los hijos de Dios, cuando amamos a Dios, y guardamos sus mandamientos. Pues este es el amor a Dios, que guardemos sus mandamientos; y sus mandamientos no son gravosos» (1 Juan 5:1-3).

En estos términos, no hay nada más contradictorio que un «creyente sin amor» o una «iglesia sin amor».

Por el derramamiento de su amor en Cristo Jesús a través del Espíritu Santo en relación con los medios de gracia, Dios, como Padre celestial, despierta el amor en los corazones de los suyos.

A ellos les demuestra claramente a través de la misma predicación cómo se mostrará ese amor en palabras y hechos. Este brota del corazón que ha sido tocado y transformado por la Palabra, así como es moldeado por ello. Y ese amor crecerá en la profundidad de su sensibilidad, así como en la amplitud de su preocupación y compasión.

No es de extrañar, entonces, que Pablo, hablando acerca de la fe, la esperanza y el amor, recuerde que el más grande de ellos es el amor (1 Corintios 13:13). Esto hace de la verdadera iglesia una «comunión de los santos» viva, creciente y glorificadora de Dios. Por el derramamiento de ese amor sobre su Pueblo, Dios los capacita para edificarse a sí mismos para su gloria en un mundo frío, carente de amor y egoísta.

Este es el sello supremo de ser un cristiano. Es la evidencia convincente del poder restaurador del evangelio. Es la bendita anticipación de la comunión del pacto que los que son salvos disfrutarán con su Dios y unos con otros en gloria.

CAPÍTULO 6
La garantía divina de la predicación congregacional

··· ℰᏌᏟℬ ···

Así será mi palabra que sale de mi boca; no volverá a mí vacía, sino que hará lo que yo quiero, y será prosperada en aquello para que la envíe.

Isaías 55:11

Un hombre puede leer los números en un reloj, pero no puede decir cómo avanza el día a menos que el sol brille sobre el reloj. Podemos leer la Biblia, pero no podemos aprender su propósito hasta que el Espíritu de Dios brille en nuestros corazones.

Thomas Watson

Sólo queda un tema por considerar en esta primera parte de nuestro estudio de la Homilética. Tiene que ver específicamente con la seguridad de que la verdadera predicación no puede ser y no será deficiente para lograr sus altos propósitos.

Esto, por supuesto, se refiere únicamente al tipo de predicación que es consistentemente obediente a los mandatos de la Escritura, ya que aparte de ella o en oposición a ella no nos debemos atrever a hablar de predicación cristiana.

Todo ministro de la Palabra de Dios necesita valor. No puede trabajar efectivamente a menos que disfrute en gran parte de la seguridad de que su trabajo no es hecho en vano. Cuando esta convicción falta, el trabajo puede continuar pero será realizado con poco efecto benéfico para sí mismo y para sus oyentes. Demasiados ministros aún consideran la predicación como un trabajo que debe hacerse, quizá en servicio a los demás, pero especialmente para ganarse el sustento o una posición social respetable. Otros han llegado a estar tan desanimados, que posiblemente no son capaces de encontrar otro trabajo satisfactorio, y por lo tanto están llenos de derrotismo que sólo puede ser aliviado temporalmente por la esperanza de una pensión decente a su jubilación.

Incluso los predicadores convencidos de la verdad del evangelio, experimentan épocas de depresión severa.

A pesar de todas las cosas gloriosas escritas acerca del ministerio del evangelio –y son abundantes– la predicación no es tenida en alta estima. No sorprende, por lo tanto, que cada año, literalmente cientos abandonen el ministerio eclesiástico para buscar lo que consideran un empleo más fructífero. En no pocas ocasiones esto es estimulado por la desilusión de sus esposas y/o sus hijos con el demandante trabajo con el que el predicador se ha visto obligado a comprometerse, y eso, muy frecuentemente, con poco o ningún reconocimiento verdadero. No solamente es usado por la gente dentro y fuera de la congregación a la que sirve; es insultado en muchas ocasiones por exigencias innecesarias sobre él. Su salario frecuentemente se convierte en el centro de discusiones y debates insanos. Siempre se espera que sea el más generoso donante para cada causa para la que pide apoyo. Su tiempo raramente le pertenece, en gran manera con el resultado del desaliento de sí mismo y de su familia. Se espera que en cada evento social esté presente con su esposa. El tiempo para la oración, el estudio y la meditación en la Palabra, tan esencial para la preparación para el ministerio de la Palabra, le es robado por personas que aparentemente tienen muy poco que hacer. Más aun, su trabajo, especialmente si ha servido por varios años en la misma iglesia, es comparado desfavorablemente con los que tienen ministerios más populares. Estas comparaciones odiosas consumen de cierta forma el corazón del predicador más dedicado.

¿Es esta una descripción exagerada e injusta? Difícilmente, cuando inclinamos nuestro oído para escuchar a los hombres que una vez afrontaron el ministerio del evangelio con gran entusiasmo y santos ideales.

Los predicadores del evangelio, también son hombre de carne y hueso. Y tienen tentaciones características de su llamamiento que muy pocos pueden o están dispuestos a comprender.

La mayoría de los cursos y libros sobre Homilética no ponen ninguna atención a este asunto. De aquí que nos involucremos, aunque sea brevemente, con esta materia. Para mantener nuestros corazones en alto y nuestros ojos siempre dirigidos a la meta de la predicación del evangelio debemos alimentarnos una y otra vez con lo que la Escritura tiene que decir también sobre esto. Ella nos deja con la certeza de que hay dificultades en sostener un elevado sentido del llamamiento.

La Biblia en ningún momento minimiza las dificultades y peligros que enfrentan quienes son llamados por Dios para llevar la Palabra también a su pueblo escogido.

Moisés, habiendo sido instruido en todo el saber de los egipcios y ocupando una posición de privilegio entre la nobleza de aquella tierra, recibió su llamamiento de parte de Dios. Escogió sufrir con el pueblo de Dios en lugar de disfrutar temporalmente las riquezas de Egipto. Dios lo privilegió en muchas maneras, enviando la Palabra a y por medio de él, capacitándolo para realizar muchos hechos poderosos. Pero qué tan seguido estaba desanimado, ¡en ocasiones hasta el punto de renunciar a la causa de Dios! Una y otra vez el pueblo liberado murmuró contra él. Coré, Datán y Abirám, junto con sus seguidores estuvieron en abierta rebeldía. Incluso Aarón y Miriam fueron envidiosos de la alta posición con que Dios lo había honrado.

Apenas tenemos que llamar la atención a las experiencias de Elías, aquel profeta poderoso en palabras y hechos. Incluso los cielos fueron cerrados por más de tres años por su palabra, para no ser abiertos y dar lluvias refrescantes sino por su palabra. Se comprometió en la santa batalla contra los profetas de Baal. Pero cuando la victoria para el Señor estaba a la vista, huyó desanimado y anhelando que Dios le quitara la vida.

Y después tenemos a Jeremías suplicando con compasión y ternura en el nombre del Señor, solamente para ser encarcelado una y otra vez y finalmente llevado cautivo a Egipto. Daniel fue arrojado al foso de los leones. Jonás no tenía en cuenta la infinita misericordia de Dios y lamentó la pérdida de una calabacera frondosa. Juan el Bautista se vio abrumado con dudas mientras estaba en la cárcel y al final fue decapitado por la enemistad de una malvada mujer y el descuido de un gobernante débil. ¿Necesitamos agregar a esta lista las experiencias de Jacobo, Pedro y Pablo, por mencionar sólo algunos? Nuestro Señor ya había anunciado cuando comisionó a sus discípulos: «En el mundo tendréis aflicción; pero confiad, yo he vencido al mundo» (Juan 16:33).

El ministro del evangelio necesita recordatorios constantes de todo esto. Estos ejemplos no fueron escritos con el propósito de desalentar, mucho menos de dar un sentido de desesperanza y derrota. Por el contrario, todo el que pone su mano en el arado de la predicación de la Palabra debe estar preparado para derramar lágrimas que generalmente son derramadas en secreto. Y esto puede hacerse, por la gracia de Dios, sin perder el verdadero idealismo que viene de lo alto. Despertado por el Espíritu Santo en su corazón, es alimentado, sustentado y desarrollado por la alimentación de la Palabra, acompañada por constante oración.

Con el propósito de enfrentar con seguridad este trabajo divino, son esenciales, influenciando la mente, la voluntad y el corazón, por lo menos las siguientes convicciones:

1. *Una fuerte convicción de ser llamado por Dios para este santo oficio.*
Aunque el llamamiento de una congregación es muy importante y necesario para que nadie se inmiscuya por sí mismo en el ministerio, este llamado, sin embargo, es sólo la con-

firmación de lo que es más esencial. A menos que el ministro sepa que Dios mismo le ha puesto donde está y que le asignó el trabajo que debe hacer, pronto se perderá la seguridad de un ministerio bendecido y fructífero. Fue la convicción de que había sido llamado y comisionado por Dios en Cristo Jesús lo que mantuvo a Pablo a pesar de todas las críticas, hostilidades y persecuciones que, en la providencia de Dios tuvo que soportar. Su seguridad de ser llamado marcó su entusiasmo y celo, de manera que siempre estaba deseoso de ganar más personas para el evangelio.

2. *Un profundo amor personal por el Salvador*
Difícilmente se podría esperar que sea necesario agregar esto aquí. Sin embargo, por ningún medio nuestro amor por el Señor Jesucristo es siempre tan ferviente, tan puro, tan entregado como debiera. No solamente los que han escuchado el evangelio por muchos años y se apropian de él con fe sufren de vez en cuando la pérdida de su primer amor; los predicadores que tratan con el mensaje de salvación día a día están incluso en un peligro mayor de sucumbir a esta tentación. Fácilmente pueden desviar su mirada del Señor Jesucristo. Pedro desafió la bravura del tormentoso mar de Galilea cuando vio al Señor caminado sobre las olas. Pero tan pronto como su atención fue fijada en las oscuras aguas que lo trataban de hundir, su fe titubeó y su vida fue puesta en peligro. Ya no miró más a Cristo, solo las circunstancias que le habían abrumado.

3. *Un creciente conocimiento de las necesidades de la gente.*
Todos los profetas, apóstoles y maestros que fueron fieles a Dios, predicaron a y para la gente. Aprendieron a vivir donde la gente vivía; a compartir las alegrías y las tristezas de aquellos a quienes fueron enviados. Esto lo hicieron porque tenían la fuerte y sustentada convicción de que únicamente la verdad de Dios tiene la respuesta a cada necesidad que confunde y plaga la humanidad. Nunca los encontramos re-

bajándose a una acomodación de la Palabra según los gustos o disgustos de sus oyentes. Creían firmemente que el evangelio era verdad, la única, la todo-suficiente medicina para las enfermedades de los hombres.

4.   Una evaluación realista de la condición de sus oyentes.
Muy frecuentemente ya no somos del todo escriturales y reformados en nuestra estimación del hombre. También hemos sido condicionados por las perspectivas de la humanidad ofrecidas por la psicología, la sociología y la historia cultural en lugar de por lo que la Biblia afirma claramente. En consecuencia, los predicadores son propensos a culparse a sí mismos cuando la Palabra que llevan no conduce a la total salvación. Nunca es la Palabra por sí misma, mucho menos la forma o la manera en la que la llevamos –aunque estos son los «medios» que al Señor le ha placido usar- la que garantiza una feliz aceptación. La Biblia claramente enseña que el hombre está muerto en delitos y pecados. Debido a esta muerte espiritual, el hombre es incapaz y , de por sí mismo, no quiere volverse al Señor. Por naturaleza es incrédulo y desobediente. Solamente el milagro de la gracia de Dios en Cristo puede conducirlo a la salvación. A la vez que el predicador es siempre sensible a las necesidades de la gente, no debe medir el éxito de su trabajo por la aprobación de los hombres.

5.   Un irresistible deseo por la conversión de sus oyentes.
Al mismo tiempo, para asegurarse que la predicación de la Palabra siempre logre su objetivo, el ministro no sólo debe predicar sino también debe orar sinceramente por la conversión de los pecadores. Se debe entregar de todo corazón a esta meta. Esa oración sirve mucho para su trabajo. Ella reflejará también, aunque sea imperfectamente, algo de la ternura y compasión que Dios tiene por los pecadores. Este deseo involucra no solamente la primera y radical conversión a Dios, incluye también una oración continúa y predominante

por la renovación y reforma cotidiana de la vida de quienes ya han confesado a Cristo Jesús como Salvador y Señor. De la manera que el sumo sacerdote cuando entraba en el lugar santo usando el pectoral con los nombres de todas las tribus de Israel como pueblo del pacto, así también el predicador eleva a Dios en oración las necesidades de jóvenes y viejos, santos y pecadores de la congregación. Nadie puede tener la seguridad de que su predicación será provechosa sin oración personal cotidiana por aquellos que le han sido confiados a su cuidado espiritual.

6. *Una inquebrantable lealtad a las Escrituras.*
Esto significa, como fue notado anteriormente, que el predicador verdadero y piadoso predicará la Palabra, toda la Palabra y nada más que la Palabra. Frecuentemente existe una verdadera tentación en la vida de un ministro a escoger solamente aquellos textos que parecen interesar a los oyentes. Este es el pecado de acomodar el evangelio. Los predicadores deben proclamar la Palabra en su plenitud; ciertamente para instrucción y consolación, pero no menos para exhortación, represión y corrección. Solamente el predicador obediente puede afirmar las garantías bíblicas de que el Señor honrara su trabajo. Con esa confianza puede dejar sin peligro el resultado al que hace todas las cosas según el consejo de su soberana voluntad, incluyendo también cada esfuerzo por llevar las buenas nuevas de Jesucristo al mundo perdido, solitario y frecuentemente obstinado.

7. *Una piadosa dependencia del Espíritu Santo.*
Cuando todo ha sido dicho y hecho, queda la seguridad de que la predicación, también para la congregación, siempre será fructífera. Sobre todas las cosas está el autor de la Palabra de gracia y juicio. Está el compromiso de Cristo de su continua presencia con poder en medio de su pueblo escogido. Únicamente Él es el agente de la regeneración, conversión y santificación, aunque ordinariamente trabaja en, con y

por medio de la predicación de la Palabra. No únicamente la *Confesión Belga* y el *Catecismo de Heidelberg*, sino especialmente los *Cánones de Dort* resumen la enseñanza bíblica a ese respecto en palabras que ningún predicador debe ignorar nunca:

Y este es aquel nuevo nacimiento, aquella renovación, nueva creación, resurrección de muertos y vivificación, de que tan excelentemente se habla en las Sagradas Escrituras, y que Dios obra en nosotros sin nosotros. Este nuevo nacimiento no es obrado en nosotros por medio de la predicación externa solamente, ni por indicación. O por alguna forma tal de acción por la que, una vez Dios hubiese terminado su obra, entonces estaría en el poder del hombre el nacer de nuevo o no, el convertirse o no. Sino que es una operación totalmente sobrenatural, poderosísima y, al mismo tiempo, suavísima, milagrosa, oculta e inexpresable, la cual, según el testimonio de la Escritura (inspirada por el autor de esta operación), no es menor ni inferior en su poder que la creación o la resurrección de los muertos; de modo que todos aquellos en cuyo corazón obra Dios de esta milagrosa manera, renacen cierta, infalible y eficazmente, y de hecho creen. Así, la voluntad, siendo entonces renovada, no sólo es movida y conducida por Dios, sino que, siendo movida por Dios, obra también ella misma. Por lo cual con razón se dice que el hombre cree y se convierte por medio de la gracia que ha recibido (Cap. III-IV, 12).

La Biblia está llena de declaraciones y promesas de que la Palabra de Dios siempre hará su trabajo. Aunque Él haga uso de predicadores piadosos y fieles, como un favor especial a la humanidad, permanece soberano y glorioso en la forma en que logra sus propósitos.

Que el ministro de la Palabra, entonces, lea y medite mucho en tales pasajes, tomando en cuenta al mismo tiempo los problemas y los éxitos a través de los cuales el Señor de los cielos y de la tierra se ha placido dirigir, corregir, desafiar, animar y consolar fielmente a los hombres de la antigüedad.

Ningún predicador jamás hizo su trabajo separado de sí mismo. Es más que un altavoz, una máquina de dictado, una voz impersonal. Por lo tanto, todo siervo sabio de la Palabra tendrá cuidado de sí mismo así como de la gente a quien se dirige. Busca conocer los tiempos y las sazones en las que trabaja. Toma en serio todo lo que la Biblia tiene que decir acerca del pecado y la gracia, acerca del juicio y de la salvación. Para su fortalecimiento diario debe mirar al Espíritu Santo que es el único que puede dar vida a los que están muertos, iluminar a los que por tanto tiempo han estado en oscuridad, y conducir al santo arrepentimiento y fe a aquellos que por su pecaminosidad y pecados se alejan del verdadero Dios, que es nuestra única y verdadera vida.

Sobre lo imprescindible de confiar de todo corazón en la persona y obra del Espíritu Santo, John Murray, en sus Escritos Selectos, tiene que decir lo siguiente a todo predicador:

La predicación del evangelio encuentra muchas circunstancias repletas de cosas que terminan por desalentar. Todo fiel ministro de la Palabra conoce las tentaciones que aparecen conforme es confrontado con la irresponsabilidad, frialdad e indiferencia y, más particularmente, con la infidelidad de parte de quienes han profesado fe en el evangelio.

Todo esto profundiza la lección de nuestra impotencia en el conflicto con la depravación humana, y las dos consideraciones que enfrenta la situación son, primero el evangelio como poder de Dios para salvación, y segundo, el poder sellador del Espíritu Santo. Son mutuamente complementarios… debemos recordar la gran verdad de Juan 3:8 respecto de la soberanía, pero también respecto de la eficacia…

Nuestra confianza debe ser tan ilimitada como nuestra dependencia es completa. Nuestros deseos e intercesiones deben ser tan profundos como las promesas de Dios (Génesis 22:18; Salmo 2:8), y tan extensos como la comisión de hacer discípulos a todas las naciones. El fracaso y el desánimo son las marcas de la incredulidad y el consejo del enemigo. Cuando damos lugar a ellas estamos olvidando que mayor es el que está en nosotros que el que está en el mundo.

El poder del Espíritu es una expresión familiar. Pero démonos cuenta de lo que esto significa. Anhelemos y usemos los medios necesarios para la obtención de la unción para dar testimonio, más formalmente en la predicación del evangelio, más informalmente en nuestro testimonio diario, en el que se manifestará que el evangelio llega no solo en palabras sino también en poder, en el Espíritu Santo y con mucha seguridad.

¡Cobremos ánimo cada uno de los que hemos sido llamados a este sagrado ministerio de la Palabra! Toda la raza humana, desde los más viejos hasta los más jóvenes, está encadenada en las tinieblas y muerte. También los creyentes con sus hijos, como miembros del pacto de gracia de Dios en Cristo, aún sufren los estragos del pecado. Esta es la innegable realidad que los predicadores deben encarar de frente. La tarea está lejos de ser sencilla. La lucha por la salvación de las almas para alabanza de la gloria de la gracia de Dios siempre está con nosotros, también en el púlpito.

Pero ¡alabado sea Dios! Él es luz y no hay tinieblas en Él. Él es la vida y, en Cristo Jesús por medio del Espíritu Santo, obra vida con la predicación de la Palabra. «Porque Dios, que mandó que de las tinieblas resplandeciese la luz, es el que resplandeció en nuestros corazones, para iluminación del conocimiento de la gloria de Dios en la faz de Jesucristo» (2 Corintios 4:6).

Con esa seguridad el apóstol Pablo enfrentó el mundo disoluto y muerto espiritualmente de su tiempo. Con la misma confianza nosotros, entonces, llevemos la Palabra que promete luz, vida y verdadera libertad en nuestra época.

SEGUNDA PARTE
Homilética Material

Ya no pongamos más la frívola excusa de que la Palabra de Dios es demasiado elevada y oscura para nosotros, o que es terrible, o que es muy simple. Porque cuando hemos tenido todo en cuenta y lo hemos reducido a su forma más simple, lo cierto es que nuestro Dios ofrece en su palabra una majestad, que hace que todas las criaturas tiemblen; una sencillez, con el propósito de que el más ignorante y simple la pueda recibir; una claridad tan grande que la podemos entender sin haber ido a la escuela, si en verdad somos dóciles; porque no es sin causa que es llamado especialmente el maestro de los humildes y pobres.

Juan Calvino

El predicador cristiano tiene un límite establecido. Cuando sube al púlpito no es totalmente un hombre libre. Hay un sentido muy real en el que se puede decir de él que el Todopoderoso le ha puesto límites que no debe traspasar. No está en la libertad de inventar o elegir su mensaje; este se le ha encomendado a él, y es para que lo declare, exponga y encomiende a sus oyentes… ¡Es algo grande estar bajo la magnífica tiranía del evangelio!

Daniel Coggan

En esta disciplina nos dirigimos en primer lugar a los principios de la predicación cristiana. Solamente cuando estos se observan y practican cuidadosamente, el predicador puede estar seguro de que el Espíritu Santo honrará su trabajo y lo usará para la gloria de Dios.

Ahora sigue una consideración de los materiales adecuados con los que la predicación ha de ocuparse.

La retórica, como el estudio de la predicación pública, llama «inventio» a este aspecto de su disciplina. De acuerdo con los griegos y romanos que desarrollaron y llevaron esta actividad a un alto nivel de perfección, esta tiene por tarea proveer dirección en la elección de los temas y materiales apropiados para dirigirse a las audiencias de muchos tipos. De esta manera cabe esperar que el tema seleccionado y los materiales a ser desarrollados llevarán el fruto deseado.

Entre la retórica y la homilética hay, sin duda, afinidades innegables. Ambas tienen como propósito dar dirección a los que son llamados a comunicarse oralmente con sus semejantes. Es, por lo tanto, apropiado que en recientes décadas se haya dado más atención también en los seminarios al «arte de la comunicación». Actualmente presentar el evangelio por medio de las alocuciones radiales y los guiones de televisión está en revisión. Pero las «técnicas» nunca podrán eclipsar el contenido para el predicador cristiano, no importa en qué forma sea presentado su mensaje.

En cuanto al contenido, y aquí la Homilética difiere radicalmente de la retórica, el hombre llamado a proclamar y enseñar el evangelio está mucho más estrictamente limitado. La elección de su material está restringida a las Santas Escrituras. No puede elegir el tema de áreas como la sociología, la política, la psicología, etc. Ha de reconocerse siempre como un portavoz de Dios, Un mensajero que no puede traer ni más ni menos que lo se encuentra en la Biblia. Pero ya que Dios habla en su Palabra a los hombres en su situación histórica, habrá dimensiones sociológicas, políticas y psicológicas involucradas en el pasaje escritural sobre el que debe predicar. Sin embargo, la regla básica debe mantenerse inviolable: el predicador cristiano proclama la Palabra, toda la Palabra y nada más que la Palabra.

No obstante, se requiere más del predicador en su manejo del pasaje escritural. No solo debe explicar; es llamado por Dios para aplicar la Palabra a sus oyentes. No solamente debe ser informada la mente y agitadas las emociones; especialmente se debe dirigir al corazón, «del cual mana la vida». Aunque solamente el Espíritu Santo crea verdadera fe, le agrada hacer uso del predicador fiel para el cumplimiento de este propósito.

En esta sección de nuestro estudio, por lo tanto, tratamos con el mensaje, el contenido de la predicación cristiana. Lo consideramos en primer lugar en una forma amplia, general, con el propósito de, a partir de entonces, tratar más específicamente con los varios tipos de materiales bíblicos que son necesarios y apropiados para un ministerio evangélico bien redondeado.

CAPÍTULO 7
La conveniencia de la predicación textual

··· ∞C3 ···

Toda palabra de Dios es limpia; él es escudo a los que en él esperan. No añadas a sus palabras, para que no te reprenda, y seas hallado mentiroso.
Proverbios 30:5-6

Que toda tu predicación sea de la forma más simple y llana; no mires al príncipe sino al pueblo sencillo, simple, ordinario, indocto, del cual el vestido del príncipe mismo está hecho.
Martín Lutero

L a predicación reformada, frecuentemente en agudo contraste con la predicación de otras iglesias, ha tenido por mucho tiempo en alto honor la predicación textual. Esto es, la predicación de un sermón basado directamente en un pasaje específico de la Santa Escritura.

Es evidente que este modelo tiene una fuerte justificación bíblica. Fue la manera en que la que nuestro Señor y sus discípulos se dirigieron a aquellos a los que fueron enviados. Apelaron directamente a la Biblia como Palabra de Dios por su autoridad, no solamente como mensajeros enviados por Él sino también para el mensaje a todos los que escuchaban. De la misma manera los reformadores de la iglesia de Cristo en el siglo dieciséis basaron sus mensajes clara y directamente en la Escritura. Aún hoy en día las iglesias reformadas en gran medida desean tal predicación. Cuando otro método más enfocado a los tópicos se elige para un sermón, en principio más de una congregación se sorprende, luego quizá por un tiempo se ve intrigada, solamente para encontrar más tarde que ha perdido el gusto por la franca exposición y aplicación bíblica, o que cada vez está más desilusionada con lo que escucha desde el púlpito domingo tras domingo.

Sin embargo, en un punto debemos ser claros desde el principio. Ningún método para tratar con el material bíblico está prescrito divinamente en la Escritura.

En el pasado han sido predicados excelentes sermones que no pueden ser considerados «textuales» en el sentido en el que nosotros usamos esta palabra. Esto sucedió en las iglesias antiguas y en la época de la Reforma, cuando después de años de predicación pobre, las congregaciones fueron llamadas a regresar a la Palabra; esto puede y tiene lugar en las iglesias de hoy en día. Muchos de aquellos sermones los llamamos «homilías». Estas consistían de comentarios en directo sobre largos pasajes de la Escritura que, mientras descuidaban muchas, enfatizaban dos o tres verdades. Así, también, ha habido edificantes sermones sobre tópicos, p.ej., sobre temas como la predestinación, las batallas de la fe, el anticristo, Jesús como sanador, etc. Estos apelan a muchos «textos» sin explicar nada a profundidad. Al mismo tiempo la predicación «textual», como la conocemos y apreciamos, puede también caer en el abuso, hasta el punto al que haremos referencia más adelante.

La palabra texto, como muchos otros términos teológicos que han recibido los derechos de ciudadanía en nuestro lenguaje, se deriva del latín: *textus*, de *texere*, e decir, tejer. Designa la redacción misma de todo lo que ha sido escrito o impreso; especialmente en la *homilética*, designa la letra misma de la Santa Escritura seleccionada para servir como base de un sermón o como prueba para alguna parte de la doctrina cristiana. En un texto las palabras están entretejidas para constituir una unidad de pensamiento fundamental. Estrictamente hablando, entonces, un texto nunca es una simple palabra o incluso una frase aislada. Es una serie de palabras conectadas que presentan un pensamiento claro, bien pulido y relativamente completo. Por lo tanto, también podemos hablar tanto del *texto* de la Biblia como de muchos *textos* que juntos comprenden la Palabra de Dios escrita, por la que «Él se nos da a conocer aún más clara y perfectamente... esto es, tanto como nos es necesario en esta vida, para su honra y la salvación de los suyos» (*Confesión Belga*, Artículo 2).

Entonces, ¿Sobre qué debe fundamentarse la predicación, y de dónde deriva su contenido? La única respuesta justificable es: del texto de la Santa Escritura.

En la congregación reunida como pueblo del pacto de Dios, el Señor mismo habla por medio de sus mensajeros designados. Uno de los oficios especiales ministra a todos los creyentes. Y únicamente ese mensajero, como heraldo, maestro y pastor, puede llevar lo que le ha sido comisionado llevar. Este es un servicio que hace de parte de Aquel que lo ha designado y enviado.

Esto se desprende, para las iglesias reformadas, de su alta estima de la Escritura, tomada de la Escritura misma. Cualquier desviación de la Palabra es traición a la verdad. Especialmente en su lucha contra la romanización, pelagianización y las tendencias prelaticias de la Iglesia Inglesa, los puritanos hablaron elocuentemente de la Biblia como la fuente, el contenido y la norma para toda predicación. Creyeron y testificaron firmemente que la Biblia era *ipsissima verba Dei*. Escuchemos a Thomas Watson:

La Escritura es la Biblioteca del Espíritu Santo; es la recopilación del conocimiento divino, y el modelo y plataforma exacta de religión. La Escritura contiene en ella la creencia, «las cosas que deben ser creídas», y la agenda, «las cosas que debemos practicar».

A lo que Joseph Hall añade:

La Escritura es el sol; la iglesia es el reloj cuyas manecillas apuntan a nosotros y cuyo sonido nos dicen las horas del día. El sol, sabemos con certeza que avanza regularmente en su movimiento; el reloj, como puede fallar, puede ir muy rápido o muy lento. Acostumbramos mirar y escuchar el reloj para conocer el tiempo del día, pero cuando encontramos una variación notable, creemos al sol en lugar de al reloj, y no al reloj en lugar de al sol.

Todo esto exige que nos comprometamos a predicar como *administración de la Palabra*. Debemos predicar de un texto; este lo debemos explicar en su verdadero significado como Dios nos lo ha dado. Por lo tanto, los temas sobre los que predicamos no deben ser tomados de los sucesos cotidianos, de los problemas personales, o incluso de las confesiones de la iglesia. Estas últimas también, al igual que los materiales encontrados en la dogmática y la ética, son producto de la reflexión humana y por lo tanto subordinados y sujetos a la Palabra que vive y permanece para siempre. Pablo nos enfatiza claramente esto en su mensaje a Timoteo: «predica la Palabra» (2 Timoteo 2:4). En esa Palabra encuentra el predicador sus credenciales apropiadas, su mandato oficial y su mensaje divinamente autorizado.

Ahora bien, esto no implica que simplemente repitamos la Escritura palabra por palabra. Esto se hace, y apropiadamente, en la lectura de la Escritura antes del sermón. Pero el Salvador no comisionó a los apóstoles, ni tampoco nos mandó, a simplemente leer lo que ha sido escrito por la inspiración del Espíritu Santo.

Debemos *predicar, proclamar, enseñar, exhortar, reprender* y *consolar*. Debemos preparar el «alimento» encontrado en la Escritura, de manera que los que tengan hambre espiritual puedan ser alimentados y fortalecidos para vivir cada día para la gloria de Dios. La Palabra debe ser explicada de manera que su mensaje se vuelva significativo en la situación de vida en la que se encuentra la iglesia y sus miembros. Sin explicación esto se vuelve totalmente imposible. Ni por un momento olvidemos que la Escritura habla una y otra vez de sí misma como «razonable», no como si ella pudiera o debiera ser probada por la razón humana, sino porque está adaptada a la razón que ha sido renovada por el Espíritu Santo al verdadero conocimiento, comprensión y sabiduría. La gracia de Dios en Cristo Jesús crea, despierta y fortalece la fe, que por su misma naturaleza ilumina la mente, así como también dirige la voluntad y refresca el corazón.

Pero un texto no es cualquier versículo o cualquier frase en la Escritura que esté aislado. Hay textos así llamados que son inapropiados, y por lo tanto infructuosos, cuando son arrancados del contexto. Esto no niega o cuestiona la autenticidad, veracidad o autoridad de tales palabras o frases; al contrario, esto reconoce una diferencia entre la autoridad histórica y la autoridad normativa.

Para que no haya ningún mal entendido, citaremos unos cuantos ejemplos. No podemos negar que la serpiente le habló a Eva. Predicar sobre este texto, aislado de lo que la Escritura tiene que decir aquí y en otros pasajes sobre este evento, es sin embargo ilegítimo. Necesitamos el marco de la creación y de la caída del hombre, el infame propósito y el aparente éxito del mal, las espantosas realidades de la tentación y el pecado. Lo mismo se debe decir cuando la declaración de los apóstoles al dueño del burrito: «el Maestro lo necesita», es usada como texto funerario para un querido hermano difunto. Las reglas o principios de la interpretación bíblica siempre deben funcionar en la elección de un texto.

Son pertinentes algunos comentarios en relación a lo que comúnmente se llama «predicación del Catecismo». No son pocos los que han cuestionado su legitimidad, alegando que al hacerlo ponemos las palabras de los hombres al nivel de la Palabra de Dios. Pero esta es una grave equivocación. No debemos predicar el catecismo; somos llamados a predicar «la suma de la doctrina» tal como está arreglada en el catecismo como una confesión que enuncia en orden la enseñanza de la Santa Escritura. «Confesamos» su contenido, es decir, en el Catecismo decimos únicamente las mismas cosas que Dios nos dice en su Palabra. Tal confesión es obediencia a la demanda de Dios de que tenemos que estar «siempre listos para dar respuesta a todo hombre que pregunte acerca de la esperanza que está en vosotros, con mansedumbre y reverencia» (1Pedro 3:15). Para estar dispuesto a comprometerse en esto fiel y provechosamente, y más plenamente, la suma de la doctrina bíblica debe ser cuidadosamente explicada y aplicada. Tal predicación, cuando es hecha correctamente, no es una conferencia teológica o un discurso inspirador; es la administración de la Palabra. Como tal, este tipo de predicación pone una responsabilidad especial, y a veces pesada sobre el predicador.

Lo que este compromiso con la Santa Escritura involucra, como fuente de todos nuestros textos, incluye lo siguiente.

Ella limita desde el mismo inicio el contenido del sermón. Tomado únicamente de la Biblia, el texto, y sólo el texto, debe explicarse. Nunca debemos vagar en búsqueda de temas sobre los qué predicar.

Esto también demanda que toda la Biblia sea predicada. Por supuesto que esto no se puede hacer en un solo sermón. Pero durante el tiempo que un pastor ministra a una congregación puede cumplir su ministerio de una manera agradable a Dios solamente por la exploración cada vez más de las riquezas de la Biblia. Debe predicar del Antiguo Testamento tanto como del Nuevo Testamento, de los libros históricos, poéticos y proféticos tanto como de los evangelios y las epístolas.

En el transcurso de su ministerio tampoco puede omitir como textos los pasajes que, quizá, no interesen a la congregación o él mismo. En la Biblia también hay (Pedro lo dice enfáticamente) «cosas difíciles de entender» (2Pedro 3:16). Estos pasajes deben recibir la atención del púlpito en el tiempo propicio y de la manera adecuada. Calvino, recuerde, tuvo que reprender a uno de sus compañeros reformadores que pensó que el énfasis de vez en cuando sobre la divina predestinación era muy inapropiada para el pueblo. Calvino en su respuesta apeló al Espíritu Santo quien es el único que conoce realmente lo que el pueblo de Dios necesita escuchar.

A continuación algunos comentarios adicionales sobre la necesidad de la predicación del Antiguo Testamento.

No negamos que el texto del Nuevo Testamento recibirá la mayor parte de la atención de un predicador fiel. Ya no vivimos más en la dispensación de las sombras. Nuestro es el privilegio de conocer y regocijarnos en la completa luz del evangelio, derramada tan ricamente con la manifestación de nuestro Señor Jesucristo. Pero debemos evitar con tenacidad caer en el modelo de muchos predicadores evangélicos que groseramente descuidan los textos del Antiguo Testamento, excepto quizá para moralizar sobre los personajes del mismo o para recurrir a algunos pasajes proféticos que les gustan por su preocupación escatológica. Para estar «completo, enteramente preparado para toda buena obra» el pueblo de Dios debe escuchar sermones de toda (o de cada parte de) la Escritura.

Los dos testamentos (o «pactos») constituyen una única, indivisible, comprensiva Palabra dada como lámpara para nuestros pies y como luz que brille en nuestro camino. Aquí vemos el movimiento de la revelación que Dios hace de sí mismo en Cristo Jesús, de las sombras a la realidad; de la preparación a la realización; de la promesa al cumplimiento. De aquí que el Nuevo Testamento no pueda ser correctamente entendido, explicado y creído separado del Antiguo. Nuestro Señor y sus apóstoles repetidamente apelaron al Antiguo Testamento en su predicación diciendo que la Palabra de Dios no puede ser quebrantada y nunca dejará de ser. En ella aprendemos mucho acerca de la dirección y las relaciones de Dios para con su pueblo de siglo en siglo. Por consiguiente ella contiene mucho para la instrucción, amonestación y consuelo de la iglesia de Cristo en la actualidad. Una y otra vez el Antiguo Testamento es directamente citado en el Nuevo Testamento. Una y otra vez encontramos en el Nuevo Testamento palabras, expresiones y referencias indirectas al Antiguo Testamento. Todo esto puede ser correctamente entendido solamente cuando tratamos con seriedad aquellos escritos que nos han sido dados como «Moisés y los profetas» (Lucas 24:27). Algunos de los materiales más ricos para la saludable predicación del evangelio, también en nuestro tiempo, se deben encontrar aquí. Incluso las luchas y triunfos de la vida con Dios en Cristo Jesús no será completamente comprendidos excepto a la luz de los salmos y su aplicación a la congregación de hoy.

Al hacer uso de las riquezas del Antiguo Testamento, sin embargo, un predicador reformado reconoce y cuenta con el hecho de que está tratando con la historia de la salvación en una época de sombras y preparaciones. Por lo tanto no todos los materiales son directamente aplicables a la vida de los creyentes en el presente. En aquel tiempo se puso mucho énfasis por Dios a través de sus siervos en la ley, especialmente en muchos de sus detalles, por la «dureza de sus corazones» y las tentaciones para identificarse con las naciones fuera del pacto, que les rodeaban. El predicador reformado debe aprender a distinguir bien. Pero hay «lecciones» que deben aprenderse del Antiguo Testamento que nunca se deben pasar por alto o ignorarse, como reconoce la *Confesión Belga* en el artículo XXV. De aquí entonces nos guardamos de caer en la predicación «ejemplarística», como si las vidas y las experiencias de los patriarcas, los salmistas y los profetas fueran los modelos para nuestra fe y conducta. La lucha de Jacob con el ángel en el arroyo de Jaboc no es un paradigma de batalla espiritual de los cristianos de hoy. Tampoco la batalla de David con Goliat es un incentivo para los cristianos pequeños para derribar las estructuras opresivas de la sociedad, con la seguridad de victoria. ¡Para ese tipo de mensajes debemos buscar otros textos! Una línea recta de identificación de aquella gente con nosotros en la dispensación del Nuevo Testamento hace violencia al carácter único de cada evento en la historia de la salvación.

Con lo anteriormente dicho en mente enfatizamos una y otra vez: toda predicación sana debe y debería ser *textual*. Solamente así la predicación llega a ser la administración de la Palabra de Dios.

Esta predicación tiene una historia antigua y honorable. Ya en la adoración de la sinagoga, que aparentemente se inició durante o un poco después de los tiempos de Esdras, era costumbre seguir la lectura de la Ley y de los profetas con un «mensaje». Invariablemente esta debía ser una explicación de la parte que había sido leída. Esto lo vemos en el ministerio de nuestro Señor en la sinagoga de Nazareth. Leyó un pasaje del profeta Isaías. Después, en referencia al pasaje, afirmó: «hoy se ha cumplido esta Escritura delante de vosotros» (Lucas 4:21). La misma práctica fue seguida repetidamente por los apóstoles en su mayor parte, como claramente lo indica el libro de los Hechos. Muchas de las palabras de la Escritura están en forma de explicación y aplicación. Tampoco esto cambió cuando pasajes más cortos fueron usados como textos, y los sermones se volvieron más adornados y sistematizados bajo la influencia de la retórica griega y romana. La predicación cayó en desgracia en gran parte de la Edad Media precisamente porque las vidas de los santos o los eventos diarios servían como «textos» en lugar de la rica mina de la Biblia. Todo esto cambió radicalmente con la Reforma. Y el modelo de la predicación *textual* aún está muy en boga hoy en día, aunque no sea seguida tan consistentemente como debiera, en la predicación de hoy.

A pesar de esta rica historia, de vez en cuando se han levantado objeciones contra la predicación textual.

Durante el siglo XIX, cuando proliferaron los trabajos homiléticos, tres hombres especialmente levantaron sus voces contra este tipo de predicación. Todos eran predicadores y profesores, y sus objeciones no eran idénticas.

Harms quien, como luterano que era, siguió el «sistema de perícopa», rechazó limitarse a un texto. Sintió que esto solamente confundiría a la gente. En consecuencia, los oyentes podían, en el mejor de los casos, recoger algunas impresiones generales de los pasajes leídos en el culto; no podían ser instruidos cuidadosamente en la plenitud de la Palabra. *Vinet*, el homiletista suizo, no usaría un texto como base para un sermón, ya que –argumentaba- cualquier texto, a lo más, contiene solo una pequeña parte de la verdad bíblica necesitada por la congregación, a la vez que al mismo tiempo limita al predicador. *Baumgarten*, con su énfasis en lo que llamó la libertad del Espíritu, exprimía el último punto mencionado. Para él el predicador no debía estar atado a la Palabra en algún punto detallado, ya que esto limitaría el Espíritu que bien podría tener algo más que decir por medio del predicador en el momento del culto.

Un cuidadoso examen de estas objeciones muestra que tienen poco peso.

Nosotros no seguimos el sistema luterano de «perícopas», porque los pasajes generalmente son muy largos para una exposición cuidadosa, y más todavía porque la selección no hace justicia a la totalidad de la Biblia. Estamos de acuerdo con Vinet de que ningún texto agota la totalidad de la Biblia. Al mismo tiempo insistimos que la libertad que buscó, de vagar a voluntad en cualquier sermón, tampoco puede hacerse. Al contrario, su método abre fácilmente el camino para repetir las mismas verdades, sermón tras sermón, y así fracasa en instruir al pueblo de Dios. Mucho menos podemos aprobar lo que Baumgarten sostiene. Su opinión de mensajes no textuales abre fácilmente el camino a la elección de temas muy fuera del ámbito de la revelación bíblica o abrigar un falso misticismo que divorcia la obra del Espíritu de la Palabra.

Los reformados, en sus mejores, días siempre se han comprometido con la predicación textual. Insistieron en que los textos debían ser elegidos cuidadosamente, también con relación a su extensión, de manera que el único mensaje contenido en cada texto pudiera ser tratado tan clara, convincente y comprensivamente como el tiempo asignado a un sermón lo permitiera.

Sin embargo todo esto no asegura automáticamente que un sermón textual será fiel a la Palabra. El mensaje de Dios siempre puede ser corrompido, incluso por aquellos que lo citan. Una y otra vez nuestro Señor y los apóstoles previnieron contra los falsos maestros, muchos de los cuales citaron la Escritura y reclamaron que su interpretación era sana. Se debe decir que algunos sermones sobre un tópico bien pueden ser más bíblicos que algunos que son textuales en su forma. Pero la predicación textual aún se mantiene como la mejor salvaguarda para el hombre comisionado a administrar la Palabra de Dios como siervo del Señor Jesucristo.

Se deben hacer y recordar algunas serias críticas a la predicación no textual. En primer lugar, este método pronto entrega a la congregación a la autoridad del predicador. El predicador decide no solamente qué tema o tópico elegirá; también decide lo que considera se adapta mejor a las necesidades de él mismo y de sus oyentes. También decide como desarrollará su mensaje, no habiendo colocado restricciones bíblicas sobre sí mismo. Aunque su mensaje, en el mejor de los casos, aún sea religioso, interesante e incluso útil, no puede considerarse como la administración de la Palabra al pueblo de Dios. Toda congregación, que está compuesta por creyentes y sus hijos, tiene el inalienable derecho de escuchar lo que Dios ha dicho. Solamente una predicación así lleva consigo la autoridad pastoral. Tampoco hay para la predicación no textual ninguna seguridad de que Dios la honrará para salvación. El poder está en la Palabra. Solamente los que buscan ser fieles a esa Palabra, tanto predicadores como el pueblo, tienen el derecho de esperar bendiciones divinas en sus vidas.

La predicación sin un texto específico obstaculiza severamente a la congregación en su llamamiento a ejercer «el oficio de todos los creyentes». Estos deben probar los espíritus, si son de Dios. Deben aprender a escuchar con discernimiento. Pero la predicación no textual deja a los oyentes sin una norma según la cual puedan y deban juzgar si lo que es proclamado oficialmente, es en verdad la verdad de Dios.

Cuando el predicador ya no se ciñe a un texto, se priva a sí mismo y a su congregación de la oportunidad de ser introducido a la extensión, anchura, altitud y profundidad de la Escritura. En el mejor de los casos vaga, y va y viene por toda la Biblia, y generalmente solo dice lo que ya todos conocen. En el peor de los casos, da su propia opinión y juicios en lugar de la sabiduría de Dios. Un predicador así da piedras en lugar del pan de vida eterna. Ninguno de nosotros es suficientemente sabio o entendido para elegir correctamente, aparte de la Biblia, lo que la congregación necesita. Esto sucede no obstante el Espíritu Santo, por rechazar las verdaderas palabras que él, por medio de hombres inspirados, ha escrito para nuestra instrucción y edificación.

Pero todo lo dicho hasta aquí aún no es suficiente. La elección de un texto bíblico, en y por sí mismo, no es garantía de que el texto será tratado apropiadamente. Siempre se mantiene latente el peligro de que las palabras no serán explicadas adecuadamente o aplicadas apropiadamente. Existen algunos sermones que bien pueden sufrir de ambos aspectos.

Una y otra vez encontramos sermones en los que el texto es usado como lema, una especie de título que, una vez anunciado, muy pronto es olvidado. En su lugar, el predicador entretiene a sus oyentes con sus propias ideas e ideales que casi nada tienen que ver con el texto. Esta devaluación del poder salvador de la Palabra de Dios se puede encontrar no solamente en los púlpitos modernistas, sino también en los evangélicos. Tales predicadores hacen del «texto» un «pretexto» para las opiniones y erudición humana.

El predicador textual también puede padecer el error de la acomodación. Esto sucede cuando al verdadero sentido del texto, consciente o inconscientemente, se le hace decir algo diferente de lo que realmente dice. Esto pasa cuando el predicador ha fracasado en ocuparse en una exégesis sólida. Uno puede muy fácilmente caer en esta trampa explicando las palabras de acuerdo a su sonido y significado actual. Como un ejemplo pongamos Filipenses 1:27, donde se emplea la palabra «conversación» [comportéis en la versión RV en español] en la versión King James. Hoy en día esta palabra tiene un significado completamente diferente del que tenía en 1611. Y el predicador que, sin poner atención en el idioma original, como tampoco en los cambios en el idioma inglés, comienza a predicar sobre la palabra «conversación» como hoy en día la usamos, hace una grave injusticia al texto. Puede decir muchas cosas buenas y edificantes, pero no está predicando la Palabra.

El texto también es groseramente maltratado cuando es ignorado su contexto o escenario. Esto sucede cuando el texto es usado para ocasiones y propósitos que no están en armonía con su contexto en la Escritura. Un ejemplo de esto fue dado ya en este capítulo; el uso de Lucas 19:34 para un mensaje en un funeral. Así, también, Juan 11:28, donde María es llamada con estas palabras: «el Maestro está aquí y te llama», es inapropiado para el inicio de los ejercicios académicos. Incluso necesitamos ser cuidadosos cuando usamos Amós 4:12, «prepárate para venir al encuentro de tu Dios, oh Israel», para la celebración de la Santa Cena o para mensajes fúnebres. No podemos arrancar el texto fuera de su contexto original a un contexto muy extraño a su sencillo propósito.

Un tercer abuso del texto ocurre cuando el predicador comienza a «espiritualizar» o alegorizar los detalles del pasaje. Este método fue introducido en la época de Orígenes y continuó durante gran parte de la Edad Media. El número de aquellos que siguen este tipo de predicación puede haber decrecido pero su familia no ha muerto aún. Muchos aún aman «descubrir verdad detrás de la sencilla verdad». En ocasiones se encuentra esto en la interpretación de las parábolas de nuestro Señor. Se han predicado sermones sobre la parábola del «Buen Samaritano» que explican al «hombre que cayó en manos de ladrones» como la humanidad desde la caída; el Samaritano como el predicador del Antiguo Testamento; las dos monedas como la ley y el evangelio; el mesón como la iglesia; el mesonero como Cristo o el predicador del Nuevo Testamento. Otro claro ejemplo de tal espiritualización fue un sermón que escuché hace muchos años (no en la Iglesia Cristiana Reformada o Iglesia Reformada de América, afortunadamente) sobre Hechos 27:39-44. Se recordaba la historia del naufragio de Pablo. Entre muchas interpretaciones fantásticas, se dijo que el «día» simboliza al periodo de gracia del Nuevo Testamento; el «navío» a la iglesia visible que nunca puede salvarnos; los «dos mares» la destrucción del alma zarandeada por las tentaciones externas e internas; las «tablas» las promesas especiales de la Palabra de Dios para los que aún son débiles en la fe; etc. Esta predicación puede sonar muy piadosa, sabia y espiritual. Frecuentemente la gente manifestará asombro ante tales sermones, insistiendo que nunca «vieron en el texto lo que el predicador vio tan bien y expuso tan reconfortantemente». Pero el Espíritu Santo tampoco puso nunca todo eso en aquel texto. Ningún predicador reformado puede involucrarse en tal ilusión. Todo esto lo separa un abismo de la sana exégesis bíblica. Esto es *eiségesis* (inlegkunde, como dicen los holandeses) en lugar de *exégesis* (uitleg-kunde).

El predicador reformado siempre tiene que ser un siervo del texto. Este viene de Dios mismo. Viene con autoridad divina. Ha sido preservada para la iglesia de todos los siglos porque el Espíritu Santo la considera provechosa para el propósito para el que la incluyó. Tratamos con un «tesoro» dado por el Señor de los cielos y la tierra para salvación del hombre. Somos llamados a tratar este tesoro con sumo cuidado y cordura.

En lugar de atarnos tan estricta y estrechamente, la Santa Escritura abre todas las perspectivas que el hombre necesita para ver la gracia de Dios condescendiendo en Cristo Jesús para enfrentar los problemas, los sufrimientos y las perplejidades de los hombres de cada siglo. Allí hay llamamientos al arrepentimiento, la fe y la obediencia. Hay promesas para toda circunstancia. Hay manifestaciones de Dios en toda su gloria y gracia. Hay consolaciones y retos. La Palabra de Dios siempre es relevante, no importa el tiempo ni el lugar en que la iglesia se encuentre. Y esa Palabra siempre es fructífera para el propósito para el cual el Señor la envía. El predicador hace bien, también en la búsqueda del texto que ne-

cesita para ministrar al pueblo, en recordar algunas estrofas
del himno de Edwin Hodder:

Tu Palabra es cual una profunda, profunda mina;
Y las joyas ricas y raras
Están ocultas en sus grandes profundidades
Están allí para todo buscador...

Tu Palabra es como una hueste reluciente;
Mil rayos de luz
Son vistos para guiar al viajero,
Y aclara su camino

Tu Palabra es como una armería,
Donde los soldados pueden reparar,
Y encontrar para la larga batalla de la vida
Todas las armas necesarias.

Todo predicador comprometido con esta elevada visión de
la Biblia encuentra, bajo la dirección del Espíritu, todo lo que
es necesario para un ministerio sano, bendito y fructífero.

CAPÍTULO 8
La elección del texto

··· ೱ◌ౚ ···

Y extendió Jehová su mano y tocó mi boca, y me dijo Jehová: He aquí he puesto mis palabras en tu boca. Mira que te he puesto en este día sobre naciones y sobre reinos, para arrancar y para destruir, para arruinar y para derribar, para edificar y para plantar.

Jeremías 1:9, 10

La Palabra de Dios es sólida; aguantará mil lecturas y el hombre que haya ido por ellas más cuidadosamente estará seguro de encontrar nuevas maravillas.

James Hamilton

Por extraño que parezca, algunos predicadores pasan más tiempo buscando un texto que en preparar el sermón. Generalmente esta pérdida de tiempo y energías viene de un enfoque equivocado.

En los libros sobre preparación y presentación de sermones frecuentemente la atención es dirigida a las «necesidades de la gente». Y ciertamente estas nunca deben pasarse por alto por el predicador fiel, que se ve a sí mismo como pastor llamado dirigir y alimentar el rebaño del Buen Pastor. Somos llamados a conocer nuestros tiempos porque con creciente urgencia sus problemas y sufrimientos presionan sobre cada uno. Se nos dice que a menos que haya una relación (armonía) de mente y corazón entre el sermón (y el predicador) y la audiencia, nuestras palabras llegarán a oídos sordos. En tiempos de la predicación radial y los escenarios televisivos, el predicador hará bien en recordar que se encuentra en un negocio altamente competitivo por lograr la atención de la gente. Y mientras discernimos la pizca de verdad de lo mencionado arriba, afirmamos que al buscar un texto con tales asuntos preocupándonos en nuestra mente, estamos colocando la carreta delante del caballo. Estamos haciendo el honor y la gloria de Dios subordinados a los gustos de la gente.

Al mismo tiempo la tentación de buscar un texto que nos guste a nosotros es fuerte. Los predicadores, también, tienen sus simpatías y antipatías. Estas frecuentemente cambian conforme sucumbimos a los estados de ánimo del momento. Lo que ayer pudo haber sido un texto que deleitó la mente y el corazón hoy puede parecer, no por la Palabra sino porque nosotros cambiamos, muy insípido. Entonces se vuelve más fuerte la tentación de descartar el trabajo de ayer y el del día anterior con el propósito de buscar un texto o tópico más apasionante. Apenas si es necesario decir que esto conduce a una pobre predicación además de la preocupación, el desgaste y la depresión nerviosa.

Unas cuantas «normas» básicas bien pueden servir al predicador.

En primer lugar debe estar completamente convencido de que toda la Escritura es útil. Ella llega a nosotros con esa seguridad divina. El predicador hará bien en recordar repetidamente que es un siervo de esa Palabra y del Dios de salvación que la provee. Que siempre se acerque a la tarea de elegir un texto con el debido cuidado y oración. Y una vez habiendo elegido el texto a ser predicado para el sermón o sermones, que trabaje estudiándolos fielmente. En ocasiones estará muy tentado a cambiar de texto, especialmente cuando después de estudiarlo y meditar un poco descubre para su sorpresa que este no quiere decir lo que al principio pensó que decía. Pero con el trabajo diligente con el texto en cuestión puede muy bien enriquecer su propia alma y las almas de quienes llegan para escucharlo.

Entonces, ¿qué constituye a un *texto* adecuado para un

sermón? La pregunta no es inapropiada, ya que estamos hablando correctamente del texto de la Escritura en su totalidad, el texto de este o aquel libro de la Biblia, y el texto que contiene cada uno de los escritos sagrados.

Al principio debemos ser claros de que no cada «versículo» como se encuentran en nuestras versiones modernas de la Biblia es un texto en el sentido homilético del término. Algunos textos bien pueden incluir dos o más versículos; otros solamente comprenderán una parte de lo que generalmente llamamos un versículo de la Biblia.

En este sentido deben notarse varias características del texto.

(1) Comenzamos con una característica formal. Un texto verdadero en todo caso contendrá un pensamiento *completo*. Ninguna palabra sola o frase constituye un texto adecuado para un sermón para la congregación, no importa que tan bíblicas sean tales palabras o frases. Pecado no solamente es una palabra bíblica; es una espantosa realidad a la que la Escritura constantemente está llamando la atención. Y posiblemente esa palabra pueda servir como «tema» para una conferencia o discurso o incluso un tratado teológico; esta no puede servir como texto para la congregación. Cada vez que esta palabra es empleada por los escritores de la Biblia aparece en un contexto histórico y/o doctrinal específico. Es parte de un gran todo. Y nunca ninguno de estos «todos» es idéntico en la Escritura. Dios no desperdicia el tiempo en repetirse innecesariamente. Lo mismo se puede decir de la frase: «por la gracia de Dios». Aquí hay alturas y profundidades que ningún sermón o multitud de sermones puede nunca agotar. Siempre que la encontramos mencionada, es iluminada por el marco en que se encuentra. Solamente estos contextos multifacéticos dan su luz necesaria en el que la gracia está y lo que llega a significar en la vida de los hijos de Dios.

Esto no quiere decir que no podamos seleccionar como

texto una parte de algo más completo y comprehensivo. Romanos 3:28, por ejemplo, no expresa el pensamiento central del argumento de Pablo en la larga sección de Romanos 3:21-30. Pero esta larga porción de la Escritura, innegablemente un «todo» completo, en realidad es demasiado rica y compleja como para ser tratada satisfactoriamente en un solo sermón. Intentar hacerlo generalmente producirá un mensaje superficial para una congregación ya un poco instruida en la verdad de Dios. Entretanto es claro que el versículo 28 contiene un pensamiento completo. Como tal bien puede servir como texto.

(2) El pasaje a ser elegido como texto para la iglesia del Nuevo Testamento también debe contener un mensaje que es de importancia directa para la vida de los creyentes actualmente. No debe sorprender que haya pasajes que no tengan este efecto. Existen pasajes con detalles históricos que, aunque son parte integral y necesaria de la auto-revelación de Dios, no pueden servir bien como textos para la congregación. Esto es especialmente cierto de los detalles genealógicos, todos los cuales constituyen a su manera un pensamiento completo e incluso una oración completa. Pero acerca de tantas personas que se mencionan no sabemos nada. De manera semejante Mateo 5:1a, para no mencionar otro ejemplo, contiene un pensamiento completo: «Y cuando vio las multitudes, subió al monte». Se ha sabido de predicadores que «predican» acerca de estas palabras, extendiéndose en qué tan refrescante es para alguien ir a las montañas después de un día muy ocupado o de una semana de trabajo. Pero esto hace injusticia a las palabras mismas y al contexto. Tal elección de textos conduce al mal de la predicación de un «lema». Este sustituye la proclamación de Cristo Jesús como nuestro profeta, sacerdote y rey por una falsa apelación de vacaciones necesitadas por hombres y mujeres fatigados por trabajar. Todos los textos deben elegirse, por consiguiente, teniendo en cuenta que es para edificación, fe, esperanza y amor.

Si no recordamos esto, pronto traspasaremos la barrera hacia el territorio prohibido de la espiritualización. Krummacher, un predicador alemán que atrajo multitudes, una vez predicó una serie completa de sermones sobre Números 33, el cual enumera los campamentos de los israelitas en el desierto. El capítulo ciertamente contiene muchas ideas completas en sí mismas. Pero solamente pudo «edificar» espiritualizando los nombres de cada lugar registrado, los lugares que incluso la arqueología moderna ha sido incapaz de descubrir. Tampoco podemos hacer lo que el renombrado Spurgeon hizo con Génesis 19:20 donde la petición de Lot de permitírsele huir a Zoar se menciona con este razonamiento: «es pequeña». Spurgeon aplica esto de forma fascinante pero ilegítima a los pequeños «pecados que tan frecuentemente manchan nuestras vidas». Esto hace violencia al claro significado del pasaje y por consecuencia a la intención del Espíritu Santo, que se encargó de su inclusión en el registro sagrado. Hay muchos otros pasajes (textos) en la Escritura que nos advierten contra el excusarse y abrigar pecados pequeños. Esto debe predicarse cuando la advertencia es necesaria para los oyentes.

(3) El texto, como norma, no debe sobrecargarse con un exceso de material histórico, arqueológico o ceremonial que necesite explicaciones largas y complicadas para que quede claro. Mucho de ese material lo encontramos en porciones del Antiguo Testamento. Del mismo modo hay mucho material como este en el Nuevo Testamento, de manera sobresaliente en la epístola a los Hebreos que en gran medida es el comentario del Nuevo Testamento (cristológico) sobre el libro de Levítico.

Este material nunca puede ser rechazado por el predicador. Pero debe ser manejado sensatamente, siempre teniendo en mente el nivel de comprensión que la gente ha logrado y conduciéndolos firme pero amablemente a una comprensión más profunda y más rica. Por ello es que al tratar con tales libros del Nuevo Testamento los pasajes largos y complicados deben dividirse en sus partes componentes. Para ser más claro, el predicador no debe elegir como texto una sección en la que además de mencionar el templo, el altar y los sacrificios, también hable de los requisitos de los sacerdotes. Este es demasiado material para un sermón. Al escuchar esto el creyente, a menos que esté completamente instruido en este material histórico y ceremonial, pronto se pierde y sale confundido del templo. Muchos de este material, apropiado para el crecimiento y la madurez espiritual, puede ser manejado mejor (a la luz de uno o dos sermones adecuados) en los grupos de estudio de media semana donde hay oportunidad de hacer preguntas y responderlas.

(4) Un texto, por lo tanto, no debe ser ni muy corto ni muy largo. Esto puede parecer una forma extraña de afirmar los requisitos textuales. Aun cuando la necesidad de enfatizar esto como guía para la selección del texto debería ser evidente.

Si el texto es muy corto para un sermón adecuado (y posteriormente nos dirigiremos a la profundidad del sermón), entonces el ministro será tentado a introducir todo tipo de material extra-textual. Esto destruye la unidad del mensaje, dejando a la congregación preguntándose de qué trató el sermón. Pero tampoco el sermón debe ser muy largo. Entonces no podrá ser tratado adecuadamente. En el mejor de los casos solo la superficie será tocada. Además en este caso, frecuentemente el sermón consistirá en la exposición sin suficiente tiempo para una aplicación adecuada. Los textos largos también tientan al ministro a la pereza. Cualquier persona con poco conocimiento de la Biblia puede hablar treinta minutos o más sobre un capítulo de treinta versículos. Se necesita poco más, además de leer y repetir unos cuantos pensamientos principales. Como resultado la congregación es alimentada solo con leche, que es adecuada solamente para los bebés; no con el alimento sólido necesario para los que son llamados a crecer hacia la madurez en el Señor Jesucristo.

(5) Los creyentes deben aprender a leer, estudiar y meditar las Escrituras por sí mismos. Deben aprender a encontrar el «significado» de pasajes para sus vidas en sus devocionales personales y familiares. Aquí el predicador, por el modelo según el cual elige y maneja el texto, les muestra el camino incluso sin que conscientemente intente hacerlo. Lo que se requiere es predicar sobre más que sobre los textos que son muy conocidos. Ciertamente estos no deben ser pasados por alto en un ministerio que aspire a ser bien pulido. Hay ocasiones para sermones sobre el Salmo 23, Juan 3:16, Romanos 8:1 y 1 Corintios 7:1. Pero ordinariamente los sermones sobre estos textos u otros parecidos deben conducir a los sermones sobre el material que brota de estas verdades básicas tan conocidas y amadas por los cristianos.

(6) El predicador hace bien, especialmente en sus primeros años de predicación, en hacer uso de textos que son totalmente claros para él mismo. Los que son difíciles de interpretar hará bien en evitarlos al principio. Hay pasajes sorprendentes en la Biblia, en el Antiguo y en el Nuevo Testamento. A menudo parecen muy atractivos. Pero como la Biblia dice (2 Pedro 3:16-17), han sido torcidos y desvirtuados. Esto es verdad no solo de ciertos textos doctrinales que, en la superficie, puede parecer que contradicen otros pasajes bíblicos sino también de libros como Eclesiastés, la segunda mitad de Daniel y los últimos capítulos de Zacarías. Incluso un texto como Lucas 19:41 puede fácilmente ser interpretado erróneamente y mal aplicado, no digamos ya de Juan 15:2, 1 Juan 2:20 y 1 Juan 5:18.

Lo que todo esto quiere decir es que el predicador debe tener la oportunidad de saturar su mente y corazón completamente con la enseñanza escritural como un todo antes de que sea capaz de tratar adecuadamente algunos textos más difíciles. Conforme se esfuerza por alimentar a la congregación, debe primero alimentarse a sí mismo. Y el alimento que prepara debe ser sano, balanceado, completamente en conformidad con la sana doctrina que es para la piedad.

A continuación algunos comentarios adicionales. Como predicadores reformados debemos regocijarnos de que estamos bajo la solemne obligación de predicar, ordinariamente, «la suma de la doctrina contenida en el Catecismo de Heidelberg». Esto debe hacerse semana tras semana y de la manera adecuada, no descuidando la lectura de la sección apropiada de ese credo. Esto lo libera, si es fiel a su compromiso de seguir la *Forma de Gobierno*, de tener que elegir dos textos adecuados cada Domingo. Los beneficios de este tipo de predicación para él mismo y para el pueblo recibirán atención más adelante.

Pero en relación al texto para el otro servicio (nuestras iglesias están comprometidas a realizar al menos dos servicios de adoración cada Día del Señor), al predicador se le da un gran margen de discreción. Esta libertad, sin embargo, no puede degenerar en elegir textos sin una regla o propósito. Qué insensato es pasar mucho tiempo del lunes y el martes buscando por toda la Biblia un pasaje idóneo. También predicar atropelladamente semana tras semana de muy diferentes partes de la Escritura, el ministro pronto se da cuenta que no es capaz de edificar a la congregación en la sana doctrina. Muchísimos de nuestros hermanos (¿quizá también pastores?) tienen un «canon dentro del canon», una serie de versículos o capítulos favoritos inconexos. Esta práctica deshonra al Espíritu Santo quien ha dado toda la Escritura para nuestro provecho espiritual. Desde el principio de su ministerio en una congregación, el predicador hará bien en planear sus sermones (incluyendo la selección de textos, por consiguiente) con algunas semanas e incluso meses de antelación. Debe regularmente predicar series de sermones, tratando con secciones consecutivas grandes de la Biblia.

Calvino, así como varios otros reformadores, predicó

consecutivamente sobre libros enteros de la Biblia. A través de esto el pueblo de Ginebra fue edificado en la fe cristiana. Nuestra era de rápido movimiento, que nerviosamente busca algo nuevo y alentador, difícilmente puede ser capaz de beneficiarse de ciento cincuenta sermones sobre el libro de Deuteronomio. Tampoco nuestras iglesias necesitan tanto un modelo como muchos lo hicieron al principio de la Reforma, cuando por primera vez la Biblia estuvo disponible para el común de la gente después de años de hambre y de indigencia espiritual. Al mismo tiempo no debemos olvidar que Lloyd-Jones, fallecido recientemente, edificó su grande y creciente congregación en Londres por años por medio de una cuidadosa predicación consecutiva completa de libros del Nuevo Testamento.

Una sugerencia más modesta puede ser pertinente. ¿Por qué no hacer cinco o seis veces al año, series de cinco o seis sermones, tomados de varias partes de la Biblia? Hay mucho material disponible para tales series. Del Antiguo Testamento mencionamos los siguientes: El trato de Dios con Abraham, La profecía de Jacob concerniente a las doce tribus, La Palabra de Dios para y la obra en Israel a través de Elías, Los Salmos de la Ascensión, Los mensajes de Amós, Las visiones nocturnas de Zacarías. No menos provechosas para series de sermones es el Nuevo Testamento. Ahí el predicador puede bien ir al Sermón del Monte, a las parábolas de los milagros de nuestro Señor: a Mateo 24 y 25, a Juan 14 al 17. Del mismo modo hay capítulos en las epístolas para destacar en la predicación: Romanos 8; 1 Corintios 12 al 14; Efesios 4:1-16 para una serie corta, así como secciones del libro de Apocalipsis. Después están las epístolas más breves las cuales puede ser abordadas en su totalidad: Judas, 1 Pedro, Tito, Santiago, por mencionar algunas. Esta predicación provee una amplia variedad y a la misma vez hace justicia a la unidad de la Biblia.

Un ministro que ama la Escritura, que fielmente se empapa en el estudio y meditación en esa Palabra; que conoce y aplica los principios sanos para la interpretación de la misma, muy pocas veces se encontrará sin un texto apropiado.

Ningún predicador debe intentar decir todo en un solo sermón más que lo que piensa que es necesario. Dios fue infinitamente sabio, paciente y amoroso al proveernos con la Palabra de vida a través de un largo periodo de siglos y con una amplia variedad de forma y mensaje. Que el ministro imite un poco de esa paciencia y sabiduría, de manera que tanto la unidad gloriosa y la variedad asombrosa encontradas en las páginas santas lleguen a expresarse en su predicación.

De este reto, que es a la misma vez un consuelo, es que el bien conocido predicador y comentarista puritano John Owen nos recuerda en uno de sus escritos:

Si toda la luz de las luminarias celestiales fueran concentradas en una sola, sería destructiva, no útil para nuestra vista... así que, si toda la revelación de la gloria de Cristo, y todo lo que pertenece a ella, fuera entregada en una serie y contextura de palabras, habría abrumado nuestras mentes más que iluminarnos. Por lo que Dios ha distribuido la luz de ella a través de todo el firmamento de los libros del Antiguo y del Nuevo Testamento...

Palabras sabias, ciertamente, que deben dirigir al predicador a usarlas para edificación de la congregación también hoy.

CAPÍTULO 9
El estudio apropiado del texto

··· ৪০০৪ ···

Procura con diligencia presentarte a Dios aprobado, como obrero que no tiene de qué avergonzarse, que usa bien la palabra de verdad.

2 Timoteo 2:15

La Escritura debe ser su propio interprete, o más bien el Espíritu hablando en ella; nada puede cortar el diamante sino el mismo diamante; nada puede interpretar la Escritura sino la Escritura misma.

Richard Watson

Primero ha sido elegido el texto con el debido cuidado y oración. El siguiente paso, y debe seguirse pronto, es el cuidadoso estudio del pasaje. Que el predicador se encuentre desde el inicio de la semana preparando sus mensajes para el siguiente Día del Señor. No todo puede hacerse en unas cuantas horas que le queden libres. Esto toma horas, dedicadas al estudio, meditación y oración privados, para destilar un digno sermón de la verdad escritural.

En varios aspectos este estudio no difiere notablemente de la lectura «devocional» que se espera que haga todo hijo de Dios. Sin excepción, los creyentes necesitan ser exhortados a volverse a la Biblia por instrucción y dirección, por amonestación y consolación. Lo que el predicador debe recordar es que el texto no debe ser tratado de una forma impersonal y neutral, como una «herramienta» profesional. Debe cultivar un fuerte deseo por hacer el sermón, habiendo ardido vivamente la Palabra de verdad y vida en su corazón.

Por ello también debe tratar con reverencia la Escritura. En el texto debe escuchar y responder al Señor del cielo y de la tierra como al Padre que, en Cristo, le habla directamente a él. Por lo tanto, debe leer y meditar ávidamente en el texto. En él hay cosas viejas y nuevas, un almacén rico para ser abierto adecuadamente para la congregación. Todo esto lo impulsará a la humildad. Ni las habilidades intelectuales del predicador o la imaginación creativa, sino únicamente la dirección del Espíritu Santo puede develar el verdadero significado de lo que está escrito con el propósito de llevar a los hombres a una comprensión y experiencia cada vez más rica de la salvación. Por ello la Escritura no debe meterse a presión en al patrón de nuestras ideas, no importa qué tan teológicamente sanas las consideremos, la Biblia siempre habla por sí misma. Así que el ejercicio de preparar los sermones se debe realizar cuidadosamente. Aquí están los misterios del reino de los cielos, vistos y probados únicamente por aquellos que tienen un verdadero deleite en ellos.

Todo esto exige un tiempo de quietud. Frecuentemente esto es lo más difícil de lograr para un pastor, especialmente cuando su estudio se encuentra en su propia casa a donde su familia y amigos tienen fácil acceso. Este tiempo de tranquilidad –algunas horas continuas- tampoco está garantizado en nuestros días. Siempre está la tiranía del teléfono y el timbre de la puerta. Aunque el pastor debe estar listo para servir a su congregación en tiempo de necesidad, es bueno para él elaborar un horario en el que las horas para el estudio están firmemente apartadas. Sus feligreses tienen la obligación de reconocer y considerar esto. El pastor hará bien en darles a conocer, de una forma general, el método de estudio que sigue, entre tanto que lo deja cuando surgen momentos críticos.

No todos los predicadores trabajan igual intelectual, psicológica y espiritualmente a la misma hora del día. Algunos hombres se encuentran en su mejor momento muy temprano por la mañana. No pocos de los predicadores más efectivos se levantaban tan temprano como las cuatro o cinco de la mañana, antes que nadie más se despertara, para pasar tres o más horas solo en oración con la Palabra de Dios. Otros encuentran que trabajan mejor por la tarde e incluso tarde por la noche. Solamente el ministro que ha aprendido a conocerse bien puede hacer la elección adecuada. Pero una vez que haya hecho cuidadosamente la elección, hará bien en mantenerla. Alguna parte de cada día debe dedicarse a este significativo aspecto de su llamamiento.

Pero mientras que la lectura y meditación devocional apunta principalmente al desarrollo personal en la piedad, el estudio de un texto por medio de la homilética tiene que ver con la vida espiritual y el bienestar de la congregación. Para esto se ha preparado en el estudio en la universidad y en el seminario especialmente. Su educación lo capacita para extraer de la Palabra, adecuadamente, mucho más que el creyente promedio. Ha sido entrenado para estudiar con concentración por varias horas seguidas. Ha sido equipado con «herramientas» generalmente no disponibles para los que no han sido educados como él. Pero esto no lo hace un «experto» cuyo conocimiento, perspicacia y comprensión le haga despreciar al pueblo de Dios. Sus privilegios en este respecto colocan más grandes responsabilidades sobre él. Nunca debe parecerse a los fariseos o escribas de los días de nuestro Salvador. Esa soberbia de conocimiento que separa al pastor de su pueblo pronto hace estragos en el ministerio pastoral. Al mismo tiempo el predicador no debe olvidar al estudiar que ocupa un lugar oficial. Es un embajador, un heraldo, un maestro investido con autoridad para trazar correctamente la Palabra de verdad confiada a su cuidado. Por lo tanto, aunque por amor a Cristo aprende a ser siervo de la congregación, su alto llamamiento es para rendir un fiel servicio al Señor Jesucristo en cuyo nombre administra la Palabra para sí mismo y para los demás.

Esto lo debe incitar a un estudio diligente. Como un sabio homiletista dijo: «el predicador es como una abeja que extrae el dulce néctar de la flor de la Escritura con el propósito de fortalecer las mentes, los corazones y las vidas de los demás, el suyo es un servicio santo. Comprende, conforme cumple su llamamiento, lo que motivaba el alma del salmista israelita que encontró los testimonios de Dios más dulces que la miel del panal».

La primera tarea del predicador es entender tan claro como sea posible lo que significa el texto elegido. Lo debe explicar a la gente. Ese «extraño nuevo mundo de la Escritura» debe volverse un territorio familiar para él. Solamente entonces será un guía seguro y competente para dirigir a los demás a maravillarse de la belleza del plan de salvación de Dios.

Para realizar exitosamente esta tarea, el predicador hará bien en seguir paso a paso esta parte de la preparación del sermón.

(1) Que el predicador, que ahora se ve a sí mismo como un estudiante, un pupilo, un discípulo ansioso de aprender, lea una y otra vez el texto elegido. Solo de esta manera éste quedará grabado en su mente y se volverá parte integral de su vida. Su corazón debe ser llenado hasta derramarse con esta Palabra que viene del Señor. Ninguna impresión casual o superficial de lo que el texto quizá pueda significa debe satisfacerle. Pone atención en cada palabra, en cada frase. Reconoce que, ya que este texto viene a él con autoridad divina, su estudio gramatical del pasaje no puede ser muy detallado o preciso.

(2) Para llegar a su verdadero significado, también leerá cuidadosamente el contexto o marco de la palabra sobre la que planea predicar. Con frecuencia esto arroja nueva luz sobre el texto mismo y es indispensable para una correcta comprensión. En ocasiones esto incluye solo unos cuantos versículos; en otras uno o más capítulos anteriores y posteriores al texto. Esto último es especialmente cierto cuando tratamos con material histórico.

(3) En esta lectura el predicador busca evaluar las palabras, especialmente aquellas que son de importancia central, en su significado bíblico. Pregunta si tienen un significado peculiar ya sea a la Biblia misma o al autor cuyo mensaje está investigando. Con la ayuda de una concordancia y un diccionario bíblico investiga si la palabra es usada en su texto de una forma diferente a como se usa en otros textos. Esto es importante, ya que nuestras versiones en ocasiones tienen la misma palabra donde las palabras hebreas o griegas son diferentes, o nuestras versiones usan diferentes palabras en diferentes pasajes para traducir el mismo término hebreo o griego. Esto pronto se hace evidente cuando un estudiante compara una versión con otra, una práctica que es particularmente de ayuda para alertar de las dificultades inherentes en el trabajo de traducción.

(4) Tenga cuidado de poner atención a cualquier figura de lenguaje que aparezca en el texto o en su contexto inmediato. La Biblia es particularmente rica en ellos, especialmente cuando habla proféticamente de cosas que aún están por suceder. Muchos de esos pasajes son retóricamente semejantes a la poesía, de manera que forzar una interpretación literal puede oscurecer el intento del Espíritu hablando a través de su mensajero elegido. Pero esto requiere que nos demos cuenta que, aunque el lenguaje puede ser figurado no es ficticio. Esto es particularmente cierto cuando habla acerca de las glorias de la vida eterna o de los dolores de la muerte eterna.

(5) Por medio de este estudio el predicador pronto debe ser capaz de desvelar el asunto principal, el "tema" del pasaje sobre el que planea predicar.

Cada texto verdadero tiene un pensamiento central y todo controlador. Ha de tenerse presente, a fin de que éste no se escape conforme se sigue una investigación más profunda. Cada texto tiene un único mensaje. Incluso cuando un escritor bíblico cita a otro, el enfoque mostrará sombras de diferencia. Haremos bien en recordar que el Espíritu Santo no desperdicia palabras; nunca se ocupa en vanas repeticiones. Cuando el mismo texto del Antiguo Testamento es repetido varias veces en el Nuevo, por ejemplo del Salmo 118, cada uso de las palabras revelara algo adicional y nuevo.

(6) En todo esto, el que prepara un sermón entrará en un diálogo serio con el texto. Repetidamente se dirigirá a él con varias preguntas: ¿A quiénes fueron dirigidas las palabras por primera vez? ¿Por quién fueron dichas? ¿Cuándo y en qué situación fueron pronunciadas? ¿Cómo se relacionan unas a otras las palabras empleadas? Todo esto pertenece a una exégesis gramático-histórica sana, que constituye la base del mensaje a ser llevado. Dondequiera que esto es rechazado o minimizado, el sermón no será una proclamación fiel del mensaje del Señor a la congregación.

(7) Ya que nuestras mentes frecuentemente no están tan despiertas o retentivas como debieran, este trabajo debe hacerse con pluma y papel en la mano, y den ser usados ávidamente.

Muchos de los detalles que se descubran durante el estudio, según la naturaleza del caso, no serán usados directamente en el sermón. El predicador cuando está de pie en el púlpito no es un profesor que da una conferencia sobre las complejidades del idioma hebreo o el griego. Tampoco es un historiador cultural que se siente impelido a relatar todos los detalles del estilo de vida de hace muchos siglos. Sin embargo, el predicador debe darse cuenta de que este estudio detallado de su parte arroja una rica luz sobre el mensaje que debe llevarse al pueblo de Dios en nuestro tiempo. Esto estimula la mente y aviva el corazón, de manera que el sermón que predica al término de su preparación hará vívidamente reales aquellas verdades de Dios que de otra manera podrían parecer muy abstractas e impersonales.

Pero ahora viene –e incluso algunos predicadores reformados han fallado en tomarla suficientemente en consideración- lo que es el aspecto más difícil y también intrigante y necesario de la interpretación adecuada. El texto debe explicarse o interpretarse *teológicamente*. El mensaje especial del texto debe ser colocado consciente y claramente en el contexto, no sólo del capítulo o del libro en el que se encuentra, sino en el contexto de toda la auto-revelación de Dios en Cristo. Se dirá más acerca de esto cuando se discuta el uso de los textos del Antiguo Testamento ya sea que sean históricos o más específicamente poéticos o proféticos. Un predicador cristiano nunca debe usar estas palabras que vienen con la autoridad divina para la Iglesia de todas las edades, como lo haría un rabino judío.

La importancia de tal exposición, aunque todavía no es el corazón del sermón, no puede ser fácilmente sobrestimada.

¿Cómo estaremos en la capacidad de predicar con convicción y autoridad, declarando que «así ha dicho el Señor», a menos que hayamos escuchado su voz hablándonos clara e inequívocamente? Ya que cada palabra de Dios ha sido colocada cuidadosamente por Él mismo en su propio contexto con su propio peso y valor, debemos lograr claridad sobre su significado único antes que estemos en la disposición de enseñar a su pueblo lo que deben creer y cómo deben vivir. Este tipo de estudio nos capacita para escapar a la trampa de llevar nuestras propias ideas, nociones y esperanza en lugar de la voluntad de Dios para las vidas de los suyos. Solamente así estará protegido el predicador contra el atender a los caprichos de los oyentes o contra los vientos de falsa doctrina que soplan tan violenta y furiosamente en nuestros tiempos como lo hicieron en la época de los mensajeros de Dios de la antigüedad.

En relación con la exposición se deben notar con cuidado ciertos asuntos que es necesario estudiar.

Conforme el predicador inicia el estudio del texto seleccionado no debe ir inmediatamente a los comentarios. Él va a predicar la Palabra de Dios, no lo que otros han dicho acerca de ella. Ciertamente que en esos libros tenemos un almacén invaluable de conocimiento que no debe desecharse a la ligera. A la vez no todos los comentarios son del mismo valor. Algunos en ocasiones están muy equivocados. Pero incluso los mejores comentarios no deben usarse como muletas con el resultado de que pronto el predicador ya no se atreve a caminar sobre sus piernas mentales y espirituales. Con frecuencia el predicador, presionado por las muchas tareas que le absorben las horas necesarias para el estudio y la meditación, es tentado a consultar unos cuantos comentarios confiables con la esperanza de encontrar algo «nuevo», «útil» o «estimulante» antes de examinar por sí mismo el texto. Se vuelve un predicador superficial, que solamente puede servir las porciones recalentadas resultado de los esfuerzos de otros hombres. Un hombre así pierde el secreto del poder del púlpito, intentando pelear las batallas por la verdad de Dios con la armadura mal puesta.

Sin duda que los comentarios tienen su lugar en los estantes del ministro. Frecuentemente nos alertan de las dificultades que no pudimos descubrir por nosotros mismos. También arrojan luz sobre un texto que nos ayuda a entender su rico significado con mayor claridad. Pero use los comentarios solo después de que paciente y persistentemente haya estudiado el texto directamente de la Escritura para y por usted mismo. Aquí no estará fuera de lugar un consejo para los estudiantes de teología. No compren muchos comentarios, de manera que sus bibliotecas solo tengan unos cuantos. Lo que compren adquiéranlo únicamente después de una revisión y reflexión cuidadosa. Lo que finalmente obtengan úsenlo fielmente y con prudencia. Que su comprensión personal de las Escrituras decida cuando dos o más comentaristas estén en desacuerdo en su interpretación del texto. Y no saturen sus sermones con amplias referencias a lo que han dicho los comentaristas. Con frecuencia esto solo confundirá a sus oyentes. Ustedes son los únicos comisionados por el Señor para traer el mensaje para este día a su pueblo.

Lo que el Dr. Jowett escribió en su libro *The Preacher: his life and Work* (El Predicador: su vida y su trabajo) los habilitará para abrir su propio camino sin despreciar la ayuda que en ocasiones pueden necesitar:

A la vez que te aconsejo consultar otras mentes, debo también aconsejarte que no seas abrumado por ellas. Reverentemente respeta tu individualidad. No te aconsejo que seas agresivamente singular, porque entonces serás descubierto como un chiflado y tu influencia se esfumará. Pero, sin ser anguloso, cree en tu propio ángulo, y trabaja sobre la suposición de que es por medio de tu personalidad irrepetible que Dios se propone que tu luz irrumpa en el mundo. Reverentemente cree en tu unicidad, y conságrala en el poder del Espíritu Santo. Sé tú mismo y no imites servilmente a nadie.

Estas palabras son incluso más apremiantes cuando se llega a la lectura de los sermones producidos por los grandes predicadores del pasado. Es indudable que la lectura de ellos es altamente recomendada. De muchos de ellos aprendemos algunos de los secretos de la predicación precisa, poderosa y persuasiva. Pero no sigas a ningún hombre o a ninguna escuela de predicadores en tu ministerio. Si esa lectura ha de ser buena para ti y para tu congregación nunca debes permitirte imitar su trabajo. Mucho menos debes hurtarles, una práctica que de ninguna manera es desconocida. Deja que te estimulen. Deja que te instruyan. Deja que te corrijan cuando sea necesario. Pero no comiences tu investigación de un texto yendo deliberadamente a un libro de sermones y después, con solo unos cuantos cambios en la terminología o estructura, predicar lo que ellos han predicado en otras épocas y a otras congregaciones. Esto es deshonesto. Esto impide tu propio crecimiento en la gracia y el conocimiento del Señor Cristo Jesús. Esto contribuye a la predicación floja que no tiene el derecho de esperar la indispensable bendición del Espíritu.

También debe advertirse contra el excesivo uso que hacen algunos de los muy anunciados y tan ávidamente comprados «Bosquejos para sermones» que se venden en muchas librería religiosas. Son como sal o azúcar. Un uso sensato puede ser estimulante, cuando intenta predicar de forma más clara y concisa. A menudo te ayudarán a corregir algunas de tus debilidades y faltas en la elaboración del sermón. Pero la mayoría de ellos tratan al texto como un tópico en lugar de exegéticamente. Con frecuencia se especializan en los puntos secundarios del pasaje que dicen estar explicando. De aquí que nunca haga uso de ellos hasta después que haya estudiado a fondo el texto por sí mismo y redactado un boceto del material en el orden en que estás convencido que merece ser expuesto.

Sin embargo, es necesario, antes de que comiences la estructuración y redacción final del sermón, probar tu comprensión del texto por la normas confesionales de la iglesia.

Una vez más, nadie debe comenzar con ellas. El predicador es antes que nada un siervo de la Palabra. A la misma vez, él y la congregación a la que sirve están delimitados, en sumisión y subordinación a la Biblia, a los credos. Únicamente así será fiel a la afirmación solemne que hizo cuando asumió el cargo pastoral de la congregación de Cristo. Como un creyente «confesional» se compromete a «confesar» junto con toda la congregación aquellas cosas que deben creerse con mayor seguridad. Pero no puede comenzar con este aspecto su estudio preparatorio, no sea que caiga en la trampa de sujetar la Palabra con «camisa de fuerza» que se rehúse a quitar. Nunca podemos forzar la Biblia a conformarse a nuestras construcciones teológicas; más bien, estas deben pensarse posteriormente y deben usarse para probar si hemos comprendido el texto a la luz de toda la doctrina Escritural.

Podemos correctamente hablar de «Predicación confesional». De hecho, el predicador reformado debe sentirse tan familiarizado con las confesiones de la iglesia que instintivamente es prevenido de no leer en los pasajes que estudia algo que flagrantemente va contra las declaraciones oficialmente adoptadas por la iglesia a la que está sirviendo. Gustosamente reconoce que no solamente él sino que incluso más hombres piadosos de generaciones pasadas han luchado juntos con la iglesia creyente con esa misma Palabra de verdad y extrajeron de ella las enseñanzas básicas que deben ser predicadas por doquier para la conversión de los pecadores y la edificación de los santos.

Las iglesias reformadas, en tanto que agradecen al Señor por su rica herencia encontrada en estos escritos, siempre han honrado la «libertas prophetandi». No todas las riquezas de la verdad divina se hayan vertidas en los credos. Tampoco los sínodos, generalmente, han impuesto una exégesis precisa de los muchos pasajes que la Escritura presenta para la instrucción, amonestación y consolación de la iglesia. A la misma vez esta libertad tiene sus restricciones. Existen límites que no pueden ignorarse o transgredirse. Nada es más nocivo para la propia vida del predicador o más perjudicial para el bienestar de la congregación que la idea, aparentemente estimada por algunos predicadores, de que son los primeros en el largo curso de la historia que están correctamente interpretando la Escritura o alguna parte de ella. El siervo fiel del Señor recordará todo esto.

Tan importante e indispensable como es la exposición del texto, esto no es el corazón del Sermón.

Este se encuentra en su aplicación. Spurgeon lo ha dicho bien: «Donde comienza la aplicación, ahí comienza el sermón». Lo mismo es enfáticamente afirmado por Broadus en su obra sobre la elaboración del sermón: «La aplicación en un sermón no es meramente un apéndice a la discusión, o una parte subordinada del mismo, sino que es la principal cosa que se debe hacer».

Nuestra es la comisión de predicar la Palabra de gracia y verdad a la gente que vive en mundo de hoy con sus luchas, esfuerzos y triunfos, con sus penas y problemas, con sus esperanzas que son puestas frecuentemente para vergüenza. No solamente predicamos para ellos; predicamos por amor a ellos, es decir, para su crecimiento espiritual en la cosas de Dios.

Especialmente debido al surgimiento y propagación de la «nueva» hermenéutica, esto parece haberse convertido en un problema apremiante para más de un predicador. Actualmente se ha incrementado grandemente nuestro conocimiento de los idiomas antiguos, de las culturas antiguas, de las antiguas formas de mirar la vida y el mundo. Mucho de esto merece atención y aprecio. Pero con frecuencia esto ha conducido a los profesores de teología, y en consecuencia, a los predicadores a suponer que la Biblia debe ser completamente reinterpretada. Solamente así, se supone, podemos hacer relevante la Palabra de Dios para nuestro tiempo. Sin embargo en este rehacer poco o nada queda del mensaje original dado por el Espíritu. Solo necesitamos mencionar de pasada lo que sucede a la verdad bíblica cuando los principios de la «nueva» hermenéutica son aplicados según Bultmann.

Quede inequívocamente claro que no podemos y por consiguiente no intentaremos hacer relevante la verdad de Dios. Por su origen, autoridad y carácter divinos siempre es apropiada para su pueblo creyente en cada época y en cada contexto cultural. Ciertamente esto también demanda una exposición cuidadosa de cómo y por qué esta verdad fue dada por Dios en el preciso lenguaje del texto. Hay puentes que deben establecerse, clara y cuidadosamente por el predicador en términos comprensibles, entre los primeros receptores del mensaje y nosotros. Pero las condiciones, necesidades y aspiraciones humanas se han mantenido básicamente las mismas a través de los siglos. Incluso en los patrones de pensamiento existen muchas más semejanzas que diferencias entre los pueblos que vivieron hace muchos siglos y la gente de nuestro mundo moderno y post-cristiano. De todos los libros producidos en la tierra el único que nunca se vuelve viejo u obsoleto es la Biblia.

Pero habiendo aprendido lo que el texto significó para sus primeros oyentes o lectores debemos llegar a estar frente a frente con el tema que quiere exponer, por mandato de Dios, para la gente de hoy. Esta es la aplicación del texto a los corazones, mentes y vidas de los creyentes reunidos para escuchar lo que el Señor les está diciendo actualmente.

La Escritura misma nos muestra el camino. Nuestro Señor hizo mucho uso de los pasajes del Antiguo Testamento, ya sea que estuvieran en un patrón histórico, poético o exhortatorio, cuando habló a los judíos de su tiempo. Sus tiempos, cuando la gente vivía bajo la dominación extranjera y estaban esparcidos por todo el imperio romano, diferían mucho de los tiempos de Adán y Moisés, e incluso de los profetas posteriores. Aplicó la voluntad de Dios para el matrimonio a la gente de su época apelando directamente a la creación de Adán y Eva. Y todos, a pesar de los largos siglos cuando el divorcio era un problema para los creyentes o un pretexto para los incrédulos para hacer su propia voluntad, supieron lo que quería decir. El verdadero significado de la ley del amor enunciado por Moisés en otros tiempos y con otros términos Él lo explicó en forma de una reprensión que buscaba el corazón de Simón el Fariseo y luego el de la gente en la parábola del «buen samaritano». Muchas de las profecías de Moisés, los Salmos y los Profetas los aplicó directamente a sí mismo en un lenguaje tan claro que todos los que escucharon fueron apremiados a hacer una elección, ya fuera que lo aceptaran o rechazaran como el prometido. Así, también, en el tiempo de su ascensión nuestro Señor mandó a sus discípulos no solamente predicar o bautizar sino también ocuparse en «enseñarles (a los que creyeran) a guardar todas las cosas» que Él había mandado. Solamente así el bendito evangelio de Dios produciría los frutos de la fe que es agradable a Dios. También al darle instrucciones a Timoteo Pablo exhorta a su hijo espiritual no solo a predicar sino también a redargüir, reprender, exhortar con toda paciencia (2Ti 4:2, etc.).

Comúnmente tales aplicaciones de la Palabra a la vida de los oyentes debería hacerse de manera directa, específica y concretamente. Se necesita mucho más que solo algunas cuantas sugerencias. Pero esto debe hacerse con sabiduría, paciencia y perseverancia. En este trabajo el predicador, teniendo presente a su congregación, aprende a verse a sí mismo como un padre que por medio de la enseñanza y el ejemplo instruye a sus hijos espirituales en el camino bueno y correcto. Se reconoce a sí mismo como un pastor intentando siempre conducir a su rebaño, que incluye ovejas y corderos, a los pastos de la Palabra. A la misma vez que se ocupa en alimentarlas también las cuida de la hierba venenosa y de las bestias salvajes. Se sabe a sí mismo un heraldo que por la proclamación de las buenas nuevas del reino de Dios en Cristo Jesús tiene como propósito prepararlos para entrar en experiencia plena de su gracia mientras esperan con paciencia la gloriosa manifestación de aquel en quien han puesto su esperanza.

Tal aplicación no debe ser colocada artificialmente al final de la exposición.

En tiempos pasados los sermones reformados muy seguido sufrían a este respecto. Muchos eran tan divididos que la primera mitad estaba dedicada exclusivamente a la exposición con los puntos y sub-puntos a veces tan laboriosamente apilados uno sobre otro, y la segunda mitad estaba dedicada a algunas palabras de exhortación y consuelo. La proporción de cada una de las partes era determinada por el ánimo del predicador.

Más bien, cuando el ministro comienza su estudio del texto debe tener presente en su mente y corazón el cuidado de la congregación. Esto debe ser claro de las palabras que usa al dirigirse a la congregación, especialmente cuando anuncia el tema del sermón para el día y la manera en que desarrolla el mensaje. Durante todo el discurso a la congregación se le debe hacer saber que el texto es directamente aplicable a sus vidas. Es evidente que esto es algo más difícil con un tipo de texto que con otro. Pero hacer que esto quede inequívocamente claro, exige que ponga atención a la aplicación durante todo el tiempo de su estudio del material. Con esto en mente el predicador pronto será capaz de predicar con provecho de los muchos tipos diferentes de textos de la Biblia.

Ningún texto, cuando es elegido apropiadamente, es irrealizable o infructuoso para el pueblo de Dios. Existen doctrinas profundas en la Santa Escritura como la esencia trinitaria de Dios, el misterio de la regeneración, las dos naturalezas de nuestro bendito Señor, el ministerio de los ángeles. Pero vistos dentro del contexto total de la enseñanza bíblica todos son eminentemente prácticos y provechosos para el pueblo de Dios. Incluso no necesitamos esquivar la proclamación de verdades profundas que la Biblia expresa con relación a la predestinación, incluyendo en el momento adecuado y de la manera apropiada tanto la reprobación como la elección, cuando esto se hace con cordura y con el debido respeto a las proporciones encontradas en la Escritura misma. Siempre hay «una gloria que ilumina la página sagrada». Esta gloria es aplicada por el Señor de gloria para ser así esparcida por medio de los sermones, para que ella ilumine las mentes, los corazones y la vida cotidiana de los que la reciben.

Hasta aquí debería ser evidente al estudiante serio de la Escritura que también la aplicación de la verdad divina será variada.

En esto deben evitarse todos los estereotipos. Es algo que no siempre los predicadores reformados del pasado evitaron. Incluso hoy no es desconocida la tentación de una aplicación estereotipada. Parece muy fácil, quizá incluso adecuada para aplicarse en cada sermón a grupos como los conversos, los inconversos, los débiles en la fe, los que dudan, las almas sedientas, los indiferentes, los decepcionados. Pero esto hace violencia al texto. No todo texto puede o debe aplicarse de la misma forma. Cómo debe aplicarse un texto generalmente se puede comprender de las palabras mismas o de su contexto inmediato. Y esto debe tomarse rigurosamente en consideración.

Lo que todo predicador fiel necesita es una creciente comprensión de las vidas y labores de los hermanos a quienes sirve. Esto lleva tiempo, con frecuencia mucho tiempo, medido más en años que en semanas. Los predicadores son bien aconsejados en permanecer en sus propios púlpitos tanto como sea posible para su propio bien como el de la gente cuyo cuidado espiritual le ha sido confiado. Debe desalentarse la práctica del intercambio libre y fácil del púlpito, lo cual es mucho más practicado hoy que en los años pasados. Nadie puede predicar de manera efectiva a una iglesia como alguien que conoce a su gente por nombre, ha entrado y salido de sus hogares, ha compartido con ellos alegrías y tristezas, y ve a sus hijos crecer en madurez física y espiritual bajo su cuidado pastoral. A pesar de todas las dificultades, e incluso los peligros relacionados a un ministerio relativamente largo, siempre es altamente preferible moverse de una a otra iglesia cada dos o tres años. En ocasiones la gente en las bancas clama por una dieta nueva. Pero difícilmente puede considerarse benéfico todo cambio en sus raciones espirituales y en la manera en que son servidas. Toma tiempo, junto con paciencia y oración, llegar a ser un padre espiritual y un pastor fiel para la iglesia del Señor.

En nuestro tiempo, con frecuencia escuchamos que hacer dos sermones en una semana es una tarea gravosa e imposible. Recordemos que Calvino, Lutero y una hueste de luces menores en los púlpitos en los tiempos de la Reforma y posteriores, frecuentemente predicaron seis, ocho e incluso diez sermones cada semana con mucho provecho para sí mismos y para quienes los escucharon. Lo que necesitamos en nuestro tiempo es un énfasis en las prioridades correctas para los que son llamados a llevar las buenas nuevas de Dios. Esto consiste no en involucrarse en todo tipo de tareas administrativas, pasando largas horas en bodas, funerales y eventos sociales, estando ocupado con cada obra buena en la comunidad, o con los deberes presbiteriales y sinódicos. El predicador es llamado primero que nada a predicar a tiempo y fuera de tiempo. Solamente el ministro y la congregación que recuerdan esto experimentaran los tiempos de refrigerio que el Señor ha prometido enviar a su pueblo.

A lo anterior se debe agregar algo que de lo contrario pronto puede olvidarse. Aunque el camino de salvación en Cristo es uno y el mismo para todos los hombres en todo lugar, la manera en que una congregación escucha, entiende y practica la Palabra en ocasiones mostrará marcadas diferencias. Esto depende de las circunstancias de vida que no pueden ser ignoradas por el predicador.

Al tratar de explicar y especialmente de aplicar la Palabra de Dios, factores como el social y los niveles de educación tienen que ser tomados en alguna medida. Incluso la apreciación de las varias figuras del lenguaje empleados en la Escritura depende en gran medida de si la gente que escucha vive en las grandes ciudades o en zonas rurales. Tampoco podemos olvidar que las razas y las nacionalidades difieren tanto psicológica como sociológicamente. Sobre todo, el predicador debe tener presente que en su auditorio generalmente hay un amplio rango de edades. No se deben olvidar las necesidades de los niños como tampoco de los adultos que han alcanzado bastante madurez espiritual. Los jóvenes generalmente estarán escuchando el sermón de forma muy diferente a como lo hacen los abuelos y abuelas. Todos deben estar dispuestos a dejar el templo habiendo escuchado el mensaje del Señor para ellos de manera que nuevamente enfrenten la vida diaria.

Es más, con el propósito de aplicar adecuada y efectivamente la Palabra de Dios a la luz del contexto, un ministro debe cultivar una profunda comprensión de la forma en que el Espíritu Santo trabaja en las mentes y corazones de aquellos que han sido llamados por la Palabra a la plenitud de la salvación. Mucho de esto es cuidadosamente explicado en la Teología Sistemática bajo el encabezado de «soteriología». Siempre debemos predicar para conversión, la cual incluye arrepentimiento y fe. El sermón no solo tiene el propósito de impartir alguna información interesante y necesaria; tiene el propósito de producir la respuesta correcta de mente, voluntad y corazón como se revela en la Escritura misma.

En esta línea debemos ser claros sobre lo que la Biblia enseña acerca de la verdadera conversión. Con mucha frecuencia somos tentados a buscar solamente lo espectacular. Olvidamos que Ezequías se volvió a Dios en sus primeros días, en tanto Manasés no despertó a la verdadera conversión hasta que se vio preso en uno de los calabozos de Babilonia. Están aquellos que sirven al Señor desde su niñez como Samuel, Juan el Bautista y Timoteo; otros que son detenidos como Saulo en el camino a Damasco. Lo que es más, se debe enfatizar la necesidad por la conversión diaria. Siempre debemos recordar que incluso «los hombres más santos en tanto que están en esta vida tienen solo un pequeño inicio» de esa obediencia hacia la que el Señor, por medio de su Palabra y su Espíritu, busca moldear nuestras vidas. Todo esto se puede hacer sin provocar que la gente se preocupe, enoje o incluso dude del intento salvador de nuestro Dios misericordioso al enviar su evangelio.

Una predicación verdaderamente efectiva siempre debe hacerse en la plenitud y riqueza del contexto de la vida congregacional como la «comunión de los santos». Esto requiere de una fiel visitación de las familias y los individuos en sus casas tanto por los pastores como de los ancianos. El consejo de persona a persona solo puede tener su lugar adecuado dentro de este compañerismo. Y cuando la Palabra es predicada correctamente, tanto en la forma de exposición como de aplicación, la necesidad del consejo directo y personal pueden ser grandemente disminuida. De hecho, la predicación es la forma más poderosa, persuasiva y provechosa de aconsejar. Que la consejería personal tiene su lugar en el programa de un pastor es algo que la Biblia claramente indica. Nuestro Señor ministró personalmente a muchas personas de su tiempo. Dedicó tiempo a la mujer samaritana en el pozo. Llamó a María en la hora de la aflicción de ella. Reprendió a Marta que estaba preocupada con tantísimos cuidados terrenales. Se encontró con Pedro cara a cara después de que éste hubiera negado tres veces a su Salvador y Señor. Pero, en conjunto, hoy en día se gastan muchas horas en interminable consejería, que serían muy innecesarias donde la Palabra siempre es predicada clara y convincentemente y los corazones escuchan atentamente las promesas y los mandamientos del Dios de gracia del pacto.

La aplicación es el corazón del sermón. Para reforzar esto hacemos algunos comentarios que merecen resaltarse cuando el pastor prepara sus sermones.

Sin duda que la aplicación es la obra del Espíritu Santo. Solamente Él puede abrir la mente, el corazón y la vida a la Palabra de Salvación. Y lo hace. Él trabaja en la voluntad para rendirla dócilmente a la voluntad del Padre celestial. Y esto tiene lugar, junto con la verdadera iluminación de la mente y el inenarrable gozo del alma, en profundidades que nadie meramente humano puede nunca medir. A estas profundidades ningún predicador, por lo tanto, puede o debe buscar acceso. La obra del Espíritu en gran parte permanece «misteriosa» incluso para los que comienzan a experimentarla. Después de explicar esto en algún detalle, los *Cánones de Dort* correctamente afirman:

Los creyentes no pueden comprender de una manera perfecta en esta vida el modo cómo se realiza esta acción; mientras tanto, se dan por contentos con saber y sentir que por medio de esta gracia de Dios creen con el corazón y aman a su Salvador (*Cánones*, III-

IV, 13; ver también 11-12, así como la «reprobación de los errores» en este mismo título).

Al mismo tiempo ningún predicador debe simplemente dejar la aplicación al Espíritu, satisfaciéndose a sí mismo con una exposición ortodoxa del texto y diciendo a la gente que deben aplicar las palabras por sí mismos. Más bien debe hablar directamente a la situación de vida de los que están escuchando. Les debe recordar de sus necesidades. Debe, sin caer en la trampa de dirigirse a individuos específicos, advertir, corregir y reprender. Debe animar a viejos y jóvenes a crecer en la gracia y el conocimiento del Salvador, y al mismo tiempo mostrarles las formas específicas en las que esto se hace posible por medio de las promesas y provisiones ricas de nuestro Dios. Debe apelar a todo el hombre. Las emociones deben ser conmovidas, como también la mente y la voluntad. El pecado debe ser descrito con todas sus terribles consecuencias. Se debe proclamar la gracia, en toda su amplitud y profundidad. La meta del sermón siempre es el de instar a una vida piadosa, de amor obediente a Dios, a sí mismo y a los demás en concordancia con la voluntad revelada del que nos ha llamado a esta vida nueva y santa. Así entonces, cuanto más viva el predicador su texto con interés e intensidad espiritual durante los días de preparación, mejor capacitado estará para aplicar la Palabra provechosamente desde el púlpito a las vidas de los oyentes.

Un punto bien tomado es la advertencia contra sobrecargar demasiado el mensaje con todo tipo de comentarios aplicativos. Unas cuantas oraciones bien escogidas en los momentos apropiados a lo largo de todo el sermón son recordadas por más tiempo que las descripciones confusas de varios tipos de respuestas internas a la Palabra, sean buenas o malas. También aquí se debe observar la ley de las proporciones adecuadas.

Sobre todo, el alto propósito debe destacarse claramente cuando el predicador estudia su texto.

El Señor quiere que la predicación sea el medio que a él le ha placido emplear para hacer espacio para la Palabra dadora y sustentadora de vida en las vidas de los oyentes. En un verdadero ministerio pastoral, tanto el predicador como la grey aprenderán cada vez más a vivir de acuerdo con la exhortación que se encuentra en la carta a los Hebreos:

Procuremos, pues, entrar en aquel reposo, para que ninguno caiga en semejante ejemplo de desobediencia. Porque la palabra de Dios es viva y eficaz, y más cortante que toda espada de dos filos; y penetra hasta partir el alma y el espíritu, las coyunturas y los tuétanos, y discierne los pensamientos y las intenciones del corazón. Y no hay cosa creada que no sea manifiesta en su presencia; antes bien todas las cosas están desnudas y abiertas a los ojos de aquel a quién tenemos que dar cuenta (Hebreos 4:11-13).

CAPÍTULO 10
El uso del texto en el sermón

··· 〰️ ···

Y todo aquel que participa de la leche es inexperto en la palabra de justi-cia, porque es niño; pero el alimento sólido es para los que han alcanzado madurez, para los que por el uso tienen los sentidos ejercitados en el dis-cernimiento del bien y del mal.

Hebreos 5:13, 14

Cuando usted está leyendo un libro en una habitación oscura y llega a una porción difícil, se acerca a una ventana para tener más luz. De la misma manera lleva tu Biblia a Cristo.

Robert McCheyne

Nada en la vida de la iglesia es tan importante como la predicación del evangelio. Sin ella el pueblo de Dios pronto languidece y muere. Tampoco hay nin-guna ampliación del gobierno de Dios en Cristo en cada re-lación de la vida, a menos que los que han venido a la fe sal-vadora sean fielmente instruidos en los caminos del Señor.

El predicador, llamado para proclamar las inescrutables riquezas de la gracia, debe tener en mente todo esto mientras estudia el texto escogido para el sermón. Esta era la fortaleza de la temprana predicación cristiana, recuperada en los días de la Reforma. Por siglos mucho de lo que había sido desa-rrollado por los primeros padres de la iglesia en forma de instrucción y cuidado cristianos, se derrumbó en la Edad Media. El Bautismo ya no era comprendido. La asombrosa ignorancia de los miembros y sacerdotes de la iglesia, cuida-dosamente documentada en varias partes de la cristiandad

anterior al avivamiento con Zwinglio, Lutero y otros reformadores, casi llevó a la desesperación a aquellos que abriga-
ban la idea de una congregación sana y piadosa. En la introducción de su Pequeño Catecismo (1528) Lutero escribió:

Misericordioso Dios, qué miseria he visto, ¡el pueblo no conoce
absolutamente nada de la doctrina cristiana!... aunque todos se
llaman cristianos y participantes de los Santos Sacramentos, no
conocen la oración del Señor, ni el Credo, como tampoco los Diez
Mandamientos, sino que viven como un pobre rebaño y cerdos
insensatos... Oh vosotros obispos, ¿cómo responderéis por ello a
Cristo, que habéis tan vergonzosamente descuidado al pueblo, y
no habéis atendido ni por un instante a vuestro oficio?

En ocasiones uno se pregunta si la situación ha mejorado
hoy en día. En muchos lugares la membresía de la iglesia parece haber sido hecha automáticamente. La línea de demar-
cación entre la iglesia y el mundo es rápidamente erosiona-
da. El ejercicio de «las llaves del reino» en gran medida ha
caído en el desprestigio. La lectura de la Biblia en los hogares, aun cuando se hace de vez en cuando, se ha vuelto muy
casual.

Todo esto pone pesadas responsabilidades sobre el
hombre que ha sido llamado al ministerio del evangelio. La
sangre de los que están a su cuidado espiritual le será requerida por Dios mismo. Debe conducir y alimentar con convicción, entusiasmo y vigor a aquellos que vienen a escuchar
sus sermones. Debe usar su texto, dado por inspiración del
Espíritu Santo con su mente puesta en el alto propósito para
el que ha sido dado. Esto lo hace desde el inicio de su estudio preparatorio. Lo que se ha afirmado de una manera general acerca del propósito de la predicación congregacional,
ahora debe ser aplicado específicamente al texto o textos elegidos para un sermón.

Los textos, recordemos, deben ser usados apropiadamente en una variedad de formas. Somos llamados como

creyentes individuales a alimentarnos a nosotros mismos doctrinal y devocionalmente con la verdad de Dios. Con frecuencia usamos correctamente los textos para refutar a los impíos e incrédulos, defendiendo con convicción delante de Dios y sus santos ángeles la verdad tal como está en Cristo Jesús. Muchas de nuestras oraciones personales, también, deben estar saturadas con pasajes bíblicos. Y los que son llamados a instruir a los niños en el conocimiento de la gracia del Señor Jesucristo no lo podrán hacer provechosamente sin repetidas referencias a la Escritura.

Aunque todo esto y más encuentra su lugar en el sermón, cada texto cuidadosamente seleccionado ha sido colocado en los escritos sagrados con un propósito. Esto es, para formar la mente y el corazón del predicador que estudia en la preparación de su sermón.

Para hacerlo sencillo y claro, el predicador en su preparación debe mirar hacia arriba, hacia el interior, al exterior y hacia delante. Esto le ayudará, por la gracia de Dios, a hacer sus sermones no solamente instructivos sino que también vibrantes y efectivos espiritualmente.

Fundamental en este estudio es la mirada *hacia arriba*. El predicador como hombre llamado a proclamar la Palabra del Dios viviente siempre está delante del rostro de Aquel que lo envió. Sobre todas las cosas es responsable para con Él. Pablo frecuentemente nos recuerda esto cuando habla de su propio ministerio en varias de sus cartas a las iglesias. «Ahora bien, se requiere de los administradores, que cada uno sea hallado fiel. Yo en muy poco tengo el ser juzgado por vosotros, o por tribunal humano; y ni aún yo me juzgo a mí mismo. Porque aunque de nada tengo mala conciencia, no por eso soy justificado; pero el que me juzga es el Señor. Así que, no juzguéis nada antes de tiempo, hasta que venga el Señor, el cual aclarará también lo oculto de las tinieblas, y manifestará las intenciones de los corazones; y entonces cada uno recibirá su alabanza de Dios» (1 Corintios 4:2-5).

Tratando con la Palabra, ya que esta procede de los labios del Señor, el predicador permanece en temor en tanto que contempla el texto. Busca cultivar un profundo conocimiento no solo de su dependencia del Dios de salvación sino también de su gran responsabilidad. Hacer el sermón es un trabajo que nunca se debe desempeñar con facilidad; mucho menos realizarse en un espíritu arrogante. El texto es «santo», dado por Dios para sus soberanos propósitos. Él pesa los pensamientos de la mente y los intentos del corazón cuando compartimos un sermón sobre la base de su Palabra. Ningún «fuego impío» puede arder en nosotros cuando nos ocupamos en este trabajo.

Pero, en relación a esto, se pide más de nosotros. Este profundo conocimiento de Dios, de nuestra parte, debe controlar nuestra comprensión del mensaje que traemos. Somos llamados a darle a conocer tal como Él se revela en el pasaje. Así, cuando predicamos sobre pasajes que hablan acerca de Abraham, Elías, Pedro o María la madre de nuestro Señor, por mencionar algunos, debemos declarar lo que Dios está haciendo y diciendo en sus circunstancias. En todos estos tratos está comprometido en darse a conocer a nosotros hoy en día. El profundo fracaso de muchos sermones que han sido y aún son predicados, surge de la falta de conocimiento de este carácter fundamental de toda la Escritura. Hoy en día la gente, incluso dentro de las iglesias, parece no tener un verdadero sentido de la presencia del Dios viviente en la predicación y consecuentemente en su vida cotidiana. Por esto muchos predicadores tienen gran parte de culpa. Por más que sea fiel el predicador en tener en mente las necesidades de sus oyentes, sea consciente de su situación psicológica, sociológica y cultural, esta nunca es la primera demanda puesta sobre él. Debe estudiar y escribir, y por lo tanto, siempre hablar primero que todo como alguien que está en la presencia del Señor de los cielos y de la tierra.

Esta dimensión de la predicación por sí sola le da el carácter festivo a la adoración cristiana.

Asistir a la iglesia, escuchar la Palabra y participar de los sacramentos siempre debe ser una celebración. Aquí conmemoramos las poderosas obras y palabras del Señor.

Con frecuencia la cuestión que ha sido discutida es si la predicación (y por lo tanto la vida cristiana) debe ser Teocéntrica o Cristo-céntrica. No debería causar sorpresa que el asunto se plantee. Incluso entre los que han sido poco instruidos en el evangelio encontramos parcialidad. En la historia de la predicación encontramos por décadas un excesivo énfasis en Jesús como hombre, como un contemporáneo, como un ejemplo. No hace mucho tiempo el «Jesús-persona» hizo su fuerte reclamo entre muchos de la generación joven que se sintieron perdidos en medio de las confusiones y contradicciones de la sociedad moderna. En esa relación poco se dijo acerca de Jesús como el Cristo de Dios, para el penoso mal uso o descuido también del Antiguo Testamento. Por otra parte ha habido predicación que ha enfatizado tanto la inefabilidad, la majestad y la trascendencia de Dios, que la dimensión de la gracia, que caracteriza a toda la revelación bíblica, fue oscurecida. En tales casos, la gente fue llevada a la esclavitud en lugar de a un temor ingenuo a Aquel que llama a la salvación por medio de Cristo Jesús. Para el ministro del Nuevo Testamento el dilema entre la predicación Teo-céntrica o Cristo-céntrica es falso. Los apóstoles eran plenamente conscientes de esto, como Pablo lo afirma: «porque no nos predicamos a nosotros mismo, sino a Jesucristo como Señor, y a nosotros como vuestros siervos por amor de Jesús. Porque Dios, que mandó que de la tiniebla resplandeciese la luz, es el que resplandeció e nuestros corazones, para iluminación del conocimiento de la gloria de Dios en la faz de Jesucristo» (2Corintios 4:5, 6).

Por lo tanto toda predicación debe ser apropiadamente doxológica. Cada texto en la Escritura, ya sea largo o breve, declara algo que sirve a la alabanza y la gloria de Aquel que llama a los hombres fuera de las tinieblas a su luz admirable.

El predicador debe ocuparse en esa alabanza desde el mismo principio de la preparación de cada sermón, para que cuando esté delante de la congregación para traer la Palabra de Dios, su corazón, su mente y el mismo sermón sean inflamados con celo por el honor y la gloria del Dios Trino.

La «doctrina» de la bendita Trinidad, creída y proclamada en el lenguaje sencillo de la Escritura, es el sello de toda predicación y práctica verdaderamente cristiana. Lo que en el Antiguo Testamento fue visto vagamente, ahora en el Nuevo Testamento es hecho suficiente y abundantemente claro. Todos los creyentes deben aprender a regocijarse en Dios como Padre, Hijo y Espíritu Santo por medio de nuestro Señor Jesucristo en quien habita corporalmente la plenitud de la divinidad. Quien quiera que verdaderamente le vea con fe también ve al Padre. Todo el que viene a Dios por medio de él, atraído por la bendita obra del Espíritu, nunca será abandonado. Tal es el Dios al que el predicador es llamado a servir; tal es el verdadero Dios a quien, por consiguiente, desea con amor ardiente proclamar por doquier y en todo tiempo.

Cuando el predicador cultiva esta mirada ascendente de manera consistente, especialmente en la preparación de sus sermones, también estará en la capacidad de realizar una mirada *hacia el interior*. Se ve a sí mismo como el siervo de Dios llevando siempre y únicamente la Palabra que hace a los hombres sabios para la salvación.

Cada texto, por consiguiente, exige el mejor de los esfuerzos del predicador.

Una vez más, se recuerda que no es sino solo un siervo. Está atado al texto, así como este ha sido incorporado en la totalidad de la Escritura. No debe añadir nada que no esté claramente contenido en él directamente o por implicaciones adecuadas de pasajes paralelos de los Escritos Santos. Tampoco debe intentar minimizar u omitir del pasaje lo que pueda parecer desagradable para él o para sus oyentes.

Aunque es un siervo, a la misma vez tiene que reconocerse como un *embajador* que habla con autoridad. Por cierto, nunca debe enseñorearse de la herencia del Señor. Antes que nada siempre permanece como hermano en Cristo entre los demás miembros de la misma familia espiritual. Todo lo que ha recibido como talentos, oportunidades y privilegios, es fruto de la gracia de Dios. Pero, al mismo tiempo, la Palabra que lleva está revestida de autoridad divina. En tanto que con fidelidad lleve esa Palabra en su claridad y plenitud, lo que dice llevará consigo la mismísima autoridad de Dios. Nuestro Señor dijo a sus discípulos (y cuando llevamos la Palabra debemos seguir sus pasos): «el que a vosotros recibe, a mí me recibe; y el que me recibe a mí, recibe al que me envió. El que recibe a un profeta por cuanto es profeta, recompensa de profeta recibirá; y el que recibe a un justo por cuanto es justo, recompensa de justo recibirá» (Mateo 10:40, 41). De la misma manera Pablo exhorta al joven Timoteo: «Esto manda y enseña. Ninguno tenga en poco tu juventud, sino sé ejemplo de los creyentes… no descuides el don que hay en ti, que te fue dado mediante profecía con la imposición de las manos del presbiterio». (1 Timoteo 4:11, 12, 14).

En la actualidad vivimos en un mundo que se caracteriza por tener una crisis de autoridad. Esto, a pesar de todo lo que el Nuevo Testamento enseña acerca de la iglesia y la autoridad de sus oficiales, también ha invadido la comunidad del pueblo de Dios. No se puede negar que, de vez en cuando, ellos han cometido grandes abusos de dicha autoridad. Pero el abuso nunca sirve como excusa para rechazar el uso bueno y propio de lo que Dios ha ordenado para el bienestar de su pueblo. En nuestro tiempo, cuando incluso muchos de los que se dicen ser cristianos caminan siguiendo los deseos de su corazón, necesitamos escuchar desde el púlpito una y otra vez, en obediencia al Señor: «¡Así dice el Señor!». Sin ello la predicación degenera en poco más que amables consejos que pueden aceptarse o rechazarse con impunidad. Tal predicación no es la proclamación que Él requiere de sus siervos.

Sin embargo, todo esto debe hacerse con verdadero cuidado pastoral. El predicador es, sea cual sea la distinción que se haga entre el heraldo y el maestro, siempre un pastor. Incluso entre aquellos que deberían conocer mejor la distinción, a veces se hace demasiado bruscamente. Encontramos predicadores que dicen que su principal preocupación es el consejo pastoral y ello en detrimento de la autoridad dada por Dios para llevar la Palabra a tiempo y fuera de tiempo. Tampoco son agradables a Dios quienes, aunque aparentan desde el púlpito una predicación con gran fervor, fracasan a la hora de entrar y salir entre su pueblo para servirles cuando enfrentan los problemas y dolores en la vida.

Cada texto, por lo tanto, se dirige al ministro con el llamado a examinar su propio corazón y vida, con especial consideración de su alto llamamiento. Sin duda que esto será más directo y específico en unas ocasiones que en otras. Pero Dios siempre habla al predicador por medio de su Palabra para que pueda más diligentemente poner atención a su propio desarrollo espiritual en el servicio de Dios. «Ocúpate en estas cosas; permanece en ellas, para que tu aprovechamiento sea manifiesto a todos. Ten cuidado de ti mismo y de la doctrina; persiste en ello, pues haciendo esto, te salvarás a ti mismo y a los que te oyeren» (1 Timoteo 4:15, 16).

Además, el predicador, al prepararse para el púlpito, tiene el encargo de poner atención a la situación de la vida de la congregación. Esta es la mirada hacia fuera; una y otra vez se hace la pregunta: ¿Cuál es el propósito del Espíritu Santo con este texto específico para hablar a los corazones y vidas de los oyentes en el mundo de hoy en día?

Gran parte de esto se ha considerado, en forma general, en relación con la exposición y aplicación de la Palabra de Dios.

Merece añadirse, sin embargo, la preocupación «sacerdotal» para con la congregación, la cual debe motivar al predicador en la preparación de cada mensaje. Aunque su «oficio» difiere radicalmente en muchos aspectos de aquel del sumo sacerdote, que funcionó como mediador entre Dios y su pueblo en la antigua dispensación, el predicador ha asumido la responsabilidad de elevar a Dios en oración las necesidades del pueblo (Éxodo 28). Incluso más, la compasión del gran sumo sacerdote de nuestra confesión debe ser reflejada en la preparación del sermón para la adoración congregacional. Debe conocer sus necesidades, de manera que el temeroso sea animado, el desobediente sea restaurado, el indiferente sea despertado a la gloria del evangelio, el afligido sea consolado y la entera compañía del pueblo de Dios incitada a una vida de adoración, testimonio y trabajo en obediencia a la Palabra. Solamente manteniendo firme su atención en sus condiciones y necesidades espirituales será capaz de hablar a sus corazones y vidas, previniendo así que sus sermones sean ejercicios puramente intelectuales, o discursos moralistas. Es llamado a proclamar las riquezas de la gracia divina en Cristo Jesús, quien salva completamente a todos los que se acercan a Él en fe.

Quien esté empapado con este alto sentido del llamado, dedicará mucho tiempo a aprender a conocer a la congregación.

Muchas de estas necesidades, junto con las aspiraciones del alma despertadas por la obra del Espíritu, son fundamentalmente las mismas de una iglesia a otra. Siempre está bien el llamado al arrepentimiento, a la fe y a la obediencia, como es afirmado o está implicado en el pasaje. Pero la situación existencial del pueblo de Dios mostrará marcadas diferencias de una congregación a otra. Hay diferencias de educación, así como factores sociales y culturales que influyen en la forma en que la gente oye, entiende y vive. Los ejemplos, las ilustraciones y las figuras retóricas que fácilmente se relacionan con una comunidad agrícola pueden no significar nada para quienes viven en áreas urbanas. Las personas que trabajan día tras día en una línea de ensamble enfrentan problemas muy diferentes de los que agobian al ama de casa, al profesor o al vendedor en el camino. Incluso más, el predicador no debe dar por sentado que lo que es claro para él cuando lee y reflexiona en la Palabra de Dios, es también claro para la gente que lo oye. Hoy en día, incluso en congregaciones bien establecidas, pronto descubrimos una asombrosa ignorancia de las verdades más fundamentales de la Escritura. Vivimos en una era en que la gente ha estado alejada considerablemente del verdadero Dios porque ya no lee la Biblia con fidelidad. La radio, la televisión y una multitud de atractivas revistas ilustradas ayudan a secularizar esta generación en un grado alarmante. Un ministro ya no puede dar por sentado que los que han confesado al Señor Jesucristo conocen bien sus Biblias. A menos que esto sea restaurado también por medio de la predicación expositiva, la iglesia se comprometerá cada vez más en pensamiento, palabra y obra con el mundo incrédulo e impío en el que vive.

Los factores psicológicos también se deben observar en esta conexión. Algunos de estos factores recibirán mayor atención en nuestra consideración del culto público, como la forma, el tamaño y la apariencia física del templo junto con su amueblado. Pero ya ahora el ministro hace bien en darse cuenta de que no todos los que se reúnen para la adoración están siempre deseosos o dispuestos a escuchar bien. Algunos vienen a la iglesia después de una agotadora semana de trabajo, con prisa incluso en las primeras horas del Día del Señor. Otros han pasado demasiado tiempo entreteniéndose y complaciendo sus apetitos carnales durante la semana. Luego están aquellos que entran a la casa del Señor llevando pesadas cargas en sus mentes y corazones. Incluso los alegres cantos de la congregación y la oración ferviente del predicador no los animarán. Por consiguiente la atención cuidadosa a la lectura de la Escritura y la introducción adecuada al sermón es exigida del ministro que anhela partir el pan vivo para aquellos que están reunidos para la adoración. Un predicador pedante contribuye a una audiencia indiferente. El predicador mismo debe ser motivado por el privilegio y la responsabilidad de hablar de parte de Dios, quien por medio de la Palabra y el Espíritu de Cristo entra en comunión con los que están en pacto con él.

La Palabra siempre debe ser presentada. Pero esta Palabra, que tan bien conocemos por la Escritura misma, se encuentra con una oposición instintiva de parte del hombre. Incluso después de la conversión el hambre y la sed del hombre por la salvación permanecen lejos de lo que pudieran y debieran ser. Gran parte de la asistencia a la iglesia fácilmente degenera en la forma y la costumbre. Y, aunque los buenos hábitos deben ser inculcados, confirmados y apreciados, el encuentro con el Señor en la comunión de su pueblo solo será provechoso espiritualmente cuando sea más que algo puramente ritual.

Aunque solamente el Espíritu Santo despierta de verdad el alma a su necesidad espiritual de Dios y la salvación, el Señor se complace en emplear como «medio» para este fin el ministerio de los hombres. Esto exige lo que un escritor apropiadamente ha llamado: «imaginación creativa». En su pequeño artículo sobre este tema, W. J. B. Martín comenta sobre el poder de la predicación de algunos de los grandes predicadores del pasado:

Ellos no fueron semejantes a abogados defendiendo un caso o agentes de ventas insistiendo sobre un producto, sino que más bien fueron como poetas buscando bañar la mente con luz, para fortalecer las emociones con el esplendor de la revelación y así capturar la voluntad para Dios. En el cumplimiento de su tarea usaron todos los recursos de la imaginación, la ilustración, la parábola y la metáfora.

Debe estar clarísimo que esto significa mucho más que coleccionar y saturar con una multitud de anécdotas (que debieran usarse solo con moderación). La Escritura misma muestra el camino. Notamos la forma altamente descriptiva en la que los profetas hablan tanto de juicio como de gracia. Aprendemos a hacer uso del lenguaje de los salmistas conforme ilustran las batallas y éxitos del pueblo de Dios en la antigüedad. Comenzamos a apreciar el llamado que las palabras de Dios hacen al pueblo cuando les habla en metáforas y parábolas. También Pablo, cuando expone las profundas verdades del pecado y la salvación en todas sus dimensiones, tomando las figuras del lenguaje de las experiencias diarias, de los juegos vigorosos y órdenes políticas que influenciaron el mundo de su tiempo. Como en la Biblia, nuestro lenguaje tiene que ser expresivo, terrenal y visual, sin caer en la deplorable jerga del hombre de la calle.

Aquí haremos bien en aprender del profeta Ezequiel. De él leemos que «se asentó donde el pueblo se asentó». Así también, solamente el predicador que se encuentra con su pueblo en la calle, en la tienda y en la casa será capaz de establecer relación con aquellos que vienen a escuchar lo que tiene que decir en el nombre de Dios acerca de los temas apremiantes de la vida y la muerte.

Tal predicador, buscando moldear el texto en un mensaje apropiado e inspirado para la congregación, continuamente se dirigirá a su texto con preguntas como: ¿Qué creo que significa este pasaje para el oyente promedio? ¿Qué debe significar de acuerdo al intento y propósito del Espíritu que inspiró y lo registró para la iglesia de todos los siglos? ¿Cómo puedo más claramente y efectivamente ayudar a mis oyentes a hacer la transición en la mente y el corazón desde la primera a la segunda etapa de comprensión? Mientras que en primer lugar está dedicado a la predicación para y por sí mismo, mantiene su ojo espiritual enfocado en la congregación a la que ministrará el Día del Señor que se avecina. Más que ningún otro, hará de las palabras de Frances R. Havergal su oración diaria:

Señor háblame, para que pueda hablar
En ecos vivos de tu voz;

Como tú has buscado, así déjame buscar
A tus descarriados hijos perdidos y solos.

Oh enséñame, Señor, para que pueda enseñar
¡Las preciosas cosas que tú das!
Y lleva mis palabras para que puedan alcanzar
Las profundidades ocultas de muchos corazones.

Al mismo tiempo, esta mirada del ministro hacia el exterior, conforme prepara su sermón, será dirigida hacia el mundo perdido y solitario más allá de los límites del pueblo de Dios reunido. En tanto que sabe que alguien totalmente alejado de Dios y la salvación puede en ocasiones detenerse en la iglesia, se da cuenta que su alcance evangelístico generalmente es muy restringido. Pero su mensaje debe mover a los creyentes a testificar de la esperanza por la cual viven. Les debe mostrar el camino por el cual pueden llegar a ser «cartas vivas que son leídas por todos los hombres». Generalmente sus hechos atraen a otros mucho, más efectivamente que sus palabras.

En los inicios del cristianismo, muchos fueron llevados a conocer al Señor a través de las vidas renovadas de los creyentes. Para la iglesia actual, para ser verdadera iglesia debe demostrar el poder renovador de la gracia de Dios en Cristo Jesús. Así como el cuerpo que no respira está muerto, también la iglesia y su membresía que no reflejan en su vida diaria al Salvador que llama a su pueblo al servicio. Para este fin el sermón debe dar forma a las vidas de los oyentes. Especialmente el ministro de la Palabra tiene el propósito de estimular a todos los creyentes, cada uno en su propia situación de vida y adornada con los dones que el Espíritu en su voluntad le ha placido dar al ministro y a los demás. Pablo enfáticamente les recuerda esto a sus lectores en Efesios 4:11-13: «Y él mismo constituyó a unos, apóstoles; a otros, profetas; a otros, evangelistas; a otros, pastores y maestros, a fin de perfeccionar a lo santos para la obra del ministerio, para la edificación del cuerpo de Cristo, hasta que todos lleguemos a la unidad de la fe y del conocimiento del Hijo de Dios, a un varón perfecto, a la medida de la estatura de la plenitud de Cristo…».

Lo que Pablo escribió hace siglos nos recuerda vívidamente también como predicadores, la urgencia de preparar sermones dando atención a la mirada *hacia adelante*.

Muy frecuentemente (también en los sermones) olvidamos que el cristianismo es la religión escatológica verdadera.

La nuestra es una fe en el futuro a medida que se desarrolla paso a paso según el designio del Dios eterno. Él obra todas las cosas según el consejo de su propia voluntad. Este gobierno lo ha confiado a nuestro Salvador quien, sentado a la diestra de Dios y eternamente intercediendo por aquellos a quienes ha redimido con su preciosa sangre, es el Señor de la historia. Estamos viviendo en «los últimos días». No solamente en todo lo que sucede en su mano; también les asegura a quienes creen que ningún cabello puede caer de sus cabezas sin la voluntad del Padre celestial. Él viene otra vez a juzgar a los vivos y a los muertos y a traer a su consumación gloriosa la promesa de una creación renovada. La congregación siempre necesita ser despertada a la conciencia espiritual y la apreciación de su carácter «peregrino».

Nada es más devastador para nuestra vida en Cristo que la satisfacción con el estatus quo. Muy fácilmente los creyentes son tentados a la complacencia, cuando el sol de la prosperidad terrena y la paz brillan sobre ellos, o a desesperar, cuando las olas de la apostasía o adversidad o persecución amenazan con agobiar la causa de Cristo y el evangelio. Menos aún que la fe pueda dar ceder al fatalismo. Servimos al Dios que tienen todo el mundo en sus manos y siempre está al cuidado de los suyos. Hemos «nacido de nuevo para una esperanza viva por la resurrección de Jesucristo de los muertos, para una herencia incorruptible, incontaminada e inmarcesible, reservada en los cielos para vosotros, que sois guardados por el poder de Dios mediante la fe, para alcanzar la salvación que está preparada para ser manifestada en el tiempo postrero» (1Pedro 1:3-5).

Por lo tanto, los creyentes se deben fortalecer con esa esperanza que nunca avergüenza a los que confían en el Salvador.

Todos los dones y gracias que son necesarias para luchar contra el pecado en ellos y alrededor de ellos han sido prometidos por Cristo. Ni por un momento, ni siquiera en las más grandes tentaciones y pruebas de la vida, los abandonará. En base a su promesa solemne son instados a implorar cada día. El ojo de la fe se levanta entonces por encima de las tormentas de la vida para ver a Aquel que por la predicación de las «buenas nuevas» los acerca cada vez más hacia él, a media que les da la sabiduría, fortaleza y paciencia necesarias para servirle con gozo.

Esto hace que cada servicio de adoración a Dios sea un acontecimiento feliz. En ese tipo de servicio nos enfocamos siempre en el Cristo victorioso como Salvador y Señor.

No todo pasaje elegido como texto para el sermón apuntará a esto directamente. La congregación debe tomar conciencia de su pecaminosidad y pecado. Su vida debe ser formada por medio de un reconocimiento de la condición perdida de todos los hombres por naturaleza. Pero aquí no solamente la elección de un texto específico, sino también el uso del texto seleccionado, deben ser gobernados por el principio de que la verdad de Dios nos llega como «buenas nuevas». En ningún momento se puede predicar la realidad y el poder del pecado sin el énfasis correspondiente e incluso mayor sobre la salvación a través de nuestro Señor Jesucristo. Sin esta nota, el sermón, no importa qué tan ortodoxo pueda parecer, cuando se pone a prueba de la sana doctrina es menos que cristiano. Tal mensaje no solamente produce un fruto amargo de desánimo y desesperación; por medio de sus omisiones distorsiona las Escrituras y ofusca la gloria del Dios de nuestra salvación.

Lo que necesitamos actualmente es una comprensión de

la historia, involucrando no solamente a los individuos y la iglesia, sino todas las razas, pueblos y naciones, a la luz de la Biblia, que revela autoritativa e infaliblemente los propósitos soberanos de Dios. Ciertamente, mucho, quedará todavía en el misterio. Solamente la fe puede regocijarse con plena seguridad de que el futuro para el pueblo de Dios es tan brillante como sus promesas. Pero debido a que la predicación a veces parece haber perdido esta alta nota, las tiendas de los justos –por usar las palabras del Salmo 89– a menudo no logran resonar con una expectación gozosa. Ya desde ahora, el inicio de la vida eterna y la felicidad deben cultivarse asiduamente. Y para este propósito el predicador debe trabajar cuando prepara sus mensajes. Las caras largas enfermas se convierten en una congregación creyente. A los que son de Cristo, él los convoca por su Palabra y Espíritu no solamente a conocer quiénes son sino también a dónde van.

Tal predicación sirve a los santos propósitos para los cuales Cristo la destinó. La preparación a menudo parecerá difícil; al mismo tiempo, para aquellos que le aman a Él y a su salvación, producirá una de las delicias más grandes de la vida.

CAPÍTULO 11
Tipos de textos bíblicos

··· ⚭ ···

*Estas son las palabras que os hablé, estando aún con vosotros, que era
necesario que se cumpliese todo lo que está escrito de mí en la ley de Moisés, en los profetas y en los salmos. Entonces les abrió el entendimiento,
para que comprendiesen las Escrituras.*

Lucas 24:44-45

*No existen cantos comparados a los cantos de Sion, no hay oraciones
iguales a las oraciones de los profetas, y no hay políticos como los que la
Escritura enseña.*

John Milton

Ningún otro libro jamás escrito le llega a los talones a
la Biblia. Cualquier luz y verdad que pueda dar a la
vida del hombre se desvanece más rápidamente que
el brillo de las estrellas al amanecer de un nuevo día.

La Biblia, tan abandonada y tan desconocida en el mundo actual, es incomparable. Su majestad en declararnos los
caminos del Dios soberano abruma el alma. Su belleza ha
maravillado a muchos genios literarios para imitar su estilo.
Sus verdades todavía ponen en vergüenza a los filósofos. Su
elevado código moral ha despertado las conciencias dormidas de individuos y naciones. Sus promesas han dado fortaleza cuando los corazones vacilaron debido a las perplejidades y penas de la vida.

Pero todo esto dice muy poco. La Biblia es «el libro del
pacto de Dios». Proclama sus propósitos de salvación para
los que, escuchando y creyendo a su voz, responden en fe
trabajando a través del amor. Él es el Dios buscador y salvador en Cristo Jesús nuestro Señor. Por medio de la proclamación de esa Palabra, como el principal medio de gracia,

Dios nuestro Padre celestial reconcilia a un pueblo consigo mismo. Cambia sus tinieblas en luz conforme les enseña, ama y cuida. Y al abrir el camino de la comunión con Él para todos los que se arrepienten y creen, por medio de esa misma Palabra cierra ese camino para los incrédulos e impíos.

Esta es aquella «utilidad» de la Santa Escritura que Pablo elogió a Timoteo. A través de su uso adecuado «el hombre de Dios» es perfeccionado. Su vida en todas sus actitudes y actividades es renovada diariamente conforme el Espíritu aplica la Palabra al corazón. Es equipado completamente para toda buena obra con el propósito de servir a Dios y a su prójimo con gozo.

Creyendo esto con todo el corazón, el predicador se ocupa en predicar la Palabra. Se compromete a proclamarla por doquier y tan fiel y completamente como sea posible. En el sermón tanto el predicador como el pueblo escuchan la voz del Dios vivo que los convoca a encontrar su reposo, fortaleza y paz en Él. Ella les asegura la vida, la luz y la libertad.

Con el propósito de que esto se pueda cumplir conforme el Espíritu trabaja con la Palabra, los que son llamados a administrarla a la congregación son estimulados a reconocer la rica variedad de formas en las que Dios se dirige al hombre y sus necesidades. La Biblia habla a cada condición y situación. Al revelar su voluntad a la humanidad le ha placido a Dios usar hombres de muchos tipos y en muchas ocasiones y de muchas maneras. Y esa Palabra la entregó infaliblemente para escribirse para todas las edades. De sus páginas vamos a aprender todo lo que es necesario para la salvación.

De manera especial el homilista debe hacerse cada vez más consciente de la variedad de formas literarias en las que la Biblia ha sido producida. Sin que de ninguna manera oscurezca la unidad de la Santa Escritura y su mensaje, intenta exponer las «buenas nuevas de Dios» en toda su riqueza. Para este objetivo se familiarizará con los principios básicos de la interpretación bíblica, para que no pervierta el significado del texto que expone y deshonre al Espíritu que ha preservado esa Palabra en la forma en la que ha llegado a nosotros.

No hay nada monótono respecto al estilo literario de la Escritura. Aquí reconocemos lo que comúnmente se llama «el factor humano en la Biblia», sin que por ello se divorcie de o se coloque en oposición a su carácter divino, y por lo tanto autoritativo e infalible. Esto otorga a los sermones su vitalidad y dinamismo tan necesario, así como también variedad.

Una consideración de la amplia variedad de las formas literarias en la Palabra de Dios pertenece propiamente al estudio de los *Principios de Interpretación Bíblica*. Nuestro interés en este momento es la aplicación de estos principios al trabajo de preparación del sermón.

Algunos comentarios sobre este tema no están fuera de lugar.

En los *Principios de Interpretación Bíblica*, Luis Berkhof dirige nuestra atención a éstas diferencias literarias que aparecen en las páginas de la Biblia.

El hecho de que el Espíritu Santo empleó a profetas y apóstoles con sus idiosincrasias personales, sus talentos naturales, y su conocimiento adquirido, da naturalmente lugar a una diversidad considerable. Cada autor puso en su libro un sello definido. Cada uno desarrolló sus propios pensamientos de forma distinta, los presentó según la ocasión requería, y los expresó en su estilo característico. Hay una gran diferencia, por ejemplo, entre Isaías y Jeremías, entre Pablo y Juan. No todos tienen el mismo vocabulario, ni escriben en el mismo estilo. Sus escritos no tienen el mismo contexto histórico y no presentan la verdad desde el mismo punto de vista. Cada libro de la Biblia tiene un carácter individual.

Con esto en mente, añade comentarios sobre «las formas fundamentales de la revelación de Dios», organizándolos bajo cuatro encabezados principales:

(1) Dios expresó en parte su revelación en forma de narra-

ción histórica. Es de la mayor importancia recordar que los hechos históricos narrados en la Biblia forman también parte esencial de la revelación divina y deben ser interpretados como tales.

(2) Dios nos hizo conocer su voluntad en parte por medio de discursos o escritos didácticos. En el Antiguo Testamento, la hallamos especialmente en la Ley y en la literatura sapiencial, mientras que en el Nuevo Testamento se encuentra en las parábolas y discursos del Señor, así como en las epístolas apostólicas.

(3) También Dios nos da una visión de los misterios de su consejo por medio de la profecía. Esta interpreta los caminos de Dios en el pasado, revela su voluntad para el presente y abre brillantes visiones del futuro para consolación del pueblo de Dios.

(4) Finalmente, Dios se revela también en la poesía, por la cual oímos las vibrantes notas de una poderosa orquesta. El doctor Stuart Robinson dice poéticamente: «Las notas del conmovido corazón de Dios dirigen el canto, y las cuerdas del alma humana, tocadas por su gracia, responden en coro».

Mientras que estas junto con las otras distinciones deber observarse, no podemos olvidar que las Escrituras no tienen sino un solo sentido. Por consiguiente ella se abre a la investigación lógica a medida que buscamos interpretarla.

Esto debe hacerse valer en oposición a aquellos que afirman un sentido múltiple para la Biblia y sus enseñanzas. Dios no habla ambiguamente, de manera que las mentes y corazones de los lectores trastabillen en un laberinto de incertidumbre de la que solamente una élite profesional puede liberarnos. Su Palabra ha llegado a nosotros en forma clara y concisa. Fue escrita para el bienestar de todos los que la lean con una comprensión creyente. Dios siempre tiene en mente la glorificación de sí mismo al hacer conocer el camino de salvación para los pecadores. Por lo tanto sería inconcebible que hubiera provisto el conocimiento de su voluntad y sus caminos en alguna forma oscura y desconcertante. Esto frustraría el propósito mismo de su venida misericordiosa a nosotros en la Palabra. Por lo tanto debemos guardarnos contra la tentación en la que muchos han caído, de encontrar alguna verdad más allá de lo que está dicho en el texto sobre el que somos llamados a predicar.

Sin embargo todo esto no implica que la comprensión correcta del texto bíblico sea algo sencillo. Esa Palabra nos llega en lenguaje humano, formado en el transcurso de michos siglos y por personas de varias culturas. Muchas palabras no tienen solamente un significado original sino también varios significados derivados. Estos no necesariamente contradicen el significado original sino que a menudo lo mejoran y amplían. También en la Santa Escritura el mismo término a menudo toma connotaciones más ricas y profundas conforme Dios se revela más plenamente de una generación a la siguiente. Siempre hay matices de significado que pueden determinarse solamente a través de un cuidadoso estudio del contexto en el que el autor las ha empleado. Aquí la situación histórica a la que se dirige el orador o escritor original desempeña un papel importante al tratar de entender el significado y propósito original. No obstante, no nos obliga a pensar en términos de dos formas distintas de interpretación. Davidson con razón afirma:

La interpretación gramatical e histórica, cuando son bien entendidas, son sinónimas. Las leyes especiales de la gramática, conforme a las cuales los escritores sagrados emplearon el lenguaje, fueron el resultado de sus peculiares circunstancias.

Mucha luz, por lo tanto, es arrojada sobre un texto, cuando consideramos cuidadosamente quién habla o quién escribe las palabras que estamos estudiando en la preparación para predicar sobre un texto. Al mismo tiempo debemos tener debidamente en cuenta a las personas a las que por primera vez fue dirigida, y la situación histórica y religiosa propia en la que se encontraban. Al mismo tiempo observaremos el propósito que el escritor tenía en mente, ya sea instruir, consolar o reprender a los que se estaba dirigiendo por primera vez. Ningún texto debe interpretarse tampoco sin tener en cuenta el propósito del capítulo o libro (el contexto) en el que se encuentra. Tal entendimiento no solamente ilumina el libro como un todo sino también los detalles que contiene. Por ejemplo, Génesis fue dado para los hijos de Israel no solamente para darles información respecto a los eventos históricos pasados, sino para instruirlos con respecto a su lugar y llamamiento único en desarrollo de la obra redentora de Dios a favor de la raza humana caída. De esta manera, también, Pedro escribió su primera epístola a los creyentes que estaban luchando con las pruebas y tentaciones a las que estaban expuestos, los inspiró con aquella esperanza que como fruto de la fe podía animar sus días. Volviéndonos a los cuatro evangelios, no encontramos biografías de nuestro Señor Jesucristo. No era el propósito de los cuatro escritores, inspirados por el Espíritu, informarnos de todo lo que Jesús dijo o hizo durante su ministerio terrenal; más bien su propósito fue proclamar las poderosas obras de Dios en Cristo de manera que los que escucharan sus narraciones fueran estimulados a una fe viva en Aquel que ha traído la vida y la inmortalidad a la luz. Sin duda que esto ayuda a explicar el hecho de por qué se dio tan poca atención en estos escritos al nacimiento e infancia de nuestro Señor, en tanto que grandes porciones se dedican a la pasión, muerte y resurrección de Aquel que garantiza nuestra salvación.

Pero habiendo dicho esto, aún no hemos dicho todo lo que es necesario decir al respecto.

Está, como todo interprete y predicador reformado reconocerá, lo que puede llamarse la «interpretación teológica» de las Escrituras como un todo y todos sus textos debidamente seleccionados. Una vez más, esta no es una tercera y adicional forma de interpretación; está incrustada en lo que ya hemos afirmado en referencia a la comprensión gramatical e histórica de varios pasajes.

La Biblia nunca puede ser entendida y explicada correctamente separada de una fe segura en ella como la autorevelación santa, divina e infalible de Dios. Ella constituye un «todo orgánico», ninguna de sus partes puede entenderse correctamente excepto a la luz de toda la Escritura. Siempre es el mismo Dios y Padre de nuestro Señor Jesucristo quien se dirige a la humanidad por medio de estos escritos sagrados. Su mensaje, el cual se centra en la redención de la humanidad caída por medio del único Salvador, es el mismo. La voluntad de Dios para la vida del hombre es siempre básicamente la misma, el llamado al arrepentimiento para con Dios y la fe en el Señor Jesucristo, ya sea como el prometido en el Antiguo Testamento o proclamado en toda su plenitud después de su sufrimiento, muerte y resurrección. Ninguna parte de la Biblia puede ser interpretada contra otra, como si hubiera algún tipo de contradicción entre las palabras que Dios ha hablado. Cuando, por lo tanto, nos encontramos un texto que parece establecer su enseñanza en oposición a la verdad claramente declarada en otro lugar, hacemos bien en estar en guardia para que no hagamos injusticia a la veracidad de nuestro Dios y la unidad de su Palabra. Aquí el principio de interpretar la parte a la luz del todo debe seguirse rigurosamente. La falta de clara comprensión brota de nuestra finitud agravada por las consecuencias de la pecaminosidad humana: no es ocasionada por la Escritura misma aunque en toda su riqueza ella nunca será completamente comprendida por nosotros en esta vida.

A la misma vez el predicador es llamado y desafiado a usar la Biblia rectamente.

Esto requiere un reconocimiento de la variedad de textos que encontramos en ella. Y en esto nos interesa estar atentos a esta variedad, de modo que seamos capaces de llamar de mejor manera a los hombres al arrepentimiento y la fe, y edificar al pueblo de Dios en la fe más santa. Para este propósito nos ha provisto con textos o pasajes de muchos tipos, todos los cuales merecen un lugar en el repertorio de sermones del predicador. En este aspecto, una «clasificación científica» es casi imposible. Cuando hablamos de «textos doctrinales», destinados esencialmente a instruir a los oyentes en los maravillosos hechos de Dios para salvación, no podemos ignorar el hecho de que tal material doctrinal contiene implicaciones personales y prácticas. Dios no está interesado en simplemente dar información interesante. Desafía a los oyentes a una vida nueva y piadosa. Así hacen también las secciones éticas o parenéticas de la Santa Escritura fundamentadas en la persona y obra de nuestro Señor Jesucristo «el cual nos ha sido hecho por Dios sabiduría, justificación, santificación y redención» (1Co 1:30). Por lo tanto, todos los textos de verdad tienen en sí mismos, sin negar su primer y principal propósito, una aplicación múltiple para la vida de los creyentes. Cuando el predicador observa esto apropiadamente, los sermones ciertamente serán de provecho espiritual para la congregación, bajo la supervisión y actividad bendita del Espíritu Santo.

Textos doctrinales
No hace falta decir que la Escritura está repleta de «enseñanza».

El Dios eterno, a quien le ha placido darse a conocer para salvación, en primer lugar tiene como objetivo instruir a quienes vienen a estar dentro del alcance de su voz en la Biblia. Debido al pecado, el hombre ha perdido el verdadero conocimiento de Dios y su voluntad. Su mente ha sido oscurecida. Está alienado de Aquel quien es su verdadera y única vida. Todos sus esfuerzos por buscar a Dios, si por ventura lo puede encontrar como el Dios de toda gracia y poder para salvar, son frustrados por la cada vez más profunda oscuridad en la que se involucra. Sin duda, Dios no se ha dejado a sí mismo sin testimonio para todos los hijos e hijas de la raza humana. La creación eminentemente exhibe la obra de sus manos. El curso de la historia humana, a pesar de sus misterios, habla no solamente de juicio como consecuencia de la deliberada transgresión, sino también de la fidelidad de parte de Aquel que sostiene todas las cosas por el consejo de su voluntad. Incluso un testimonio de pecado, de justicia y de juicio no está ausente de la conciencia, aunque la vida humana se ha vuelto oscurecida y depravada. El Espíritu de Dios todavía lucha («contiende») con la humanidad por doquier. Ningún individuo o pueblo existe sin algún tipo de conciencia «religiosa». Pero todo esto que proclama el poder perpetuo y la divinidad de Dios, es suprimido por el hombre natural en injusticia, como Pablo afirma claramente en Romanos 1. Lo que se necesita es la revelación especial, salvadora del único Dios Trino que llega a nosotros solamente en la Escritura. Solamente así podemos conocerle correctamente a Él y sus caminos, que nos conducen a aquella vida de comunión pactual que es el fin principal de nuestra creación.

De las Escrituras, por lo tanto, todos los hombres, viejos y jóvenes, doctos o analfabetos, conscientes o no de su necesidad, deben ser enseñados. Esta enseñanza no solamente es esencial para el establecimiento de una relación salvífica con Dios; es totalmente necesaria para su preservación y crecimiento a la madurez espiritual.

Obsérvese, entonces, que toda congregación siempre está en necesidad de sana doctrina.

De vez en cuando se levantan objeciones contra la predicación doctrinal. Es considerada demasiado profunda, demasiado irrelevante y poco práctica para las exigencias de la vida diaria. El hombre preferiría involucrarse en la idolatría, configurando en su propia mente y corazón una idea de Dios tal como lo hubiera hecho él. Nos enfrentamos hoy en día a congregaciones llenas de miembros cuya ignorancia de la verdad bíblica es tan trágica como abismal. Reflexionando en la condición de las iglesias a las que había servido, Canon Bernard Iddings Bell tocó la nota que necesita ser escuchada por todas partes: «¡Más doctrina, por favor!». Solamente la verdad de Dios en Cristo Jesús pueden hacer libre a los hombres de la ignorancia y la esclavitud en la que el pecado los ha envuelto.

Lo que esto exige del ministro es un claro entendimiento de todo el consejo de la verdad bíblica. Ella contiene, como los padres solían decir, «un sistema de verdad» que ha de impartirse una y otra vez a quienes participan del culto a Dios. Por medio de la predicación doctrinal las personas deben estar cada vez más familiarizados con Dios y sus obras, con el hombre y sus necesidades más profundas, con Cristo como el único y suficiente Salvador, con el Espíritu Santo que aplica la plenitud del Salvador a las vidas de los hijos de Dios, con la iglesia y los «medios de gracia», y con el destino de la humanidad y el mundo, que se presenta gloriosamente en el regreso del Señor Jesucristo que juzgará a los vivos y a los muertos. Todo esto se coloca finalmente en la *Teología Sistemática*, de la que todo predicador reformado debe ser un estudiante entusiasta y diligente. Por supuesto, tiene que evitar leer en el texto más de lo que en realidad contiene. No debe permitir que su exégesis sea pre-determinada por las definiciones doctrinales que ha aprendido. Pero un estudio de las confesiones y credos de la iglesia, junto con los frutos de muchos estudios doctrinales del pasado y el presente, le serán de gran utilidad. Le impedirán encontrar contradicciones en los Escritos Santos. Frecuentemente abrirán perspectivas en un texto que, de otra manera, podrá desconocer.

Por toda la Biblia se encuentran textos doctrinales. Incluso las parábolas y poemas están repletos de instrucción para los que creen y buscan crecer en la gracia de Dios. Ninguna de las narraciones históricas que llenan tantas páginas de la Santa Escritura está sin alguna referencia doctrinal, ya sea directamente o por una clara implicación y deducción. Sin embargo, hablando estrictamente, la doctrina que la iglesia ha de confesar y por la que vive la encontramos primariamente en los discursos de nuestro Señor y en los escritos (epístolas) de los apóstoles que explican el significado de la obra de salvación de Dios en el Señor Jesucristo. Por lo tanto, en un programa de sermones bien redondeado que tiene como objetivo la gloria de Dios y la edificación de la congregación creyente, esos pasajes recibirán una proporción considerable de la atención del predicador.

Predicar sobre textos doctrinales no siempre es tan fácil como pudiera parecer a primera vista. Generalmente el pasaje elegido para un sermón de este tipo será relativamente corto, para que no sean ignorados aspectos importantes del mismo o que los oyentes sean abrumados con demasiado material para ser adecuadamente comprendido, recordado y puesto en práctica.

El requisito aquí, es ante todo, *precisión*. Cuando el texto habla de la fe, la santificación, el Espíritu Santo, la providencia, el pecado, el juicio o la liberación, no solamente los términos exigen una definición clara y sencilla; debe ser clarificado el aspecto desde el que es presentado el tema en el pasaje. También debe ser expuesto claramente el propósito del escrito al hablar del tema. ¿Está buscando en primer lugar instruir o su propósito es consolar, reprender o amonestar? Solamente así se hará justicia a la Palabra que puede hacer a los hombres sabios para la salvación. Por consiguiente, la doctrina nunca debe ser proclamada en forma abstracta. No somos «salvos» por adherirnos a las proposiciones, sin importar que tan verdaderas sean; somos salvos por Dios en Cristo por medio de la obra renovadora e iluminadora del Espíritu Santo quien hace uso de la *verdad* para llevarnos a la comunión con Dios como sus queridos hijos y herederos.

Tal predicación debe tener como uno de sus principales objetivos, además del fortalecimiento de la fe de las personas, el desarrollo de la congregación como una «iglesia confesional y confesante». Los creyentes tienen el mandato de dar una buena explicación de la esperanza que hay en ellos. Deben dar testimonio de esta verdad tal como está en Cristo Jesús ante el rostro de Dios, de sus santos ángeles, y del mundo en derredor de ellos. Los padres están bajo la obligación de enseñar a sus hijos, también a la luz del sermón que escuchan, las cosas que pertenecen a Dios y a la salvación. Los maestros en las escuelas en todos los niveles educativos, tienen el llamado a instruir a sus alumnos en cada área del aprendizaje a la luz de la revelación que Dios hace de sí mismo como Creador, Gobernador y Salvador, así como Juez de la humanidad. Su tarea no es la de «evangelizar» a los niños y jóvenes como lo hace la iglesia, a la que le han sido confiados los oráculos de Dios. Pero no pueden enseñar el lenguaje de las artes, la historia, la química, la psicología o, para el caso, incluso la aritmética básica sin una profunda conciencia de que todos estos temas, que pertenecen al orden creado, son completamente comprendidos y apreciados solamente a la luz del conocimiento de Dios como Creador y Señor de todo.

Sobre todo, los sermones doctrinales deben ser doxológicos. El fin principal del hombre es conocer a Dios y glorificarle en todas sus obras y todos sus caminos. Esto evita que la predicación sea opaca, oscura o impráctica y permite cantar a los que escuchan con un corazón creyente:

Oh Dios, muy santos son tus caminos,
¿Qué Dios es grande como nuestro Dios?
Tú eres el Dios que hace maravillas;
Hiciste notorio en los pueblos tu poder.
Con tu brazo redimiste a tu pueblo,
A los hijos de Jacob y de José.

Textos parentéticos
Estrechamente asociados con los textos doctrinales están los que se dirigen más directa y explícitamente a los asuntos de

la vida cristiana, es decir, al área de nuestra propia respuesta en pensamiento, palabra y obra a la voluntad de Dios.

En reacción a la predicación moralista que por mucho tiempo caracterizó no solamente a los sermones liberales, sino también a muchos sermones evangélicos, en recientes décadas algunos han enfatizado la predicación «histórico-redentora». La sustancia para tales sermones se encontraba especialmente en las narraciones históricas que abundan tanto en el Antiguo como en el Nuevo Testamento. Esto fue estimulado por los adherentes de la neo-ortodoxia, pero pronto fue tomado y purificado (algo muy necesario debido a la minimización de la neo-ortodoxia de la exactitud y objetividad de lo que está registrado en la Escritura) por un considerable número de eruditos y predicadores reformados en los Países Bajos. Debemos estar agradecidos por gran parte de esto. Una vez más, el Antiguo Testamento recibió la atención en cuanto a sermones que merece. Pero esta «reacción» no estaba exenta de algunas debilidades, incluso entre sus defensores reformados. En ocasiones fueron descuidados los materiales «éticos», «prácticos» y «devocionales» en los que la Biblia abunda. Algunos afirmaron que la congregación debía ser capaz de «hacer la aplicación práctica» por sí misma. Otros instaron que el Espíritu Santo por medio de producir la fe, también mostraría la forma correcta de vivir. Y unos pocos argumentaron que nuestra situación de vida difiere tan radicalmente de la de los tiempos del Antiguo y el Nuevo Testamentos que los mandamientos específicos ya no pueden seguir aplicándose. El argumento era que la simple proclamación de las poderosas obras de Dios para salvación, debe ser estimulo suficiente para caminar agradándole a Él.

Sin embargo, con ninguno de estos razonamientos el predicador reformado debe estar satisfecho. Reconoce que toda la Escritura debe ser predicada, y, por consiguiente, también estos pasajes «prácticos». En la literatura teológica este material ético es llamado «parénesis», derivado de la palabra griega que significa aconsejar, recomendar, exhortar, incluso ordenar. En la Escritura encontramos muchos pasajes como estos. Solo necesitamos llamar la atención a la Ley y a mucha de la literatura sapiencial del Antiguo Testamento. Con el mismo énfasis, nuestro Señor y sus apóstoles llamaron a sus oyentes a una vida nueva, santa y obediente. De esta manera la fe transformaría sus vidas, para que pudieran caminar como es digno de su llamamiento celestial.

En este punto requieren una cuidadosa consideración y una clara respuesta varias preguntas pertinentes. ¿Es este material, quizá, tan evidente que no requiere ninguna explicación por medio de sermones? O si es así, ¿cuál es la relación entre la ley y la gracia, entre el Antiguo y el Nuevo Testamentos? ¿Puede el material ser desarrollado sin relación con el material doctrinal de las Escrituras, el cual hace hincapié en las obras poderosas de Dios en la creación, la providencia y la redención? ¿Cómo, por ejemplo, se debe predicar la literatura sapiencial del Antiguo Testamento? ¿Se distingue de alguna manera de los preceptos morales elevados instados por los filósofos no cristianos y los líderes religiosos?

Todos están de acuerdo en que el mensaje distintivamente cristiano son las «buenas nuevas de Dios» reveladas en la persona y la obra de Cristo Jesús. Esto fue prometido y prefigurado en una variedad de formas durante la antigua dispensación. En Cristo Jesús como Salvador y Señor el Dios del pacto ha cumplido su Palabra. Esto constituye el contenido principal de los cuatro evangelios y el libro de los Hechos. Las epístolas, a la luz de aquel mensaje central de los actos salvíficos de Dios, ahora interpretan el significado de Cristo Jesús para la vida diaria del pueblo creyente de Dios. Pero este modelo de sana doctrina en ningún momento en estos documentos es agudamente contrastado con las demandas morales. En ningún lugar el Nuevo Testamento permite una separación entre la doctrina y la práctica, entre la fe y la conducta, entre nuestra justificación y nuestra santificación. Esta última siempre es recomendada como la expresión y extensión adecuada de la primera. Las secciones parenéticas o exhortatorias del Nuevo Testamento muestran cómo la obra en curso de nuestro Señor Jesucristo como Salvador y Señor debe tomar forma en la vida de la comunidad creyente.

La Escritura misma nos muestra la forma de predicar sobre estos pasajes parenéticos sin caer en el mal de la moralización al estilo de los racionalistas y los posteriores modernistas. Ella declara persuasivamente, no solo al Cristo *por* nosotros, sino también al Cristo *en* nosotros obrando por medio de su Palabra y Espíritu, de modo que llegamos a ser «cartas leídas por todos los hombres». Y para una congregación reformada, instruida en su *Catecismo*, esto no es nada nuevo. Este enseña claramente que Cristo no solamente redime, sino también renueva nuestras vidas por medio de su Espíritu. Aunque nuestras buenas obras de ninguna manera son una causa que contribuya a la salvación, nunca somos salvados aparte de las buenas obras. Para quienes por medio de la fe han sido integrados a Cristo, es imposible caminar contentos y alegres en los caminos de maldad. En gratitud por la gracia que es nuestra en Cristo Jesús «seguiremos la paz con todos, y la santidad, sin la cual nadie verá al Señor» (Hebreos 12:14). Solamente de esta manera podemos manifestar la excelencia a Aquel que nos llamó de las tinieblas a su luz admirable (1 Pedro 2:9-10).

Muchos son los pasajes éticos en la Escritura que merecen nuestra atención en los sermones.

Algunos de ellos vienen en forma de proverbios morales o máximas aparentemente no relacionadas. Esto es verdad especialmente del libro de los Proverbios, el cual solo puede interpretarse y aplicarse correctamente frente al trasfondo de la obra de salvación de Dios para su pueblo del Antiguo Testamento. Proverbios similares encontramos en muchas de las enseñanzas de nuestro Señor como también en la de sus discípulos.

Más específicamente encontramos en las epístolas, especialmente en las de Pablo, listas de vicios y virtudes; las primeras son llamados «frutos de la carne» y las segundas «las obras del Espíritu» (cf. Gálatas 5; también Romanos 1:29-31; 5:19-21; 1 Corintios 5:10-11; etc.).

Además, hay exhortaciones más extendidas, generalmente tratando con un tema básico. De esta manera en Romanos 12:9-21 Pablo discursa sobre las obligaciones del amor cristiano; en Romanos 13:1-7 sobre el llamado de los cristianos a someterse a las autoridades civiles; en Romanos 12:1-14 sobre nuestras responsabilidades hacia los «hermanos débiles». De manera similar Santiago trata con el terrible pecado de la lengua (3:1-12) y la opresión de los pobres por parte de los ricos (5:1-6).

Todo este material establece responsabilidades únicas sobre el predicador cristiano.

El predicador siempre debe mostrar claramente que el llamado para la vida cristiana está enraizado en la obra salvadora de Dios en Cristo Jesús. Aparte de la fe en el Salvador, es imposible agradar a Dios.

Cuando en la Biblia se mencionan formas específicas de pecados, estas deben ser expuestas en su raíz, la cual es la rebelión contra un Dios bueno, santo y justo que no dejará el pecado sin castigo. También se condena un pecado en su forma más grave, esto implica que las manifestaciones aparentemente menos flagrantes de dicho pecado también son condenadas. En esto el *Catecismo de Heidelberg* muestra admirablemente la forma de exponer y aplicar el Decálogo.

No se han de exponer los vicios; las virtudes cristianas y las gracias que el Espíritu Santo obra en los corazones de los creyentes y que anima a cultivar deben ser proclamadas de una forma clara y atractiva. El predicador debe aprender cómo exponer la «bienaventuranza» de la vida cristiana de una forma atractiva.

Las muchas y variadas excusas que en ocasiones también los

creyentes emplean para explicar su incapacidad de seguir la santidad deben ser expuestas en su superficialidad. El pastor debe señalar el poder santificador de la sangre de Cristo Jesús, quien también es «nuestra santificación» por designio de Dios. Con demasiada facilidad la gente culpa al diablo por sus fallas.

Al mismo tiempo, tal predicación no puede convertirse en ocasión para la duda y la desesperación espiritual entre los que sinceramente buscan a Dios. La predicación parenética, si bien estimula un serio examen personal, tiene el propósito de volver las mentes y los corazones de los oyentes hacia la gracia todo-suficiente de Dios en Cristo Jesús. Él es el Dios que no solamente perdona, sino también da fortaleza en las batallas de la vida, provee las armas mediante las cuales podemos resistir la tentación, y asegura la completa victoria a los que confían en Él por medio de Cristo Jesús nuestro Señor. Tal predicación, cuando se hace correctamente, producirá en las vidas del pueblo de Dios un deseo cada vez mayor de perfección espiritual; algo a lo que llama la atención nuestro Catecismo en la pregunta y repuesta 115:

Entonces, ¿Por qué quiere Dios que se nos predique tan rigurosamente los diez mandamientos, si no hay nadie que pueda observarlos perfectamente en esta vida?

Primeramente, para que durante toda nuestra vida conozcamos más y más, cuán grande es la inclinación de nuestra naturaleza a pecar, y así busquemos con más fervor la remisión de nuestros pecados y la justicia de Cristo. Después, que nos apliquemos sin descanso a suplicar a Dios la gracia de su Espíritu Santo, para que cada día seamos más renovados a su imagen, hasta que, después de esta vida, alcancemos la perfección que nos es propuesta.

Textos históricos

Aquí nos dirigimos al material bíblico que siempre ha tenido una gran fascinación para la iglesia. Esto no debe causar sorpresa. La Escritura como palabra salvadora de Dios llega a nosotros dentro del contexto de la «historia». Está repleta de historias de personas, eventos y objetos tangibles. Todos estos traen consigo sus fechas únicas. Las historias son registradas para ser referidas e incluso presentadas repetidamente a lo largo del curso de esta revelación especial.

Al mismo tiempo, resulta evidente que este material tiene un atractivo especial. No solamente los niños sino también los adultos tienden a pensar de manera concreta. Siempre parece mucho más fácil comprender la verdad espiritual cuando llega encarnada en la situación o experiencia de los individuos o grupos. Narrar historias es un arte que, cuando se hace persuasivamente con todos los colores que iluminan la ocasión, puede formar una impresión inolvidable en la mente y el corazón.

La Biblia está llena de «historias». Tanto el Antiguo como el Nuevo Testamento lo demuestran ampliamente. Dentro de este contexto, Dios hizo que su Palabra fuera primero hablada y después escrita, de manera que pudiera ser preservada para la iglesia de todos los siglos. Casi la totalidad de nuestro conocimiento de su mensaje ha llegado a nosotros en forma de historias acerca de Adán y Abraham, de Moisés, David y Elías, de Jesús y sus apóstoles. Pero, y este es el punto que se observa, contar historias bíblicas de ninguna manera es predicar el evangelio de la gracia de Dios en Cristo Jesús. A menos que esto se reconozca, pronto nos encontramos, cuando elegimos un «texto histórico», predicando un mensaje moralista o de ejemplos, lo cual está muy lejos de la verdadera proclamación.

El cómo predicar correctamente sobre los textos históricos es, por consiguiente, un problema mayor del que generalmente se observa. Especialmente en esto, la hermenéutica, de cualquier tipo que sea, dejará una huella indeleble en nuestro trabajo hermenéutico.

Sidney Greydanus nos hace deudores suyos por su disertación doctoral titulada: *Sola Scriptura: Problems and Principles in Preaching Historial Texts*. Presentando su tema declara:

Hemos tratado de dar alguna indicación tanto del significado del «enfoque ejemplarista» y su amplia influencia en la historia de la predicación y en la hermenéutica y homilética actuales. Nadie debe imponer a los demás un determinado método de interpretación y predicación, pero tampoco debe imponerse a los predicadores la tradición o la relativa facilidad de la predicación sobre ejemplos. Cada predicador debe estar satisfecho en su mente y corazón de que está haciendo justicia al texto. ¿Y cómo logrará uno esto, sino por el concienzudo estudio de los problemas?

Continúa la discusión llamando la atención al enfoque de su estudio,

Debido a que la controversia holandesa sacó a la luz muchos de tales problemas, conserva su relevancia. Huyser, un defensor de la predicación con ejemplos dice: «A pesar de que los problemas se han retirado a un segundo plano en la actual discusión, siguen siendo importantes tanto para la teoría como para la práctica de la predicación. Todo ministro de la Palabra es confrontado constantemente con ellos en la exposición y aplicación de los textos históricos del Antiguo y Nuevo Testamentos. ¿Cuántos y cómo debe trazar las líneas desde el pasado hasta el presente; desde el entonces y allí al aquí y ahora?». Este es un problema mundial: podríamos señalar a la advertencia de Fror en Alemania: «Moisés no es un ejemplo moral y las historias acerca de él no son casos de conducta ejemplar», o la estimación de Runner en los Estados Unidos de América: «Todo este tipo de predicación, a pesar de sus restantes buenas cualidades, es esencialmente erróneo, y no acumula un conocimiento rico y significativo de la Palabra de Dios en la congregación».

Este estudio merece la atención cuidadosa de todo aquel que, como predicador reformado, desea hacer justicia a los textos históricos en sus sermones.

Mucho de lo que dice a manera de conclusión se debe recordar. «Aunque los textos históricos ciertamente no son tan fáciles de predicar como a menudo se cree, sería trágico si no fueran predicados más debido a eso. Como tratamos de indicar en nuestro último capítulo, los problemas que tenemos con los textos históricos a menudo son de nosotros mismos, porque tratamos de ajustar estos textos en esquemas que chocan con su carácter básico».

En ningún momento puede el predicador eliminar la historia redentora. Aparte de ella no habría «textos históricos», como Pablo claramente afirma en 1 de Corintios 15:1. Lo que Dios en Cristo ha hecho aparte de nosotros (extra nobis) es la base de lo que Él hace por nosotros (pro nobis) como se expresa en estos y otros textos de la Santa Escritura. Pero nuestro punto de partida en la preparación de un sermón sobre cualquier pasaje específico de este tipo, no debe ser tomado en un «esquema» o «modelo» superpuesto sobre el texto, sino en el texto mismo. Sobre esto Greydanus correctamente comenta: «De ninguna manera debe interpretarse que esto pone en duda la fiabilidad de la historia o la veracidad de lo que allí está dicho como un hecho real. Sin embargo, el objetivo y propósito no es ante todo y sobre todo el de los hechos como tales. Lo que encontramos en estos pasajes es a la vez la historia proclamada y la proclamación histórica».

La predicación adecuada sobre tales textos, por lo tanto, demostrará un carácter triple. Siempre será *teocéntrica*, enfatizando las obras poderosas de Dios para salvación. Las personas y eventos son recogidos en esta auto-revelación de Dios pero nunca por sí mismos ni como las figuras centrales en la historia que está registrada. Más bien, tales pasajes están incorporados en la Biblia en aras «de mostrar lo que Dios está haciendo para, en y por medio de ellos».

A esto se agrega que tal predicación siempre será inherentemente *pertinente*. Los pasajes mismos son «pertinentes» en el sentido de que no están interesados en presentar alguna cronología pura de los hechos, sino más bien como proclamaciones de Dios a través de sus mensajeros designados dirigidos a un pueblo específico. Esto es evidente en varios discursos de Moisés a los hijos de Israel consignados en Deuteronomio, donde la narración de los poderosos hechos de Dios sirvió para desafiar a los oyentes a caminar con fe y obediencia en los caminos de Dios para la alabanza de Él y la bendición de ellos.

Y ahora estos textos deben ser predicados *al pueblo de Dios hoy*, en tiempos y circunstancias muy diferentes de aquellos en los que esta misma Palabra fu predicada por primera vez, pero, sin embargo, dirigida a iglesias específicas y a miembros de las iglesias en su actual contexto histórico. Greydanus afirma esto pulcramente: «No puede haber proclamación sin oyentes específicos, no hay discursos sin destinatarios. La proclamación verdadera siempre está históricamente condicionada: Ella entra a la situación histórica y encuentra a los oyentes donde ellos están. El texto histórico no es la excepción a esto... La misma Palabra puede (y afirmaríamos que en efecto lo hace) ser relevante en otra situación histórica, al ser parte de la Escritura, ella trasciende sus propios límites históricos y *es* proclamación a la iglesia de todos los siglos».

De esto se desprenden varios principios que deben guiarnos en la predicación de pasajes históricos.

En primer lugar, el texto, elegido con cuidado, debe ser predicado tal y como está dentro de su contexto bíblico único.

El texto está formado por una unidad. Una sola declaración dentro del todo no puede ser aislada del marco en el que está consignada. Incluso cuando tal declaración puede en ocasiones ser elegida para propósitos homiléticos, hay que tomar en cuenta toda la narración para evitar que se haga injusticia al significado y propósito específico. Tampoco deben ser elegidos en tal predicación dos o más textos similares de diferentes libros de la Biblia como textos para el mensaje. Cada texto tiene su propio contexto y por lo tanto también su enfoque, énfasis y objetivo únicos en la Escritura.

El predicador siempre debe tratar de escuchar y comprender el texto como lo hicieron los primeros oyentes. Esto lo hará consciente de la distancia entre los oyentes de aquel entonces y los de ahora. No se puede ignorar o minimizar esto en aras de hacer el mensaje aplicable inmediatamente al día de hoy. En cuanto a esto, no solamente deben comprenderse los «hechos como tales», sino también la intención clara de Dios a través de sus siervos dando a conocer los hechos. El texto fue pensado por Él cuando por primera vez fue hablado o escrito como proclamación, como su autorevelación para, por e incluso a través de ellos en su propio tiempo. Especialmente en vista de las incursiones hechas por la llamada «nueva» hermenéutica, el interés del predicador no debe estar con las tradiciones escritas u orales que pueden, quizás, estar detrás del texto histórico. Su interés siempre está en el texto, ya que forma parte del canon. Este, y solo este, está investido con autoridad divina para la iglesia de todas las edades.

Que toda la predicación, también la de los textos históricos, ha de ser cristocéntrica no necesita argumentación. Esto es subrayado en tantas repetidas ocasiones, especialmente en el Nuevo Testamento, que no está abierto a cualquier duda o negación. Pablo insistió en que no predicaría otra cosa sino a Cristo y a este crucificado. Pero esto no implica, como Berkouwer en algún lugar ha indicado bien: «una reducción cuantitativa… de las muchas "verdades" a la única "verdad" sino más bien una concentración en el mensaje redentor central de la Escritura». Siempre, y también en los pasajes históricos, escuchamos a Dios venir a la humanidad en y por medio de Cristo Jesús. Todos los eventos del Antiguo Testamento señalan hacia el cumplimiento de las promesas de Dios en Él, tal y como todos los eventos del Nuevo Testamento lo declaran en su persona y la obra como Salvador, Señor y Juez. Para poner el tema en una terminología un tanto diferente, todos los pasajes históricos son revelaciones de los propósitos pactales de Dios en Cristo Jesús, llevadas a cabo a través de la obra del Espíritu Santo en la obra de inspiración e escrituración. Así, el nombre de Cristo no necesita ser mencionado siempre de manera explícita. Más bien, la congregación debe ser instruida para ver y regocijarse en la plenitud de la manifestación de las misericordias buscadoras y salvadoras de Dios. En tal predicación las advertencias están plenamente adecuadas como consolaciones.

De esta manera tanto la «continuidad» y la «discontinuidad» entre los primeros oyentes de un texto específico y la iglesia oyente actual pueden observarse de forma deliberada.

Hoy no vivimos en la misma situación «histórico-redentora» que Israel en el Antiguo Testamento, o incluso en la de los discípulos y aquellos que creyeron a su mensaje en la iglesia primitiva. Al mismo tiempo, somos miembros junto con ellos de la misma comunidad del pacto, la iglesia viva que Cristo reúne, defiende y preserva para la vida eterna, los ciudadanos del reino de Dios llamados a testificar y trabajar para Él. El nuestro es el mismo Dios y Padre de nuestro Señor Jesucristo. La nuestra es la misma gracia que le fue prometida a los antepasados desde tan pronto como la revelación de la promesa paradisíaca. El nuestro es el mismo llamamiento a arrepentirnos, creer y caminar en los caminos de santa obediencia. Pero cuando se predica sobre pasajes históricos y se realiza la aplicación, el predicador va a encontrar ciertas limitaciones. Debe aplicar el punto específico del texto. Su objetivo debe ser primero que todo el de edificar en la fe a la congregación. Aunque la voluntad de Dios para sus vidas tomará una forma algo diferente en el mundo actual, con todas sus complicaciones y confusiones, a la obediencia del corazón en ningún momento se le permitirá escapar de la normatividad de su ley para la vida diaria. Al mismo tiempo, el predicador no ha de ofrecer su propias soluciones a los problemas e incertidumbres para la «obediencia de fe que actualmente aparece en otras formas; siempre debe ser capaz de decir a la luz de su texto específico: «¡Así dice el Señor!».

Todo esto hace que la predicación sobre pasajes históricos del Antiguo así como del Nuevo Testamento sea un enriquecimiento espiritual y una experiencia fructífera tanto para el pastor como para el pueblo.

Aquí la Palabra de vida llega vestida con el atuendo de personas y eventos históricos que apuntan más allá de sí mismos, por designio de Dios, a Aquel que es la vida verdadera y única del hombre. Por medio de ellos, el Espíritu Santo habla directamente a la mente y el corazón, desafiando a los oyentes a una vida de confianza plena. Las escenas que representan están llenas de atractivo, no porque se nos presenta a personas que viven en culturas extrañas y en diferentes épocas, sino porque somos atraídos irresistiblemente a Aquel en quien todos los hombres viven, se mueven y tienen su ser de acuerdo a sus propósitos soberanos. La predicación sobre estos textos, pues, está muy lejos de ser simple narración de historias; esta ha de ser y cada vez debe volverse más la proclamación del Dios vivo, en todas sus obras y caminos.

La predicación sobre tales textos es eminentemente provechosa para una congregación espiritualmente alerta, estableciendo la «doctrina que es según la piedad» dentro del contexto del Dios vivo, que no deja que el mundo de la humanidad camine de acuerdo a las estratagemas de su mente y corazón pecaminosos, sino que los hace participar en la órbita de su Palabra que es olor de vida para vida u olor de muerte para muerte. Esa Palabra siempre cumple la obra propuesta por Dios en el mundo hasta que todas las cosas lleguen a la consumación en la gloriosa manifestación de nuestro Señor Cristo Jesús al final de los siglos.

Textos poéticos

Tan pronto como tratamos con lo que comúnmente se llama el material «poético» en la Santa Escritura, nos encontramos en un mundo muy distinto.

Mucho de este material se encuentra disperso por toda la Biblia. Restringirlo a los *Salmos* con quizá la adición de *Job* y el *Cantar de los Cantares*, es ilegítimo. A menudo el estilo elevado de varios de los profetas, notablemente Isaías, muestra fuertes afinidades con las características literarias de los *Salmos* y otros cantos espirituales registrados en el Antiguo y Nuevo Testamento.

Aquí el predicador, en la preparación de sus sermones, hace bien en familiarizarse a fondo con las características de la poesía hebrea. Especialmente los Salmos, tan amados por los que conocen y confían en el Dios de salvación, han de ser predicados de tiempo en tiempo. Su valor para un ministerio de predicación fructífera ha sido amplia y convincentemente expresado por Juan Calvino en el prefacio de su *Comentario sobre el Libro de los Salmos*, concluyendo con las palabras:

En una palabra, aquí no solo encontraremos elogios generales de la bondad de Dios, que pueden enseñar al hombre a descansar solamente en Él, y a buscar toda su felicidad solamente en Él y están destinados a enseñar a los verdaderos creyentes de todo corazón a buscarle con confianza en busca de ayuda en todas sus necesidades, sino también encontraremos que la remisión gratuita de los pecados, lo único que reconcilia a Dios con nosotros y nos procura el establecimiento de paz para con Él, es así establecida y ampliada, como no faltando nada aquí que se refiera al conocimiento de la salvación eterna.

Algunos de estos cantos son didácticos; otros pueden clasificarse más bien como liricos. En los primeros Dios nos proporciona de instrucción y en gran medida dirige nuestra atención para fortalecer la fe en Él y advertirnos contra la rebelión y la apostasía. En los segundos se revela a sí mismo a través de las emociones y experiencias espirituales de los poetas, y así se dirige primero que nada a nuestros corazones. Mucho de esto último contiene un elemento fuertemente individual. Pero las experiencias, aunque son personales, tienen un carácter representativo. Cantan, por así decirlo, de parte de los hijos de Dios. Así, aunque son personales e históricos en cuanto a la circunstancia, tienen un mensaje universal. Aquí encontramos confesiones de pecado, súplicas a favor de una rápida deliberación de los enemigos, oraciones de reivindicación, himnos de alabanza por la fidelidad, la sabiduría y el poder de Dios, y también cantos de victoria. Siempre el predicador, y por lo tanto también la congregación, debe evitar comprenderlos superficialmente. Está en juego mucho más que alguna consolación en la aflicción de la vida diaria. En ellos escuchamos voces hablando a la Iglesia de todas las edades, y, por lo tanto, a nosotros a día de hoy. A la vista de Aquel que está obrando la salvación de los suyos, la antítesis entre el pecado y la santidad es absoluta. Se compromete a destruir todo lo que deshonra su nombre y que derrocaría su dignidad real. En esta colección inspirada somos llevados a ver los lineamientos de la venida del Salvador, nuestro Señor Jesucristo. Solamente Él, el Único perfecto, puede cantar estos cantos perfectamente para nuestra salvación. Esto ayuda a explicar muchas de las fuertes expresiones de amor y odio que se encuentran en algunos de estos cantos.

Se deben tener presentes algunos principios importantes para la correcta comprensión de este material cuando se prepara un sermón basado en el mismo.

Si la ocasión histórica para la composición de un canto se ha mencionado, esto se debe estudiar cuidadosamente. Esto ayuda a iluminar el significado de mucho de lo que encontramos, por ejemplo, en salmos como el 3, 24, 32, 51, 122, 132, etc.

Debido a que los salmos son más subjetivos, personales y experimentales que muchas de las otras partes de la Santa Escritura, los elementos psicológicos juegan un papel importante. Lo que sabemos acerca del carácter y circunstancias del poeta puede explicar mucho de lo que ha compuesto. Sin caer en la especulación irreverente, esto se puede hacer con varios de los salmos de David y, en un menor grado, con los salmos de Coré y los salmos de ascenso (120-134).

Algunas características literarias de la poesía hebrea no pueden ignorarse. Existe un fascinante uso del paralelismo que a menudo derrama una luz brillante sobre lo complejo de los pensamientos y sentimientos expresados en las palabras. Mucho más que en la prosa bíblica encontramos un lenguaje figurado, incluso la personificación de los cielos y las cosas de la tierra.

La existencia de distintos tipos de salmos ha llamado la atención de varios de los recientes eruditos del Antiguo Testamento. Encontramos salmos «reales», a menudo con fuertes matices mesiánicos. En estos salmos se debe hacer distinción entre aquellos que se aplican a los reyes de Israel y aquellos que son más directa y específicamente aplicables al Señor Jesucristo, como cumplimiento también de los salmos. Note cómo los escritores del Nuevo Testamento citan repetidamente este material para demostrar que Jesús de Nazaret era el Prometido enviado de Dios. Incluso los salmos que incluyen elementos imprecatorios se deben interpretar a la luz de sus contextos y circunstancias peculiares, así como también el estilo literario empleado por el salmista.

No necesita añadirse que el rico mensaje completo de estos cantos exige que deban ser vistos y estudiados a la luz del Nuevo Testamento.

Lo que se ha dicho brevemente con referencia a los Salmos, se aplica en gran medida a Job, Proverbios, Lamentaciones, y muchos pasajes en los escritos proféticos. Demasiados predicadores y, por lo tanto, demasiadas congregaciones, parecen estar satisfechos con vivir con «un canon dentro del canon». Esto equivale virtualmente a una negación de la «utilidad» de toda la Escritura, utilidad que Pablo hace notar a Timoteo. Para repetir lo que se ha afirmado anteriormente: somos comisionados a predicar la Palabra, solamente la Palabra, pero además también la Palabra completa de Dios como ha llegado a nosotros en su bondadosa providencia.

Textos proféticos

Aquí, por lo que parece, entramos una vez más a un nuevo mundo. Mensajes sorprendentes de Dios revelados a menudo en formas extrañas. Sin embargo, los escritos del Antiguo Testamento así como los materiales proféticos encontrados en el Nuevo, están entrelazados inextricablemente en la totalidad de la Escritura. Mucha de la predicación confusa y contradictoria sobre los temas escatológicos, sobre todo del libro de *Apocalipsis*, sería obviada si los predicadores siguieran los principios básicos de la interpretación bíblica. En repetidas ocasiones se debe hacer sonar advertencias en contra de la lectura de nociones, ideas y teorías preconcebidas dentro del texto de la Escritura.

La profecía incluye mucho más que predicciones acerca del futuro. La Biblia no es un rompecabezas que de alguna manera los predicadores y el pueblo son desafiados a armar, y eso incluye estos materiales.

Los profetas se levantaron en Israel en momentos especiales de la historia sagrada. Más específicamente, ministraron al pueblo y entregaron sus mensajes para ser escritos bajo la dirección del Espíritu a fin de satisfacer necesidades espirituales específicas. En muchos casos los encontramos hablando en el nombre de Dios, en momentos en que Israel se había rebelado contra su gobierno de gracia y vuelto a la idolatría e inmoralidad de las naciones vecinas. El pueblo del pacto ya había recibido la ley con mandamientos para la vida personal, civil y religiosa. Todo esto estaba englobado dentro del contexto de las poderosas obras de salvación de Dios. Pero, cuando frecuentemente apostataron de Él, los profetas recibieron profecías con objeto de que pudieran explicar el pasado, dilucidar el presente y revelar el futuro en la medida que esto fuera necesario en el momento, a fin de que el pueblo lo conociera y creyera. Siempre la preocupación de estos mensajeros fue por el gobierno soberano de Dios sobre sus vidas como pueblo redimido y reconciliado. Con cada nueva época en la profecía eran reveladas nuevas y más brillantes esperanzas para aquellos que creían. Con cada vez mayor claridad, hablaron del «remanente» que sería reunido para recibir y regocijarse en el Mesías en su venida. Cristo y sus apóstoles apelaron reiteradamente a sus escritos, para anunciar que, en Jesús de Nazaret, este día había llegado como luz para todas las naciones y la gloria de Israel.

Sin entrar en una discusión detallada de las características únicas de la profecía bíblica, este capítulo estaría incompleto sin unos cuantos recordatorios.

Toda profecía bíblica está conectada con la historia de las obras poderosas en la creación, providencia y redención. Este material no consiste de una colección de predicciones aisladas, sino que demuestra más bien su conexión orgánica e inquebrantable con el resto de la auto-revelación especial de Dios. Mientras que principalmente se refiere a Israel y posteriormente a la Iglesia del Nuevo Testamento, también se dirige a la soberanía de Dios sobre las naciones. Aunque el futuro con sus mayores juicios y mayores gracias a veces llega a tener claramente el foco de atención, nunca está divorciado del presente o del pasado.

La profecía en la Biblia tiene su propio horizonte o perspectiva característica. A menudo el tiempo parece ser un elemento muy insignificante en estos escritos. Lo inmediato, lo mediato y el futuro lejano frecuentemente parecen estar unidos. Y los profetas siempre visten sus mensajes –y palabras- en formas derivadas directamente de los tiempos en los que vivieron. Al hacerlo, en ocasiones también trascendieron las limitaciones de su tiempo y señalaron hacia la dispensación más espiritual del Nuevo Testamento. Incluso encontramos a algunos de los profetas «actuando» las palabras que llevaron, revelando el mensaje de Dios en acciones que eran simbólicas.

Cuando se predica sobre textos de este tipo, por lo tanto, el predicador debe tomar las palabras en su sentido literal ordinario, a menos que ya sea el contexto o la forma en que se cumplen indiquen que tienen un significado simbólico. En el uso de figuras de lenguaje por parte de los profetas tenemos que aspirar a descubrir la idea básica que se expresa. Podemos asumir, a menos que la conexión demuestre lo contrario, que las acciones simbólicas de los profetas se llevaron a cabo. Varias de las profecías más importantes se cumplieron en «plazos», siendo cada cumplimiento promesa de un cumplimiento mayor y más rico, aún por cumplirse. Siempre que sea posible, y esto es válido de mucha de la profecía del Antiguo Testamento, el mensaje de estos siervos del Señor ha de ser leído e interpretado a la luz de su cumplimiento. Tampoco se debe olvidar que las profecías no siempre se cumplieron en la forma precisa en la que fueron pronunciadas. La diferencia, tanto como la similitud, entre las dispensaciones del Antiguo y Nuevo Testamentos merece una cuidadosa atención en esto.

En el libro de *Apocalipsis* encontramos profecía de un tipo único. Aunque a menudo se usan textos aislados como textos para sermones, este libro como un todo ha sido trágicamente descuidado e incluso mal usado y abusado.

Aquí nos ocupamos de lo que a falta de una mejor palabra llamamos «apocalipsis». Este habla elocuentemente «de cosas que pronto debe suceder». Levanta la cortina entre los cielos y la tierra, dándonos un vistazo del despliegue de la voluntad soberana de Dios en la historia de la humanidad, con referencia específica a la iglesia comprada con la sangre del Salvador. Abunda en simbolismos que, perteneciendo al primer siglo, a menudo desconciertan al lector. Algunos de los problemas que plantea para el intérprete ciertamente son difíciles y angustiantes. Aunque su mensaje fundamental es claro. Son desatinados aquellos que tratan de interpretar el libro aparte de un conocimiento del resto de la Biblia. Este libro no es para neófitos. Tampoco tiene el propósito de satisfacer nuestra curiosidad acerca de las cosas aun ocultas en los propósitos de Dios. No es, como algunos comentaristas han afirmado casi en cada época, «historia escrita de antemano» para que podamos trazar el curso de los eventos futuros. Habla en un lenguaje propio, para la consolación de los creyentes en todas las épocas y en todas las circunstancias. Proclama las obras poderosas de Dios en Cristo para aquellos para quienes el fin de los tiempos ha llegado. Es el clímax adecuado, la piedra angular de todos los escritos dados para hacernos sabios para la salvación.

Desde un punto de vista puramente literario, a pesar de algunos de sus simbolismos extraños, las palabras peculiares e incluso las construcciones que no se conforman a las reglas gramaticales, este libro sigue un modelo o estructura tan magnífica como la de Génesis. Hay orden, que cuando se reconoce, hace que sea mucho más claro lo que de otra manera sería desconcertante o incluso engañoso para el lector atento. Pero, al predicar sobre los textos de este libro el homilista siempre debe tener presente el propósito ya anunciado. Este propósito merece ser predicado, y con mucha mayor frecuencia y plenitud de lo que comúnmente ha sido el caso. Como dice A. M. Hunter en su Introducción al Nuevo Testamento: «Apocalipsis, más allá de todos los demás libros, ha hecho a las personas sentir que el cielo es real; y, fortalecidos por esa bendita convicción, salen de nuevo a la batalla con el mundo y todos sus males».

Solo al recordar el objetivo nos negaremos a quedar demasiado perplejos por algunos de los símbolos detallados. Aquí, toda la historia se ve desde la perspectiva de la entronización de nuestro Señor Jesucristo, quien es el Señor de señores y Rey de reyes. Su Iglesia puede estar débil, luchando a través de los laberintos de la historia, pero en el control del Rey-Salvador encuentra su destino y victoria. La estrecha unión entre la iglesia triunfante, que junto con los ángeles santos rodea el trono desde el que sale todo el poder, gloria y gracia, y la iglesia militante en la tierra, es algo en que se hace hincapié para nuestra consolación. Incluso los malvados que tan frecuentemente parecen estar en control, nunca pueden frustrar los propósitos de Dios. Desde este punto de vista la iglesia en cualquier lugar y en cualquier época ha de avanzar en la fe, la esperanza y el amor. Los «principios» del gobierno divino del universo como son expuestos en Apocalipsis son de validez permanente. El mensaje de Juan es tan oportuno para el pueblo de Dios hoy como lo fue cuando por primera vez fue enviado a las siete congregaciones de Asia Menor, que estaban perseguidas y en conflictos. Cuando este escrito sagrado es omitido en nuestro programa de sermones, deshonramos a nuestro Dios del pacto, hacemos grave injusticia a la unidad e integridad de su Palabra, y robamos a su pueblo de lo que en cada época deben escuchar y creer para su aliento.

La clasificación de los materiales bíblicos que sirven como textos para los sermones cristianos no ha sido agotada en este capítulo.

A menudo es difícil clasificar estos materiales con algún grado de precisión «científica». Encontramos materiales doctrinales y devocionales en muchas de las narraciones históricas. Los salmos tampoco excluyen, como lo hemos señalado, referencias a la historia de la gran obra de redención de Dios de un pueblo para posesión suya.

En la Biblia también encontramos un tipo especial de escritos llamados «chokmah» o literatura sapiencial. Mucha de ella lleva el sello del paralelismo a la manera de la poesía. También encontramos aforismos dispersos por toda la Biblia, que a menudo nos desconciertan en una primera lectura. Algunos proverbios parecen haber sido tomados de gente de fuera de Israel. Luego están las parábolas de nuestro Señor, que exigen sus propias reglas para una interpretación adecuada.

Aunque el análisis gramatical y literario de los textos de la Biblia no es adecuada como preparación para la predicación, no podemos descuidar su estudio. Este abre nuestros ojos a la riqueza y a la generosa variedad de formas en las que a Dios le ha placido hablar a los hombres para salvación de ellos. Un reconocimiento de esta voluntad nos previene de corromper la Palabra con nuestras propias ideas y teorías. Esto demuestra que nuestro Dios del pacto se deleita en la belleza y elegancia del discurso, en ocasiones incluso cuando levanta su voz para amenazar a los incrédulos y malvados con juicio. La Biblia verdaderamente es un libro sin par. Y bendita es la congregación cuyo pastor-predicador, como estudiante humilde, vehemente y diligente de esa Palabra, explora sus riquezas para exponerlas en toda su magnificencia, gracia y gloria para alabanza de aquel de quien somos y a quien somos llamados a servir.

CAPÍTULO 12
La elección de textos para ocasiones especiales

··· ℘)℘ ···

Venid, y subamos al monte de Jehová, y a la casa del Dios de Jacob; y nos enseñará en sus caminos, y andaremos por sus veredas.

Miqueas 4:2

La Biblia tiene a Dios por su autor, la salvación como su fin y la verdad sin ninguna mezcla de error por su materia. Es todo pura, todo sincera, nada tiene de más y nada le hace falta.

Anónimo

En la vida de la congregación de Cristo también debemos tomar nota de las ocasiones especiales en las que la Palabra de Dios ha de ser administrada. Debido a su carácter y las exigencias que éstas ponen sobre el homilética, merecen un poco de atención aquí.

Sin embargo, esto de ninguna manera debe interpretarse como una sombra amenazante para el Día del Señor. La iglesia cristiana, cuando es consciente del evangelio que se centra en la muerte, resurrección y ascensión del Señor Jesucristo, siempre ha insistido que este es día de descanso y regocijo. Es día para el culto regular, incluso como lo era en el tiempo de los apóstoles. Para quienes son reformados por convicción, este día no debe mantenerse como una simple cuestión de buenas costumbres; su observancia se fundamenta en el modelo que Dios estableció para la vida del hombre en el momento de la creación, y está ordenado en el

Decálogo. Aunque los Diez Mandamientos llegan a nosotros en la forma del Antiguo Testamento, el principio permanente sigue estando vigente en todas partes para el pueblo de Dios. Esto claramente ha sido confesado por nuestras iglesias en el Catecismo de Heidelberg:

¿Qué ordena Dios en el cuarto mandamiento?

Primero, que el ministerio de la Palabra y la enseñanza sean mantenidos, y que yo frecuente asiduamente la iglesia, la congregación de Dios, sobre todo el día de reposo, para oír la Palabra de Dios, y participar de los santos sacramentos, para invocar públicamente al Señor... (Día del Señor XXXVIII, 103).

Tanto por el mal uso del Día del Señor como por la mala comprensión de su verdadera naturaleza espiritual, el gran Sínodo de Dort (1618-19) declaró lo siguiente:

(1) En el cuarto mandamiento de la ley de Dios hay un elemento ceremonial y moral.

(2) El descanso en el séptimo día después de la creación, y la estricta observancia de este día con el que el pueblo judío fue encargado, era ceremonial.

(3) Que un día definido y señalado ha sido apartado para el servicio de Dios, y que para este propósito se requiere tanto descanso como sea necesario para el servicio de Dios y para la contemplación santa, este elemento es moral.

(4) Habiéndose dejado de lado el día de reposo de los judíos, los cristianos están en el deber de santificar solemnemente el Día del Señor.

(5) Este día debe ser consagrado para el servicio a Dios, por ello los hombres descansan de todos los trabajos serviles, excepto de aquellos exigidos por la caridad y las necesidades presentes, y del mismo modo de todas las recreaciones que impiden el servicio a

Dios.

Estas declaraciones fueron adoptadas oficialmente por el Sínodo Cristiano Reformado de 1881 y de acuerdo con su sínodo de 1926 debe considerarse como la explicación doctrinal apropiada y ética de la Escritura y el Día del Señor XXXVIII, obligatorio para las vidas de los miembros de la iglesia.

Todo esto, sin embargo, debe protegernos contra cualquier tipo de exaltación de los festejos cristianos, ya sea que caigan el Día del Señor o no, sobre los cultos regulares de la congregación. Por encima de todo, en este día los creyentes se reúnen para alabar al Dios de su salvación por medio de escuchar y responder a su Palabra. Sin duda, tal asistencia a la iglesia en consecuencia del carácter normativo del cuarto mandamiento, no es en sí mismo, ni por sí mismo, suficiente como adecuada adoración del Señor. Por eso el Catecismo correctamente añade:

En segundo lugar, que todos los días de mi vida descanse de mis malas obras, deje que mi Señor obre en mí por su Espíritu Santo, y así comience en esta vida el descanso eterno.

Pero este esfuerzo piadoso es despertado, sustentado y fortalecido solamente en las vidas de aquellos que usan el Día del Señor de acuerdo a la voluntad revelada de Dios.

Sin arreglarlos en algún orden de importancia, llamamos la atención a tres tipos de ocasiones especiales, cada uno de los cuales coloca responsabilidades especiales sobre el predicador, ya que es el encargado de dirigir el culto público y proclamar el santo evangelio: (1) los festejos cristianos; (2) la administración de los sacramentos; (3) las otras ocasiones que surgen en la vida de toda congregación y requieren un mensaje apropiado de la Palabra de Dios.

Las fiestas cristianas
Que el culto divino, acompañado de la predicación de la Pa-

labra, no se debe restringir en nuestras iglesias al Día del Señor, ha sido claramente establecido en el Libro de orden de la iglesia. Después de requerir que cada congregación se reúna para adorar al menos dos veces el Día del Señor, añade lo siguiente:

Los servicios de adoración se realizarán en observancia de la Navidad, el Viernes Santo, la Pascua, el día de la Ascensión y Pentecostés, y ordinariamente el día de fin de año y el día de año nuevo, y los días anuales de oración y acción de gracias (Art. 51).

Se debe conceder desde el principio que los servicios de adoración en esos días no han sido ordenados por nuestro Señor y sus apóstoles. En reacción a la multiplicación de los días «santos» por la Iglesia Católica Romana durante la Edad Media, las iglesias reformadas al principio observaron solamente el primer día de la semana con este propósito. Zuinglio y Calvino alentaron el rechazo de todos los festejos eclesiásticos por las muchas supersticiones y frivolidades que los acompañaban. En Ginebra esto ya se había hecho bajo el liderazgo de Farel y Vinet, con cuya postura estaba de acuerdo Calvino. Por su influencia, muchos puritanos, que anhelaban una reforma más profunda en Inglaterra, junto con los presbiterianos en este lugar y en Escocia, se opusieron firmemente a la introducción de días especiales. En los Países Bajos, donde la fe reformada se volvió la religión reconocida del país, la situación difería notablemente. Ahí el estado mantuvo vigentes varios «días festivos». Además, con el fin de que la gente no pasara tales días en la ociosidad o frivolidad, las iglesias pronto adoptaron en su libro de gobierno la exigencia de que se realizaran servicios de adoración en esos días.

Contra todo aquel que haga de esto un asunto de «principio bíblico» al objeto de no observar tales festejos especiales, respondemos que los servicios de adoración nunca estuvieron restringidos por Calvino y los demás reformadores al

Día del Señor. De hecho, por muchos años la predicación estaba programada al menos tres y en ocasiones incluso cinco días a la semana. Además, los beneficios espirituales que se han acumulado de los tiempos pasados y que aún se pueden obtener de la observancia de estos días no deben tomarse a la ligera. Esto es especialmente cierto para los días de Navidad, Viernes Santo y el Día de la Ascensión, así como los días de oración y acción de gracias y la solemne conmemoración del día de fin de año y el primer día del año nuevo. En efecto, la iglesia cristiana, cuando entiende correctamente el don y el uso adecuado del tiempo, no observa días «santos». Todos los días deben dedicarse al servicio de Dios y de nuestra salvación. Pero el recuerdo de sus poderosos hechos para nuestra redención y la renovación merece una conmemoración agradecida. Sobre este tema Abraham Kuyper nos recuerda lo siguiente:

Estos son días en los que, de acuerdo con la tradición antigua, toda la cristiandad, en virtud del pacto de gracia de Dios, se reconoce a sí misma, más que en otros momentos, unida en la conmemoración de los poderosos hechos de salvación. Ciertamente, para la iglesia cada día debe ser resplandeciente debido a estos hechos, pero la carne es tan lenta y perezosa y por eso siente la necesidad de días específicos de conmemoración.

En nuestras iglesias reformadas el «año cristiano» nunca ha sido oficialmente introducido más de lo que lo ha sido el sistema de «perícopa» de lectura y exposición de la Escritura. En esto nos diferenciamos claramente de las iglesias católico romana, anglicana e incluso la luterana. Buscar renovación litúrgica en esta dirección no podría producirse sin ir acompañado de algunos serios peligros. Es algo que ahogaría esa medida de «libertad espiritual» en la predicación del evangelio que nuestro Señor y sus apóstoles han preservado para nosotros. Pero esto no implica una licencia ilimitada, en que se de a cada predicador la libertad de entregar a la congregación aquello que obedezca a sus caprichos personales en la elección de textos bíblicos para sus sermones. Se debe decir más acerca de esto en relación con la «predicación catequística». Pero ya aquí notamos que los ministros están obligados a seleccionar con el cuidado apropiado sus textos para ciertas ocasiones, tanto para el bienestar de la congregación como para dar expresión a la unidad de la iglesia cristiana en su adoración del Dios y Padre de nuestro Señor Jesús.

El primer día especial al que se dirige la atención es Navidad, el festejo del nacimiento de nuestro Señor.

Al igual que con todos estos festejos, también aquí se permite al ministro leer un pasaje y elegir un texto de los relatos históricos. En comparación con la gran cantidad de materiales de los evangelios que tratan de la pasión y la muerte de nuestro Señor, lo que encontramos aquí puede a primera vista parecer un tanto sobrio. Pero un cuidadoso estudio pronto revela que se pueden predicar muchos y variados sermones sobre Lucas 2, así como sobre Mateo 1 y 2 y Juan 1:1-14. Indudablemente, muchos creyentes sienten que algo está ausente del culto cristiano cuando la historia registrada en Lucas 2 no es leída públicamente. Pero en la enumeración de los eventos de aquella gloriosa noche, el énfasis nunca puede colocarse sobre los ángeles o los pastores, o incluso la virgen María; el énfasis cae una y otra vez sobre el misterio del amor de Dios para su pueblo perdido. Este es el día para proclamar gloria al Dios eterno por cumplir todas sus promesas de una forma tan maravillosa. Ciertamente, a veces debe hacerse mención de los caminos del Señor en el curso de la historia mundial, usando incluso un censo con el propósito de que la profecía de Miqueas 5:2 se cumpliese. También el humilde pesebre y los pañales tienen su importancia, pero solamente en relación al amor, la sabiduría y la gloria de nuestro Dios, quien en Cristo Jesús se hizo hombre por nosotros y nuestra salvación. Sin embargo, y no se debe dejar en la ignorancia a la congregación en esto, el nacimiento de nuestro Señor Jesús fue una profunda humillación. Presagiaba sus sufrimientos todos los días de su vida en la tierra, especialmente en Getsemaní, Gábata y el Gólgota, donde fue abandonado con el propósito de que nosotros nunca pudiéramos ser abandonados por Dios, sino que por gracia fuéramos reconciliados con Él. Ningún festejo cristiano, por lo tanto, puede ser correctamente predicado en aislamiento de los demás hechos poderosos de Dios para traer redención para su pueblo.

Lo que esto significa para la conmemoración de Navidad como algo más que un recuerdo aislado, incluye algunas consideraciones de los textos usados para los tres o cuatro domingos anteriores al día del nacimiento de nuestro Señor. Comúnmente se les llama las semanas de «Adviento». Es altamente apropiado que sea predicada una breve serie de sermones que preparen a la congregación para la verdadera comprensión y observancia de la Navidad.

En vista de la extendida y creciente comercialización de esa época del año, tal serie de predicaciones será muy apreciada por la mayoría de los miembros de la congregación. Aquí la Biblia está repleta con material apropiado. Necesitamos referirnos solamente a las profecías mesiánicas extraordinarias y los salmos, tantos y tan variados, que año tras año puede predicarse una nueva serie de sermones con edificación. Tampoco debemos olvidar que Lucas 1 proporciona un entorno instructivo para la observancia de este festejo. Tenemos el «Canto de Ana» que prefiguraba el «Canto de María», así como el «canto de Zacarías» sobre los que tres, cuatro o cinco sermones inspirados bien se podrían predicar. Los sermones sobre tales pasajes, teniendo un énfasis más histórico, y especialmente devocional, puede llevar a la congregación también a una apreciación más profunda del énfasis doctrinal y ético que caracteriza a la mayoría de la requerida predicación «catequística» en las iglesias. Aquí, entonces, está una vez más una oportunidad para una proclamación bíblica balanceada.

La segunda ocasión especial mencionada es el Viernes

Santo. Por muchos años el pueblo reformado vio con recelo este día, no porque provoca el triste recuerdo de la amarga agonía y pasión de nuestro Salvador, sino debido a todas las adiciones que habían rodeado su observancia en las iglesias romanas.

Sin embargo, debería ocupar un lugar en nuestras mentes, corazones y vidas, sin caer en la trampa de considerar este día algo vestido de santidad especial. Lo observamos para mantener en el recuerdo cuándo, cómo y por qué nuestro Señor Jesucristo, en perfecta obediencia al Padre, se sacrificó por nuestros pecados y abrió así el camino a la reconciliación con el Dios trino. Aquí, una vez más, no podemos dejar de hacer justicia a la narrativa histórica, pero sin caer en la mórbida especulación de los aspectos físicos de los sufrimientos y muerte sustitutivos de nuestro Señor. Para que los sermones sobre estas ocasiones no se vuelvan tan superficiales y repetitivos un año tras otro, es bueno que el ministro seleccione su texto sobre un aspecto específico de los muchos acontecimientos que llenaron ese día. Siempre, por supuesto, debe hacerse una aplicación del material. Un sermón no puede consistir exclusivamente en una enumeración de los acontecimientos; su significado para nuestras vidas como creyentes debe expresarse clara y consistentemente a la luz de la Escritura.

En años recientes no pocas congregaciones, deseando una administración más frecuente de la Cena del Señor, usa también este servicio para la administración del sacramento. Algunos, siguiendo más de cerca los pasos de Calvino, han reservado la noche de Pascua para esa forma de conmemorar la muerte de nuestro Señor y su importancia para su pueblo. Ocasionalmente uno escucha de una congregación que ha instituido los servicios del «Jueves Santo» con una celebración de la Cena del Señor; esto en ocasiones en detrimento del culto el Viernes Santo. Todo esto implica cuestiones que pertenecen más propiamente al estudio de la Liturgia y al Gobierno de la Iglesia. Aquí solo añadiremos que toda administración de los sacramentos debe ser acompañada de la predicación de la Palabra.

Aunque las iglesias reformadas nunca han seguido oficialmente el «año litúrgico», reaccionando fuertemente contra las tradiciones romanas que estaban llenas de pompa junto con supersticiones, ha sido costumbre predicar una serie de sermones durante las semanas de la Pasión, llamadas por las iglesias más litúrgicamente modeladas el «tiempo de Cuaresma».

En la Santa Escritura encontramos mucho material precioso para los sermones durante esta época del año. En esto la atención de la iglesia se fija en la vida terrenal de nuestro Señor, cuando enfrentó con firmeza sus sufrimientos y muerte. También en el Antiguo Testamento encontramos muchos pasajes que profetizan la humillación del Salvador y la gloria que posteriormente recibió como recompensa por su obediencia a la voluntad del Padre celestial. Sin sentirnos obligados a dejar de lado un número fijo de domingos cada año para los sermones sobre este provechoso material bíblico, un predicador reformado pronto se da cuenta que los mensajes sobre el ministerio terrenal de nuestro Señor, incluyendo su expiación sustitutiva, constituye una preparación adecuada para el Viernes Santo y Pascua.

El *Domingo de Resurrección* conmemora la gloriosa victoria de Dios en Cristo Jesús sobre todos los poderes del pecado, la muerte y el infierno.

En ninguna comunión cristiana este se celebra con mayor intensidad que entre los ortodoxos orientales, muy en contraste con las iglesias católico romanas que en sus liturgias se concentran en gran medida en los sufrimientos y la muerte de Cristo. Los evangélicos protestantes, especialmente los de cuño más puritano y pietista, han mirado con recelo a cualquier conmemoración especial de este evento, excepto en la medida en que pueda tener una aplicación directa, experimental. Los reformados habitualmente han insistido en que cada Día del Señor es un recordatorio de lo que sucedió el día en de la resurrección de nuestro Señor, y esto con razón. Pero, entonces, los servicios para el culto divino deben, domingo tras domingo, reflejar gran parte de esta convicción –algo que en la práctica congregacional de ninguna manera ha sido siempre verdad.

Mediante la inclusión de este día en la lista de los días que merecen conmemoración especial, aunque siempre tiene lugar en lo que sucede el domingo, nuestros padres reformados han establecido por implicación responsabilidades específicas sobre el homilista. Éste debe proclamar los poderosos actos de Dios para nuestra salvación como se revelaron en la resurrección de nuestro Señor. Todos los himnos elegidos para acompañar el servicio deben reflejar ese gozo, que estremece el corazón y la vida de todo creyente.

El énfasis cae nuevamente en la obra salvadora de Dios a favor nuestro. Aunque los escritores evangélicos cuentan la historia es contada con mucha moderación, haremos bien en recordar que este evento no solamente tiene dimensiones existenciales para el creyente individual; ante todo proclama la realización de los propósitos de Dios de nuestra total salvación en Jesucristo, para su pueblo y la gloria de su nombre. Cualquier cuestionamiento u oscurecimiento de la *realidad* de la resurrección corporal de nuestro Señor, que es el primer paso de su exaltación como Dios-hombre en la plenitud de su triple oficio, hace mella en el corazón de la fe cristiana. La congregación creyente debe llegar aquí a una comprensión más rica, plena y exacta del significado de la resurrección de Cristo que el que canta con el conocido himno que sabemos que Cristo vive hoy porque «vive en mi corazón». Hay un tinte de verdad en este testimonio, pero solamente cuando está bien fundado sobre el fundamento sólido de la resurrección física real de Jesús por el poderoso acto del Dios trino. Sin esa convicción incluso el modernista puede unirse a cantar esas palabras.

En la predicación del evangelio de la Pascua según el testimonio de los cuatro evangelistas, debemos evitar toda especulación sobre lo que permanece como un profundo misterio. Tampoco edificamos a la congregación intentando «armonizar» la cuádruple narración con nuestra argumentación. Aunque es necesario hacer una defensa de la exactitud y la infalibilidad de la Palabra desde los púlpitos, este día difícilmente sirve como la ocasión más propicia. Más bien, regocijémonos con una fe infantil en las maravillas de nuestro Dios, cantando las palabras del salmista del Antiguo Testamento que son tan frecuentemente citadas en el Nuevo:

La piedra que desecharon los edificadores
Ha venido a ser cabeza del ángulo.
De parte de Jehová es esto,
Y es cosa maravillosa a nuestros ojos.
El hombre no puede comprenderlo
Ni imaginarlo en manera alguna.

Este es el día de plena salvación
Que Dios ha hecho y santificado,
Vamos y expresemos nuestro júbilo
Y el triunfo de la gracia suministrada... (Sal 118).

Igual de importante es el hecho de la *Ascensión*, para una comprensión de las poderosas obras de Dios en Cristo por parte de la congregación. Desde los tiempos de su historia temprana las iglesias reformadas insistieron que la ascensión debía ser conmemorada adecuadamente por medio de un culto congregacional. Aunque en muchos lugares la asistencia para esa ocasión deja mucho que desear, se descuida a un gran costo para las almas verdaderamente creyentes. A menudo anhelan una seguridad más fuerte de que el Salvador siempre está con ellos. Y la promesa que dio en esa ocasión puede y debe fortalecer sus corazones. Tampoco se debe pasar por alto que precisamente en ese tiempo nuestro Señor dio a conocer la Gran Comisión a los once, demostrando no solamente su oficio profético y su cuidado sacerdotal, sino su autoridad real plena sobre todos los hombres y naciones, las cuales ahora reclama justamente para su propia posesión. Este milagro también esquiva nuestra comprensión humana, pero, ¡qué alabanza, honor y adoración resuena en los cielos de los cielos cuando le dan la bienvenida como Rey de gloria para sentarse a la diestra del Padre en cumplimiento del Salmo 24! Todo esto consuela y desafía a la iglesia militante en la tierra, mientras se une al coro celestial:

Ved al Conquistador cubierto de gloria
Ved al Rey en su carácter real,
Cabalgando sobre las nubes con su carruaje,
Hacia su la puerta de su palacio celestial;
¡Escucha¡ los coros de voces angelicales
Gozosamente cantan aleluyas…

Y se regocija en esperanza:

Has levantado nuestra naturaleza humana
Sobre las nubes a la diestra de Dios;
Ahí nos sentamos en los lugares celestiales…

Esta celebración, más que ninguna otra, estimula las vidas del pueblo de Dios a adorarle a Él, en quien es toda nuestra esperanza, para testificar y trabajar para su causa con celo renovado y mirar hacia adelante ansiosamente al día de su regreso para establecer todas las cosas en orden y traer la gloria eterna de los nuevos cielos y la nueva tierra llenos de justicia.

La última de las celebraciones cristianas a ser observada de acuerdo al *Orden de la Iglesia*, es Pentecostés. Esta, también, ocurre cada año en uno de los domingos, el primer día de la semana. Incluso Calvino, aunque era reacio a las celebraciones especiales tal y como fueron aumentadas en la Iglesia Católico Romana, la honró junto con la Navidad y la Pascua como una ocasión apropiada para celebrar la Cena del Señor. Esto, de acuerdo con su visión del sacramento, pretendía no solamente recordar la muerte del Señor en la cruz, sino su presencia plena y permanente en y con su pueblo, y su bendito regreso al final de los siglos. En este sentido la celebración de la Santa Cena, que creía debía ser administrada cada domingo, daba a ese día un aspecto «festivo» para la congregación ginebrina. Era la conmemoración de la gran obra de redención y reconciliación de Dios. Es bueno recordar como predicadores que todos los grandes eventos unidos con la humillación y exaltación del Señor están relacionados de manera integral. Una referencia a éstas de ningún modo está fuera de lugar en la sermones predicados en tales ocasiones.

Entre los israelitas, Pentecostés ya era una de las festividades principales ordenadas por Dios, que constituía el cierre religioso de la época de la cosecha. Todo varón debía venir al lugar de adoración. En este festival los pobres, los levitas y los extranjeros no debían ser olvidados. Mientras que las primeras gavillas eran ofrecidas siete semanas antes, al inicio de la cosecha, ahora dos panes, hechos de flor de harina y leudada, eran presentados al Señor como una ofrenda simbólica de toda la comunidad. Mucho de esto encuentra su cumplimiento más espiritual en el festival cristiano de gratitud por los primeros frutos del derramamiento del Espíritu sobre la pequeña asamblea. En la iglesia antigua recibió prominencia desde muy temprano, como Zokler comenta:

En la literatura cristiana el nombre Pentecostés originalmente significaba todo el periodo de cincuenta días desde la primera Pascua hasta el derramamiento del Espíritu Santo, y así fue comprendido por Tertuliano, Orígenes, Basilio el Grande, las Constituciones Apostólicas, el *Ordo Romanus*, y otras fuentes. Durante este tiempo estaba prohibido ayunar, la oración se ofrecía de pie, los teatros eran cerrados y los juegos eran suspendidos en el circo, el libro de Hechos era leído en la liturgia, y el Aleluya era cantado frecuentemente.

Hay que lamentar que muchas iglesias evangélicas generalmente permiten que este día pase bastante desapercibido.

Una vez más, el énfasis para el predicador reformado cae sobre la gloriosa obra del Dios de nuestra salvación. Es Cristo quien, de acuerdo a la promesa dada a sus discípulos, ha derramado su Espíritu sobre su pueblo.

Incluso la reflexión más breve sobre el relato en Hechos 2 indica que en él existen algunas dificultades homiléticas para los predicadores. Mucho de lo que leemos es tan misterioso como milagroso. Acerca de las señales externas que acompañaron este evento se dice algo, pero incluso esto escapa a nuestra comprensión. De aquí que sea imposible un relato detallado del evento histórico de aquel don por medio del cual la verdadera iglesia vive. ¿Quién puede entender la persona y la actividad de la tercera persona de la siempre bendita Trinidad? Sin embargo, sin su presencia permanente y su poder la congregación se marchitará hacia la muerte espiritual. Esta es la primera obra poderosa de nuestro Señor glorificado, cuando se dedica a reunir, defender y preservar a su iglesia para la vida eterna con Él en gloria. Aquí tenemos hombres «analfabetos» proclamando las riquezas de la obra de salvación de Dios cumplida en la persona y obra de Cristo Jesús. Aquí tenemos una «criba» del pueblo ya que algunos resisten obstinadamente al evangelio, mientras otros lo abrazan con un corazón y una vida creyente. Aquí tenemos el establecimiento de la primera congregación creyente que coloca el modelo básico para todas las iglesias en cualquier lugar. Aquí tenemos al Dios trino en Cristo Jesús como Señor de la historia, donde Él obra redención, reconciliación y renovación, superando la desunión resultante de Babel, por medio de su Espíritu.

La administración de los sacramentos

En obediencia a las Escrituras, las iglesias reformadas en sus credos siempre han instado a una relación integral entre la Palabra y los sacramentos. Estos son «ordenanzas» precisamente porque han sido dispuestos y ordenados por el Señor Jesucristo para ser administrados en todas las iglesias llamadas de su nombre.

Aunque el estudio detallado de la relación entre la Palabra y los sacramentos pertenece al campo de la *Teología Sistemática*, es necesaria una breve reflexión sobre esto en nuestro estudio de la *homilética*; no menos, porque el énfasis reformado sobre la «primacía» de la Palabra ha llevado en la mente de no pocos, tanto predicadores como pueblo, a una devaluación de los sacramentos. No más que «añadir» algo que la Palabra o no hace o no se puede dar, son simplemente «adiciones» prescindibles. Van de la mano. Berkouwer en su libro *The Sacraments*, lo resume claramente para nosotros:

Cuando la Segunda Confesión Helvética habla de la relación entre la Palabra y los Sacramentos, enfatiza fuertemente que los elementos se *convierten* por medio de la Palabra. El «convertirse» es la clave para una relación específica entre la Palabra y los sacramentos. Evidentemente, la Palabra y los sacramentos no pueden ser puestos lado a lado, porque los signos se convierten en sacramentos solamente en virtud de la Palabra de Dios. Las confesiones reformadas también dicen que los elementos son «consagrados» por la Palabra. Eso no significa que los elementos sean cambiados o transubstanciados, sino más bien este término se usa (el cual también usa Roma para la «consagración») para indicar el muy importante hecho de que los elementos se vuelve sellos en virtud de la gracia divina, y por eso mantienen sus funciones en los actos de Dios. Como señales se vuelven muy importantes, ya no se pueden considerar más como «símbolo» sin sentido y sin importancia. Esta relación, la cual en virtud de la revelación divina hace a la señal algo agregado a la palabra de promesa, se ve anulada si simplemente colocamos la Palabra y los sacramentos al mismo nivel.

Sin la Palabra, los elementos –agua, pan y vino- no son sacramentos. Al mismo tiempo, los sacramentos iluminan y refuerzan, por la designación de Dios, la gracia de la Palabra para salvación en Jesucristo. Él es su administrador, su mensaje y sustancia. Nunca podemos buscar en los sacramentos algo que sea inalcanzable en y por medio de la Palabra. Al mismo tiempo, no podemos ignorar o minimizar los sacramentos como si no fueran necesarios, o simplemente fueran un testimonio de lo que hacemos en respuesta a la Palabra predicada. Los sacramentos, y así lo han afirmado siempre los reformados en la tradición cristiana clásica, son «medios de gracia» en conexión con las cuales Dios confirma su promesa y fortalece así la fe de sus hijos creyentes.

Todo esto tiene importancia para nuestra predicación. Nunca debemos administrar los sacramentos apartados de la proclamación de la Palabra. Esto cuenta también para la precisión y relativa extensión de las Formas de Administración unidas al bautismo y la Cena del Señor. Sin la escucha de la Palabra y la respuesta en fe, los sacramentos se ven pervertidos en la mente de los participantes. Ya sea que se consideren como gracia obrando «ex opere operato» con el resultado de que la palabra es reemplazada y la fe es robada de toda su dimensión intelectual y ética, o se conviertan en ocasiones para el ejercicio de una especie de unión espiritual, en la que la comunión horizontal que se busca eclipse completamente la venida de Dios en Cristo a través de la obra del Espíritu Santo. Estos peligros, especialmente en nuestros días influenciados por la renovación litúrgica extendida por toda la cristiandad, deben ser claramente señalados. Siempre parece haber flujo y reflujo en la historia doctrinal de las iglesias. En muchos sectores los sacramentos todavía son seriamente subestimados; en otros sectores están tan altamente sobrevalorados, pero de forma inadecuada, que reemplazan a la predicación de la Palabra.

De paso, se debe notar que los sacramentos, destinados por Dios para dar las demostraciones más claras de la unidad de su pueblo creyente como «cuerpo de Cristo», a través de los siglos han llegado a ser la arena de las contiendas más encarnizadas y profundamente arraigadas en la cristiandad. Rara vez, si es que ha habido alguna, todos los que confiesan a Cristo como Salvador y Señor han sido capaces de sentarse en paz unos con otros en «una mesa». Tampoco el bautismo, incluso cuando ha sido administrado en el nombre del Padre, del Hijo y del Espíritu Santo por una iglesia, ha sido reconocido como válido por todas las demás iglesias. Todos los servicios de oración y alabanza, e incluso de predicación interdenominacionales son «metal que resuena o címbalo que retiñe», en los que falta un bautismo y una mesa. Aquí el problema de ser «una iglesia» llega a su centro más agudo, doloroso y desconcertante. Y esta cuestión no puede resolverse empujándola bajo la alfombra de la indiferencia o el compromiso doctrinal.

Como iglesias reformadas reconocemos solamente dos *sacramentos*. Estas son ordenanzas de la «iglesia», y por lo tanto deben ser administradas oficialmente y en la asamblea de los creyentes. Incluso cuando en raras y extraordinarias circunstancias estos fueran administrados «en los hogares», los reformados no los celebraban de forma privada; este un tema que nos ocupará más directamente en nuestro estudio de la *liturgia*.

En las iglesias reformadas el *bautismo* es y debe ser administrado frecuentemente. Aunque es una ordenanza que se refiere al momento de la administración a todos los miembros de la congregación creyente y así es para ellos, también, un «medio de gracia», tiene una dimensión única y personal, ya sea que se administre a un infante o a un adulto. Por lo tanto, tan pronto como sea posible después del nacimiento de un niño, los padres creyentes son exhortados a buscar el bautismo para sus hijos como «una señal y un sello del pacto de gracia de Dios». Cualquier demora injustificada debe considerarse una falta de valoración del favor y la bondad de Dios. Tampoco es apropiado esperar semanas o incluso meses para tal administración, hasta que varios niños o adultos puedan ser bautizados al mismo tiempo.

Ya que en el curso de la predicación «catequética» se expone el bautismo junto con su importancia, las iglesias reformadas no esperan sermones «especiales» en el momento de cada bautismo. Esto difícilmente sería factible y edifican-te. Sin embargo, cuando el curso de tal predicación catequé-tica, que se hace fielmente cada semana con sólo algunas ex-cepciones, se extiende por un periodo de dos o incluso tres años, entonces ocasionalmente ese sermón «especial» podría ser muy recomendable. Seguramente hoy nuestro pueblo debe aprender de nuevo a comprender el significado de su bautismo. Textos apropiados para tales mensajes abundan en la Escritura, especialmente en las epístolas del Nuevo Testamento. Aunque el acto es único, ya que el bautismo nunca se va a repetir, su recuerdo debe destacarse en la con-ciencia de fe de todos los que verdaderamente pertenecen al Señor Jesucristo y por medio de esta ordenanza han sido «se-llados» con la Palabra de la promesa y mandamiento. Es bueno que cada predicador, por lo tanto, prepare para sí mismo una lista de textos adecuados, haciendo uso de ella de vez en cuando en su ministerio a las congregaciones a las que sirve.

Sobre los sermones en relación con la celebración de la Cena del Señor, nuestro Libro de Gobierno es explícito. En-tre otros asuntos requiere:

La Cena del Señor será precedida ordinariamente por un sermón preparatorio y seguida por un sermón aplicativo.

Esta lectura contiene una ligera modificación de las edicio-nes anteriores del Libro de Gobierno. Ella asume, como lo hacían las ediciones anteriores, que en el momento de la ce-lebración habrá un sermón; la extensión será determinada por las circunstancias. Además, se requiere que sea usada la *forma*(s) oficialmente aprobada(s). Pero, debido a una cre-ciente tendencia en las congregaciones hacia una administra-ción más frecuente que la administración trimestral de la Cena del Señor, se ha insertado la palabra *ordinariamente*. No obstante, esta no ofrece la excusa para descuidar lo que está prescrito. Tampoco fueron tales sermones prescritos por los primeros reformadores simplemente debido a las supersticiones con que el pueblo, sujeto a la servidumbre del ceremonialismo y externalismo medieval, había sido infectado. Ya Pablo en 1 Corintios 11, inspirado por el Espíritu Santo, advirtió contra comer y beber en la mesa del Señor «indignamente». No todos pueden participar de la mesa, ni pueden los cristianos confesantes llegar sin un «discernimiento del cuerpo» que incluye un discernimiento o examen de uno mismo (cf. 1 Corintios 11:28-31).

En las iglesias reformadas, el mensaje «preparatorio» fue diseñado originalmente para instruir a los miembros de la congregación con el objeto de que a la luz de la rica gracia de Dios en Jesucristo se prepararan con verdadera humildad, fe y gozo para participar del pan y del vino. El objetivo era despertar un «deseo santo» para sentarse con Cristo y los suyos en la obediencia que brota del corazón. Pero cuando las iglesias reformadas en los Países Bajos desde su reconocimiento oficial por los Estados-Generales se convirtieron en la iglesia nacional, participaron multitudes, incluyendo a muchos que no dieron evidencia de ser verdaderamente convertidos. En consecuencia, los predicadores comenzaron cada vez más a advertir contra el participar «indignamente», para que ni los hipócritas ni los incrédulos, sino más bien muchos de los verdaderos creyentes, se acercaran con temor. En algunas iglesias reformadas con cientos de miembros profesantes no se «sentían» dignos más de diez o doce. Esto constituía una burda perversión de las palabras del apóstol Pablo, y emitía un espíritu de profunda tristeza sobre lo que debería haber sido una ocasión de gran gozo para todos los que buscaban su salvación en Jesucristo. Actualmente en nuestras iglesias el péndulo puede, al menos en algunos sectores, haber oscilado al extremo opuesto. Por lo tanto, el predicador, también en relación con la administración del sacramento, está bajo la obligación junto con los ancianos de conocer bien la condición espiritual de los miembros. Esto no puede implicar un intento de juzgar el «corazón»; lo que requiere es un ejercicio fiel de la disciplina cristiana que incluye la supervisión regular de la fe y la conducta de todo aquel que por medio del bautismo ha sido incorporado a la iglesia de Cristo.

En cierto sentido, cada sermón debe ser ocasión para llamar a un correcto examen de nosotros mismos si estamos en la fe. Sin embargo, este hecho no necesita y no debe descartar un sermón «preparatorio» una semana antes de la administración de la Cena del Señor. En tal sermón, otra vez, no es necesario ni se puede decir todo. Existen textos de todo tipo adecuados para esta ocasión. Algunos tratan con la confesión necesaria de nuestros pecados y nuestra pecaminosidad delante de Dios, nuestra propia indignidad. Otros enfatizarán la necesidad de reconciliación unos con otros como hermanos y hermanas de nuestro Señor Jesucristo. Otros más bien pueden centrarse en una comprensión más rica y más profunda de lo que Dios en Cristo indica y sella a todo verdadero participante en el sacramento. Aquí la soberanía de la gracia de Dios en y a través de Jesucristo por medio de la obra del Espíritu Santo, porque es Dios solamente quien puede salvar y salva, debe mantenerse en equilibrio saludable con la responsabilidad del hombre para arrepentirse, creer y caminar en el camino de obediencia. Incluso los himnos oficialmente aprobados para los servicios reformados muestran el camino. No solamente cantamos:

Señor, como el publicano me presento
Y eleva mi corazón hacia ti
Tu gracia perdonadora, oh Dios, manda,
Se misericordioso a mí;

También cantamos con gran regocijo:

Engalánate alma mía, con alegría,
Deja los refugios sombríos de tristeza,
Entra en el esplendo de la luz del día,

Ahí con alegría rinde tus alabanzas
A Aquel cuya gracia es sin límites
Que ha fundado este banquete maravilloso…

El sermón en ocasión de la Comunión será, por la naturaleza del caso, ordinariamente más breve que en otras ocasiones. Sin embargo, se requiere más que una meditación devocional. También aquí debe estar la proclamación «oficial» de la Palabra.

Es bien conocido que Juan Calvino, a través de todos los años de su ministerio en Ginebra, deseó una administración semanal de la Cena del Señor que fuera el clímax de la predicación de la Palabra en el culto matutino. De esta manera buscaba ser fiel a la antigua práctica de las iglesias cristianas que se rehúsan a divorciar la Palabra de los sacramentos. Como todos nosotros reconocemos, se sintió obligado a ceder a las presiones del Consejo de la Ciudad el cual ejercía una interferencia grande y a menudo insalubre en las libertades espirituales de la iglesia. Pero debido a que la Comunión semanal no fue declarada obligatoria por nuestro Señor y sus apóstoles, creyó que, por el bienestar de la iglesia y sus miembros, podía ceder aunque no sin reiteradas protestas de su parte. Muchas cuestiones espirituales así como prácticas tendrán que ser resueltas claramente antes de que nuestras iglesias reformadas estén listas para considerar seriamente la institución de la comunión «semanal». Pero se ha dejar clara a la congregación una y otra vez la relación integral entre la proclamación de la Palabra y la administración de este sacramento.

Una vez más, para esta ocasión encontramos muchos pasajes apropiados que pueden servir como textos para la celebración de la Cena del Señor. Ya que este material también aparece en el curso de «predicación catequética» a lo largo del año, el énfasis principal en el momento de la Comunión no tiene por qué ser sobre una instrucción más detallada. Se debe expresar especialmente la relación entre el

Salvador y los que ha redimido y reconciliado con Dios, no solo individualmente sino también colectivamente, y hacerlo de una manera «devocional».

Hace tiempo que nuestro pueblo ha olvidado el «arte» de la meditación espiritual. Incluso les quitamos la oportunidad en este solemne momento; en lugar de una serie de breves meditaciones mientras se distribuyen el pan y el vino, ahora insistimos en que el organista toque algunos himnos apropiados para ayudarles a enfocar la mente y el corazón en el Señor Jesucristo. Pero bien podríamos preguntarnos si tocar una serie de himnos con aspectos muy poco relacionados del mensaje del evangelio estimula a la verdadera meditación. Esto puede conducir pronto a un deambular mental y espiritual, no solo del mensaje que se predicó, sino incluso de la Santa Cena misma. Podría ser bueno suspender por completo tal ejecución musical, en vez de justificarla como algo que ayuda a cubrir los sonidos que se hacen al arrastrar los pies o toser. Que los comulgantes reciban toda oportunidad para ejercitarse según la exhortación en la *Formula* que se da inmediatamente antes de la distribución de los elementos.

Que nosotros, entonces, seamos alimentados con Cristo, el verdadero pan del cielo. No nos aferremos con nuestros corazones al pan y el vino externos, sino que levantémoslos a lo alto en los cielos, donde está Cristo Jesús, nuestro Abogado, a la diestra de su Padre celestial, a donde también los artículos de nuestra fe cristiana nos dirigen; no dudando que seremos alimentados y refrescados en nuestras almas, con su cuerpo y su sangre, a través de la obra del Espíritu Santo, tan cierto como que recibimos esta santo pan y bebemos en memoria de Él.

Todo esto fue pensado por los padres reformados para conducirnos al mensaje *aplicativo*. La preparación para esto ya se encuentra en la «conclusión» de la *Fórmula*. Por estos medios nuestro primeros líderes buscaron evitar la idea de que el participar del pan y del vino era en sí mismo suficiente. Aquí los comulgantes, habiendo sido alimentados y fortalecidos por medio del uso del sacramento, son exhortados a caminar en piadosa obediencia en toda relación de la vida para la gloria del Padre. Sus vidas deben estar llenas de gratitud para con Aquel que es fuente de su salvación plena. Con renovado celo deben proclamar de palabra y hecho que son suyos, y esperar con impaciencia el día cuando le verán cara a cara y le servirán perfectamente en el mundo sin fin. Aquí, también, hay «comida» para su peregrinaje a través de la vida con sus sufrimientos y problemas, a medida que avanzan «de poder en poder» hasta que finalmente se presenten delante de Dios en la Sion celestial con un gozo ilimitado.

Es de lamentar que en algunas congregaciones la asistencia al momento de los sermones aplicativos deja mucho que desear. Esto revela un bajo nivel de comprensión espiritual sobre la naturaleza y propósito de la Cena del Señor, posiblemente incluso mezclado con una aceptación más bien inconsciente de la idea de que los sacramentos obran «ex opere operato». El pastor y el consistorio harán bien en advertir más seriamente contra esto.

La nota que se debe hacer resonar en el sermón en esta ocasión ya está provista por la conclusión de la *Formula*. Es la de la renovada dedicación al servicio de Dios en gratitud y con gozo por la gran bendición que les ha dado en Cristo Jesús, nuestra esperanza tanto en la vida como en la muerte.

Otras ocasiones especiales

Sin caer en la trampa de multiplicar los «días santos» nuestro Libro de Gobierno menciona y prescribe ciertos servicios que merecen especial atención por parte del predicador mientras prepara sus mensajes para la congregación. La atención se llama a estos en primer lugar en el Artículo 51:

a. La congregación se reunirá para la adoración al menos dos veces en el Día del Señor para escuchar la Palabra de Dios, para recibir los sacramentos, para participar en la alabanza y oración, y para presentar sus ofrendas de gratitud.

b. Los servicios de adoración se celebrarán en observancia de la Navidad, el Viernes Santo, la Ascensión y Pentecostés, y de forma ordinaria el último y el primer día del año y los días anuales de oración y gratitud.

c. Servicios de adoración especiales se pueden proclamar en tiempos de gran prueba o bendición para la iglesia, la nación o el mundo.

Se debe notar que el *Libro de Gobierno*, en obediencia a la Santa Escritura, reconoce «niveles» de normatividad con respecto a las asambleas públicas del pueblo de Dios. Al menos dos servicios en el Día del Señor debe ser una regla inviolable, ya que el día completo debe ser consagrado de manera especial a la alabanza y servicio del Dios de salvación. Ciertamente, el todo de la vida es «adoración». Pero en el día que conmemora la creación y, especialmente, la resurrección de Cristo y el don del Espíritu Santo, el pueblo de reúne para una acción de gracias directa, pública y oficial, junto con la instrucción en la fe.

Estrechamente alineada está la conmemoración de las principales fiestas cristianas, en las que son proclamados los poderosos actos de Dios de redención y renovación de la vida.

Los otros días «especiales» son obligatorios solamente en un sentido secundario. Nadie puede o debe ser excomulgado de la congregación solamente por no asistir a estos servicios. Sin embargo, las primeras iglesias en muchos lugares se reunían «diariamente» para el culto público. Hebreos 10:24-25 exhorta a todo miembro de la comunidad creyente:

...Y considerémonos unos a otros para estimularnos al amor y a las buenas obras; no dejando de congregarnos, como algunos tienen por costumbre, sino exhortándonos; y tanto más, cuanto veis que aquel día se acerca.

Los responsables de la unidad espiritual, bienestar y crecimiento en la gracia de los miembros deben, por lo tanto, advertir a los que a la ligera se alejan de estos servicios de que están descuidando ricas oportunidades para la comprensión y crecimiento espiritual.

Casi no se necesita discutir que el servicio celebrado el *Ultimo Día del Año* es altamente apropiado, especialmente en nuestro tiempo con los excesos que a menudo acompañan las fiestas «oficiales» y «privadas». Aquí se da la oportunidad para la reflexión comunitaria a la luz de la Palabra predicada sobre el camino por el cual el Señor nos ha dirigido como individuos, familias y congregaciones a través del año que está terminando. Es tiempo para recordar, ciertamente con solemnidad e incluso con confesión de pecados, ya que no siempre hemos estado involucrados en «redimir el tiempo porque los días son malos». Pero igualmente es una ocasión para alabar a Dios juntos por su fidelidad pactal hacia nosotros. Es «por las misericordias del Señor que no hemos sido consumidos». Y esto produce un gozo intenso en las promesas que nunca fallan en las vidas de aquellos que lo miran con fe.

Por lo tanto, el Primer Día del Año como individuos y como congregaciones debemos ser animados a mirar con plena confianza hacia el futuro incierto. De las manos del Señor tenemos el privilegio de recibir el principio de otro año de su gracia. Toda preocupación, inquietud y temor debe ser acallado en la vida de aquellos que confían en su Palabra. Al mismo tiempo lo recibimos como si fuera un «nuevo» principio, otra oportunidad para servirle de todo corazón por la gracia que prometió en Cristo Jesús. Lo que es desconocido para nosotros es completamente conocido y dirigido por Aquel que obra todas las cosas de acuerdo al consejo de su soberana voluntad. En el estremecimiento de todas las cosas, tan evidente en nuestra época acelerada y confusa, la iglesia necesita escuchar las tranquilizadoras palabras: «He aquí, yo estoy con vosotros todos los días, hasta el fin del mundo».

Lo mismo se puede decir de los *días anuales de oración* y *gratitud*, que han sido prescritos eclesiásticamente.

No nos dejemos engañar por la idea de que todo servicio de adoración es acompañado por oración y acción de gracias, a fin de hacer superfluas tales ocasiones especiales o incluso vanamente repetitivas. Tampoco se deben considerar los devocionales personales o familiares (en forma de oraciones y acciones de gracias) como un reemplazo adecuado de los servicios oficiales de la Palabra. En éstos, juntos como pueblo de Dios, nos reunimos para colocar delante de Él las necesidades especiales que surgen en relación con los cambios de estación que Él ha ordenado.

Aunque ya no vivimos más en una sociedad agrícola, todo varón, mujer y niño, incluso los reyes, se sirven del campo. Por eso las iglesias reformadas, al comienzo de los trabajos en las granjas, nos recuerdan esto en un *Día de Oración* anual. Solamente el Señor puede hacer prosperar ese trabajo de manera que las personas y las naciones sean adecuadamente alimentadas y vestidas y sostenidas en sus vidas sobre la tierra. Aquí la iglesia implora no solamente por sí misma; toma en consideración las necesidades de cientos de millones de personas que, por una diversidad de motivos, carecen incluso de las necesidades más básicas para su existencia en la tierra. Todavía aún más la iglesia es exhortada a usar los dones que ha recibido por la bondad de Dios para su gloria, tanto en sus propias vidas y en su responsabilidad para con los demás. La total dependencia del hombre de Dios el Creador y Señor de todo, que llama a todos al arrepentimiento y fe en el Señor Jesucristo, tiene que estar de relieve en esta ocasión. Tampoco los esfuerzos científicos del hombre por predecir y controlar el clima producirán los tan necesarios cultivos. Los años fructíferos y los estériles están en sus manos. A Él levantamos juntos nuestra mirada en humildad y dependencia, en confianza y gratitud por mantener nuestras almas con vida.

Los *Tiempos de gran prueba* en nuestra iglesia, nación o el mundo también piden apropiadamente por servicios especiales. Cada uno de estos tiene su propio carácter especial y, por lo tanto, coloca responsabilidades especiales sobre el predicador llamado a traer el mensaje de la Palabra.

Tales servicios pueden oficialmente ser convocados por un consistorio o por un presbiterio, como grupo de congregaciones vecinas, o por el sínodo anual de todas las iglesias. El gobierno (ya sea estatal o federal) también puede solicitar que se celebren tales servicios; en Canadá y los Estados Unidos este no tiene autoridad legal para prescribir tales servicios, y con razón. Sin embargo, cuando así lo pida, todas las iglesias hacen bien en honrar esa petición.

Lo mismo es cierto para tiempos de gran bendición. Especialmente en relación con la Primera y la Segunda Guerra Mundial, tales tiempos de prueba y bendición (cuando cesaron las guerras) fueron frecuentes. Los servicios especiales estaban a la orden del día. Pero en relación a los pasajes que sirvan como textos para esas ocasiones, el pastor reformado debe recordar que él (y la congregación) nunca deben colocar a la nación actual al nivel del Israel del Antiguo Testamento como pueblo que está en el pacto de gracia con Dios. Hacerlo así pervierte el sentido claro y la intención de casi todos los pasajes del Antiguo Testamento que hablan de los problemas o triunfos nacionales. En esto los principios de interpretación sanos de la Santa Escritura se deben reconocer y aplicar puntualmente.

Se hace mención en otros lugares en el Libro de Gobierno de los matrimonios y los funerales. Con ambos, como regla general, el pastor de la congregación se encuentra profundamente involucrado. Especialmente en cuanto al primer documento, por medio del cual se regula la vida de nuestras congregaciones a la luz de la Biblia, tiene bastante que decir. El predicador debe tener en cuenta todo esto.

En ambos casos, no estamos tratando con asambleas oficiales del pueblo del pacto de Dios, incluso aunque las bodas y los funerales estén orientadas por el pacto para los creyentes. De ninguna manera deben ser correlacionados con los sacramentos. No obstante, en ambos tipos de ocasiones se hace bien en esperar que el predicador proclame la Palabra que tiene relación con la situación vital. En esto hay tiempos de gozo y tristeza. Y la Biblia habla elocuentemente al respecto.

En una época en la que las bodas se han vuelto muy secularizadas, el pastor debe tomar la oportunidad para explicar brevemente el privilegio único de estar «casado en el Señor». Cuando una pareja, junto con las familias involucradas desea hacer uso del templo, esto no constituye una boda eclesiástica oficial, pero al mismo tiempo exige que el consistorio (junto con el pastor) se encargue de que el servicio junto con lo que le acompaña y sigue cumpla con las normas del decoro cristiano. En esta situación, el consistorio tiene incluso el derecho de exigir que, no solamente se use la *Fórmula* apropiada, sino que también sea acompañada por una breve exhortación de la Palabra de Dios a todos los reunidos.

Por supuesto, esto es algo que siempre se espera en los funerales entre nosotros; tanto más cuanto para ellos, en su condición de «asuntos familiares» (Art. 70), no tenemos formulario eclesiástico. En razón de que no es un servicio «oficial» de la Palabra, no está estructurado de acuerdo con el modelo que habitualmente se sigue en el culto. Aquí no hay lugar para el *Votum*, la salutación o la bendición. Más bien, estos se reemplazan por oraciones de apertura y clausura. El si habrá un solo vocal o el canto comunal, se deja a la discreción de la familia. Ésta invita no solamente a familiares y amigos, sino también al pastor para dirigir el servicio. Aunque las «palabras de consolación» son adecuadas cuando la persona que murió vivió una vida de verdadera piedad en el servicio a Dios y a los demás, el predicador hará bien en limitarse estrictamente a hacer referencias al varón o mujer que está a punto de ser sepultada. El mensaje es para los vivos de acuerdo con su condición, en la medida en que el pastor pueda conocerla en ese momento. Aquí, entonces, está la oportunidad de recordar a todos la brevedad de la vida, la gravedad de la muerte, del evangelio de nuestro Señor Jesucristo quien por sí solo da consolación tanto en la vida como en la muerte. Tales servicios, ya sea que se celebren en la casa, en una capilla, o en el templo, deben ser relativamente breves con un discurso de no más de quince o dieciocho minutos generalmente. Pero es injustificado remplazar la instrucción y la admonición de la Palabra con música bella o poesía inspiradora. Esto lo debería rechazar todo pastor a quien le es pedido que dirija un funeral. Él debe proclamar la Palabra también en los funerales.

Más estrechamente relacionadas con la vida de la congregación están las otras ocasiones las cuales requieren consideración. Al menos merecen una mención de pasada en este momento.

Uno de los grandes privilegios de toda congregación es el testimonio de la *profesión de fe pública*. La forma en que los miembros son recibidos en la membresía en la iglesia de Cristo con todos sus privilegios y responsabilidades ha sido normada por el *Libro de Gobierno* a la luz de los principios establecidos por la Santa Escritura. Aunque el «examen» tiene lugar en la presencia del consistorio, la profesión real de fe pública es atestiguada por la congregación que adora. Para esto se ha adoptado una *Fórmula* apropiada. En tales ocasiones resulta adecuado también que en el sermón se le dé atención a esto. El si en tales ocasiones se requiere siempre un sermón que ponga énfasis especialmente en esta demanda pactual de Dios, depende de muchas circunstancias concurrentes en la vida de la congregación. Pero debería ser evidente por sí mismo a todo pastor, consistorio o congregación juiciosa, que esto nunca se debe dar por sentado y ser reducido a un acto mayormente carente de sentido para la congregación en su conjunto. No es necesario ampliar este punto.

La *ordenación y/o instalación* de oficiales –pastores, ancianos y diáconos, y respectivamente misioneros y profesores de teología– debe ser siempre una ocasión de gratitud a Dios. En y a través sus respectivos llamados, Cristo reúne, defiende y preserva su iglesia en el mundo. Las respectivas *Fórmulas*, cada una a su manera, llaman nuestra atención hacia esto. Se ha dado mucha importancia, y con toda razón, a la ordenación y/o instalación de un ministro de la Palabra. Habitualmente se han reservado servicios especiales para este propósito. Adicionalmente, la congregación espera un sermón «inaugural» de la persona, así como un sermón de «despedida» cuando deja la iglesia para ir a otra o se jubila a la edad adecuada. A menudo, sin embargo, la proclamación de las inescrutables riquezas de la gracia de Dios en tales ocasiones se oscurece por todo tipo de comentarios que llaman la atención a la persona más bien que al oficio. El único correctivo aquí es la perspectiva bíblica de la iglesia, el oficio y la predicación.

Lo que bien puede lamentarse es el abandono casi universal de sermones apropiados para la ordenación e instalación de ancianos y diáconos. Casi pareciera que estos fuesen tenidos por poco importantes para el bienestar y la salud espiritual de la congregación. Quizá mucho de esto ha sido ocasionado por la tradición, desgastada por el tiempo de instalar a estos oficiales en sus respectivos oficios en el culto del Primer Día del Año. Todo esto robó al culto de su alto propósito espiritual en esos días. El servicio era a menudo excesivamente largo, con el resultado de que la asistencia año tras año era terriblemente pequeña. Sin embargo, en la mente de muchos, esta costumbre es permisible por la larga tradición. Es más que hora que todas nuestras iglesias cambien esa práctica. Es mucho mejor instalar ancianos y diáconos ya sea el último día del Señor del año viejo o el primer día del Señor del año nuevo. En ese momento se puede predicar, con provecho espiritual para todos, un sermón que llame la atención a algunas de las tareas importantes a las que estos hombres han sido llamados por Dios.

Además de lo anterior, existen momentos de celebración especial y conmemoración para toda congregación.

Aquí se debe hacer mención de los *aniversarios*, cuando la congregación ha sido bendecida por cincuenta, setenta o cien años. La verdadera continuidad de la iglesia de Cristo, también en sus manifestaciones locales, se encuentra en la fidelidad inmutable de Dios. Esto se experimenta solamente en la forma de nuestra respuesta espiritual a su Palabra de gracia. Estas ocasiones son siempre de gozo, acompañadas de una confesión de nuestra indignidad debido a los pecados y defectos, así como oportunidades para llamar a una mayor consagración a su servicio.

Gran parte de esto también se debe decir en relación con la *dedicación* de un nuevo templo. Las iglesias y los predicadores reformados siempre han sido temerosos de usar a este respecto el término «consagración», por su trasfondo católico-romano. Pero aunque nuestro Padre celestial no habite en casas hechas por manos humanas –más de lo que lo hizo en la dispensación del Antiguo Testamento– el templo es un don de su gracia. Debe apartarse y usarse para este propósito único. Convertirlo en un salón social para todos los niños de la congregación y las actividades de la comunidad, como a veces se hace, manifiesta una baja percepción de la majestad de nuestro Dios y de la solemnidad de su culto. También con respecto al templo, específicamente en aquella sección dedicada para la administración de la Palabra y los sacramentos, haremos bien en inculcar en nosotros mismos y en nuestro pueblo, la amonestación: «¡Dejad que la iglesia sea la iglesia!».

Todo esto y, quizá, mucho más se necesita decir mientas se preparan los que están ordenados al ministerio de la Palabra, mientras se preparan para el servicio a Dios y a la congregación.

Sin embargo, lo que necesita énfasis es que ninguna ocasión «especial» puede proyectar en ninguna ocasión una sombra amenazante sobre la administración regular y fiel de los medios de gracia en el Día del Señor. Esos cultos, divinamente ordenados, son de suma importancia. Sin ellos centrándose el primer día de cada nueva semana, en la predicación de la Palabra, la vida espiritual languidece y la congregación se condena a sí misma a la extinción como verdadera iglesia del Señor Jesucristo.

TERCERA PARTE
Homilética Formal

··· ℬℭ ···

¿Diste elogios por lo que se ha dicho? No, no quiero aplausos, ni tumultos, ni ruido. Una sola cosa es la que quiero, ¡que en silencio y de manera inteligente, escuchando, hagan lo que se dice! Este es el aplauso, este es el elogio para mí. Pero si alaban lo que digo, pero no hacen lo que aplauden, mayor es el castigo, más agravada es la acusación, y para nosotros es la vergüenza y el ridículo.

Crisóstomo

Él [el Señor] no está contento con solamente hablar, sino que cuando ve que es bueno y apropiado para nosotros, balbucea y tartamudea con nosotros. Tanto más debemos desear ser enseñados por su palabra, ya que se ajusta a nuestra estatura y cómo no ha olvidado nada necesario y útil para nuestra salvación...

Juan Calvino

Predicar, al contrario de lo que muchos miembros creen, no es fácil.

El ministro del evangelio está bajo las órdenes de llevar, en nombre de su Emisor celestial, nada más y nada menos que el mensaje revelado en la Santa Escritura, el cual ahora arde brillantemente en su alma. El entregar durante algunos minutos simplemente un discurso interesante e incluso edificante no hace justicia a la urgencia con la que Dios dirige su Palabra a los hombres. Aquí, dado que el que es llamado por Dios se ocupa de cuestiones fundamentales de vida y muerte, de gracia y juicio, se preparará en oración y continuamente dentro de su capacidad. Lo que la predicación demanda es consagración, la dedicación de lo mejor de nuestro tiempo, nuestros talentos y nuestros esfuerzos en servicio de aquel que ha traído salvación a un mundo pecador bajo maldición. Ese llamado es digno de lo mejor de nosotros.

No solo exige una comprensión del evangelio y un compromiso con él, requiere habilidades para llevar esa Palabra en su forma más precisa, efectiva y elegante. Tanto para el predicador como para el pueblo, este es un acto de *adoración*. Y tal adoración, de acuerdo con la Escritura, incluye, por su propia naturaleza, un acercamiento a Dios «en la hermosura de su santidad» .

La devoción a ese trabajo tiene sus dificultades. A este respecto es muy adecuado el adagio: «La genialidad es diez por ciento inspiración, noventa por ciento transpiración». Sin duda que una de las principales razones de por qué los sermones son tan a menudo criticados, no se debe tanto a su extensión como a su embotamiento insufrible. Muy a menudo el sermón contiene solamente lo obvio, una antigua verdad que todos conocen ya demasiado bien, pero poco que sea nuevo, refrescante e inspirador. Incluso cuando se expresan nuevos conocimientos sobre un pasaje bíblico, esto se puede hacer de tal manera, como algo que es un hecho, que su urgencia no se registre en la mente y corazón de los oyentes.

Ningún artista jamás pintó un cuadro de una belleza duradera sin una esmerada preparación. Ni se ha fabricado un automóvil o un tractor sin tomar años de cuidadosa planeación. Así pues, si los hombres se toman tantas molestias por las cosas que perecen con el uso, cuánto más debe todo predicador ocuparse en la planeación y preparación para que la Palabra de verdad pueda ser manejada correctamente.

Ya hemos aprendido de la Santa Escritura los principios de la predicación que es agradable a Dios. A menos que estos principios sean firmemente incrustados en nuestras almas, no llevaremos el evangelio con la garantía de la bendición del Espíritu Santo.

Igualmente importante para la predicación es una fuerte convicción de la Escritura como su fuente y norma. A Dios en Cristo le ha placido llevar a los hombres a la salvación por medio de esta actividad, para preservar e incrementar su iglesia en el mundo, y para glorificarse a sí mismo en y a través de un pueblo listo para dar buena cuenta de la esperanza que anima sus corazones.

Consideramos ahora lo que se puede llamar el aspecto *formal* de la homilética. Esta trata directamente con la estructuración del sermón, de manera que este sea predicado clara y efectivamente como «la administración de la Palabra de Dios».

En gran medida este material es de una naturaleza más práctica. Aquí nos ocupamos con el orden y el estilo del mensaje, vista la forma de hacer el bosquejo, la escritura y la presentación del sermón. Todo esto, sin duda, continúa siendo solo preparación. ¡Un sermón, como debería ser obvio, no es un sermón hasta que es predicado! A través de todas las horas de trabajo tranquilo en su estudio, el predicador fiel ve ante él el púlpito con un pueblo reunido, esperando escuchar lo que el Espíritu tiene que decir a la iglesia.

Respecto de la preparación del sermón mucho se ha escrito, especialmente por autores británicos y estadounidenses. Algunos de estos libros son de calidad mediocre, transmitiendo algunas sugerencias que se espera que creen una audiencia atenta. Sin embargo, otros tratan más definitiva y convincentemente con este aspecto del trabajo. Lo que contienen, aun cuando se escribieron hace más de un siglo, es todavía digno de cuidadosa reflexión. Uno de ellos, uno de los favoritos en muchos círculos evangélicos, es escrito por Juan A. Broadus: «*On the Prepatarion and Delivery of Sermons*» [Sobre la preparación y presentación de los sermones]. Publicado por primera vez en 1870, fue revisado y actualizado por Jesse Burton Weatherspoon en 1943. El estudiante puede también encontrar algunas útiles sugerencias en el libro de Andrew Watterson Blackwood titulado «*The Preparation of Sermons*» [La preparación de sermones] (1948) y en el libro de Richard R. Caemerer «*Preaching for the church*» [Predicando para la iglesia] (1959). Lamentamos el que aún no haya aparecido una obra sobre homilética que sea distintivamente reformada.

Aquí nos proponemos cultivar las «habilidades» esenciales para hacer sermones. El conocimiento de los principios y los materiales es insuficiente para el predicador. Se debe hacer que la predicación sea verdadera predicación. En este «arte» seguimos los principios que se encuentran en la Palabra de Dios. Por lo tanto, el estudiante debe reservar tiempo para los ejercicios, de manera que se pueda desarrollar una estructura y estilo adecuado para la predicación congregacional.

No obstante, es pertinente una palabra de advertencia. Predicar, cuando todo está dicho y hecho, es un don de Dios. En el sentido más profundo, los predicadores nacen; no se hacen. Es por eso que no se puede establecer ninguna regla infalible para esta profunda actividad espiritual con el propósito de garantizar un éxito profundo. La bendición siempre debe venir de lo alto, del Espíritu Santo, el único que puede abrir los ojos tanto del predicador como del pueblo para ver las maravillas de la Palabra. Pero quienes han sido llamados por Dios para predicar están bajo la solemne obligación de cultivar los dones que poseen en devota dependencia de Aquel, «que habiéndose propuesto llamar y reunir una Iglesia fuera de la raza corrupta de hombre para vida eterna, como un favor especial usa el ministerio de hombre para este trabajo».

CAPÍTULO 13
Principios básicos para la elaboración del sermón
··· &OCB ···

Que prediques la palabra; que instes a tiempo y fuera de tiempo; redar-
guye, reprende, exhorta con toda paciencia y doctrina.

2 Timoteo 4:2

Debemos preparar el sermón como si todo dependiera de nosotros, y luego
debemos confiar en el Espíritu de Dios, sabiendo que todas las cosas de-
penden de Él.

Carlos H. Spurgeon

Pocas tareas en esta vida son tan difíciles de lograr como una buena predicación. Semana tras semana el
pastor de una congregación cristiana debe estar de pie
delante de la misma gente, trayendo a sus mentes y almas la
Palabra que los puede hacer sabios para la salvación.

Aquí ve a una madre con dos o tres hijos, desplazándose
ruidosamente mientras espera una palabra de aliento. Allí
están sentados unos jóvenes susurrando como si el culto pudiera impunemente ser tomado a la ligera. En el rincón más
alejado está un hombre de negocios que no puede dejar las
preocupaciones de su rutina diaria. Frente a él, el predicador
también observa a una viuda desconsolada que siente que
llevar el peso de enfrentar la vida sola es demasiado para
ella. Y luego se sabe a sí mismo responsable por aquellos, a
menudo la mayoría, que, sin haber experimentado mucho
sufrimiento o confusión, vienen sólo por un mero sentido
del deber. La audiencia tampoco es la misma semana tras

semana, aun cuando los rostros sean idénticos. La vida tiene sus alegrías y tristezas; su cuota compartida de éxitos y fracasos en las vidas de todos. Algunos han aprendido el arte de escuchar bien con provecho. Otros nunca se han matriculado en esta escuela aun cuando han asistido a la iglesia por décadas.

A todos y cada uno el predicador debe traer la Palabra de Dios. Por medio de su sermón debe «comunicar» el mensaje que viene de lo alto, de tal manera que las vidas sean cambiadas, por el poder del Espíritu, del servicio a sí mismos y al pecado al servicio de Dios y Jesucristo.

La Escritura deja bien en claro esto. Repetidamente los profetas del Antiguo Testamento mandaron al pueblo a renunciar al pecado y volverse al Señor. De este modo, también, Juan el Bautista, el Señor Jesucristo y sus apóstoles instaron al arrepentimiento, un término que quiere decir «darse la vuelta». Pablo lo resumió, cuando explicó a Agripa su comisión para predicar el evangelio, con estas palabras: «Para que abras sus ojos, para que se conviertan de las tinieblas a la luz, y de la potestad de Satanás a Dios; para que reciban, por la fe que es en mí, perdón de pecados y herencia entre los santificados» (Hechos 26:18). Por medio de la predicación las vidas deben ser formadas.

Caemerer pone en perspectiva este problema para los predicadores con sus comentarios sobre lo que está equivocado y lo que está correcto en la verdadera predicación.

Los predicadores a menudo temen que sus oyentes puedan encontrar su mensaje demasiado difícil de creer. En realidad, un problema más inmediato es que encuentran aburrida la predicación, no esencial para la vida, y sin propósito… Muchos asistentes a la iglesia piensan que el sermón es solo una parte del servicio. El sermón fue bueno si les interesó a ellos; el sermón fue pobre si «no obtuvieron nada de él» o les pareció aburrido. ¿No es la gran meta de la predicación simplemente informar a la gente acerca de la religión cristiana y la forma de vida en Cristo Jesús? Si ya lo saben,

¿qué puede hacer usted para mantenerlos interesados?

Y con esto llama la atención sobre un punto.

(La predicación) no es, estrictamente hablando, informar, sino capacitar para las metas y objetivos. La predicación imparte información y enseñanza, ciertamente. Pero su realidad y enseñanza es un medio hacia otros fines. El predicador cristiano debe prever su meta cuidadosamente y expresarla con franqueza y claridad para sí mismo y para su pueblo. Pero siempre debe estar seguro de que esta precisamente sea la meta que Dios mismo tiene en mente para ellos.

Semana tras semana los oyentes son confrontados con y desafiados por el Dios vivo que reclama la totalidad de sus vidas para su servicio. Para este propósito, viene en gracia. Al mismo tiempo, para que aquellos que rechazan la Palabra, está la proclamación de juicio. Esta nota, tan tristemente deficiente en nuestros días, necesita escucharse claramente. La Escritura suena sin ambigüedad: «Porque no envió Dios a su Hijo al mundo para condenar al mundo, sino para que el mundo sea salvo por él. El que en él cree, no es condenado; pero el que no cree, ya ha sido condenado, porque no ha creído en el nombre del unigénito Hijo de Dios. Y esta es la condenación: que la luz vino al mundo, y los hombres amaron más las tinieblas que la luz, porque sus obras eran malas» (Juan 3:17-19).

Es evidente que esto impone obligaciones elevadas y santas sobre el pastor. Lo llama a cultivar el «arte» de la comunicación con cada vez mayor diligencia y deleite.

Los sermones se deben planear y preparar. Esta planeación es en muchos aspectos más difícil de lo que se exige al autor de una conferencia, un artículo o un libro. Lo que está escrito se puede leer y revisar por cualquier lector hasta que este llega a comprenderlo por completo. No sucede así con un sermón. Sin duda, un sermón ordinariamente primero es puesto en papel. Puede ser escrito en forma de bosquejo o escrito en su totalidad. Pero el mensaje en un texto está destinado a ser *pronunciado oralmente*. En circunstancias ordinarias, será escuchado por los asistentes solamente una vez. En el espacio de tiempo comparativamente breve este debe hacer su impacto.

Para llevar el mensaje de la Palabra de Dios, el predicador debe cultivar el *estilo* que sea más apropiado para su alto llamado en el púlpito.

El estilo de un hombre es siempre su estilo. Es su forma única de expresar sus ideas ya sea en forma escrita o en forma oral. El término «estilo» es descriptivo. Se deriva de *stylus*, la palabra que los romanos usaban para designar un instrumento de hierro afilado con el cual escribían sobre tabletas cubiertas con cera. Este instrumento hacia una impresión que podía ser leída y comprendida por quienes la veían. Por vía de adaptación el estilo se aplica también al habla, por lo tanto a la predicación. Para los sermones este incluye la elección de las palabras, el arreglo de las oraciones y los párrafos, el movimiento y el progreso hacia la meta de volver las mentes, corazones y vidas de los que escuchan a Dios. Aquí la forma y el contenido no pueden separarse de forma rigurosa.

En efecto, la forma y belleza de la dicción se pueden enfatizar hasta el trágico olvido del contenido. Este fue la falta flagrante de muchos retóricos griegos y romanos que, por medio de su discurso, buscaron hacer una fuerte impresión sobre el pueblo. Pero cuando un predicador piensa solamente en el contenido y falla en ataviar este mensaje de una forma apropiada y efectiva, hace injusticia a la majestad, dignidad y belleza de la palabra de Dios. Todo discurso desaliñado y vulgar, todo descuido en la precisión y la lógica del sonido, todo golpeteo al azar del aire con sonidos que tienen poco sentido, deshonran a Dios e insultan a la congregación. Tal predicador muestra que espera poco de sí mismo porque espera aún menos de su llamado a proclamar las inescrutables riquezas de la gracia de Dios en Cristo Jesús.

Broadus, escribiendo hace más de un siglo, llamó la atención a lo que consideró un grave defecto de mucha de la predicación americana en este sentido.

Sin embargo el estilo en este país es muy descuidado. El francés supera a todas las demás naciones modernas en relación a la claridad, la elegancia y la viveza, si no es que la energía. Les sigue el cultivado inglés en el acabado del estilo y les supera en poder...

En los Estados Unidos tenemos un creciente número de escritores y oradores, tanto seculares como religiosos, que pueden ser tenidos como modelos. Pero, en general nos quedamos seriamente por debajo del inglés. Una negligencia extrema y una laxitud de estilo es observable en muchos ministros que capaces por lo demás. La gran falla estadounidense, tanto en expresión oral como escrita, es una vehemencia excesiva, un esfuerzo constante por ser sorprendentes. Nuestro estilo, así como nuestra presentación, muy a menudo carece de la tranquilidad de la fuerza consciente, del reposo de la sinceridad, de la seriedad tranquila que sólo de vez en cuando se vuelve apasionada.

Acto seguido cita a Cicerón con aprobación: «Será un hombre elocuente el que sea capaz de hablar de cosas pequeñas en frases humildes, de los temas ordinarios con moderación, de los grandes temas con pasión y poder». Especialmente para los predicadores, Alexander Vinet añade esta advertencia: «La experiencia de todos los tiempos y el testimonio de todos los predicadores nos presentan, como inseparables, estas dos proposiciones: (1) Que no debemos adularnos a nosotros mismos de que tenemos un buen estilo, sin un fondo interesante de ideas; (2) Que incluso con un suministro interesante y sustancial de ideas, no hay que adularnos a nosotros mismos diciéndonos que el estilo vendrá por sí sólo».

Sin tratar de decir todo lo que se necesita decir acerca del estilo propio en la predicación de los sermones, lo siguiente no se debe ignorar.

La primera regla para el buen discurso es la *precisión*. Esto se refiere principalmente a los límites de la buena gramática. Todo discurso inteligible debe seguir las reglas del lenguaje que emplea. Nada es más desagradable en un sermón sobre la Palabra de Dios que las palabras mal utilizadas y las frases deformes.

La corrección en la expresión también implica la *propiedad* en la selección de las palabras, frases y oraciones. Aunque las reglas básicas de la gramática permanecen en gran parte sin cambios, el idioma a veces sufre cambios rápidos e incluso radicales en el lapso de algunos siglos. A este respecto, el predicador, también, se moverá con «los tiempos» sin caer en vulgaridades en el púlpito. Uno puede predicar en el sano idioma «de la tierra» sin caer en lo inaceptable. Al mismo tiempo, no hay un «lenguaje celestial». Nuestro Señor, así como también los profetas y apóstoles hablaron en términos que la gente común escuchaba con gusto y entendía bien. Es verdad, ciertamente, que muchos de los términos empleados por ellos y que se encuentran en la Santa Escritura, requieren explicación. Pero se hizo en palabras que eran útiles.

Esto nos advierte en contra de convertirnos en imitadores serviles de los estilos usados tan elegante y eficazmente por los grandes predicadores del pasado. Admiramos a los hombres como Crisóstomo, Calvino y Spurgeon, porque fueron capaces de comunicar el evangelio con poder. Pero las palabras que usaron y las ilustraciones que emplearon pertenecieron a su tiempo. Sin la radio, la televisión y las revistas de moda para distraerlos, la gente de entonces escuchó con gran atención a los sermones pausados, bien equilibrados y muy pulidos. El mundo de hoy rara vez tolerará tales patrones. Por eso Broadus nos advierte: «El camino de la historia está lleno de los huesos de imitadores ineficaces».

El predicador también debe observar el tiempo y las circunstancias. Un sermón predicado en la calle es diferente en la elección de las palabras, así como en el enfoque, de un sermón predicado a una congregación reunida en torno a la mesa del Señor. Se permite mayor informalidad en un pequeño grupo de estudio bíblico llevado a cabo durante la semana, que en la proclamación oficial de la Palabra. Pero esto último no ofrece ninguna excusa para usar la jerga teológica, la especulación confusa o el grito apasionado para cubrir una pobreza de ideas. Aquí la Biblia nos muestra el camino. Observamos con asombro una variedad de estilos literarios, cada uno de ellos tan preciso como elegante para adaptarse a las circunstancias en las que el mensaje de Dios es llevado a los hombres. Encontramos una argumentación tranquila y bien razonada. Escuchamos un llamado solemne a la rectificación de los caminos. Escuchamos las notas resonantes de adoración y alabanza a Dios en la enseñanza como en la oración. Aprendemos del tono tranquilo tan apropiado para el auto-examen. Comprendemos las profundas verdades aclaradas por el uso de ilustraciones sencillas tomadas de la vida cotidiana. Y todas estas tienen una precisión única que nunca deja de sorprender al oyente atento.

Todo predicador, dentro de los límites de sus dotes naturales, puede cultivar un estilo propio en el púlpito sin caer en la imitación servil de otros.

El predicador debe a lo largo de su ministerio, en el que la preparación y predicación del sermón constituye una gran parte, seguir estudiando su idioma.

Mucha ayuda para desarrollar un estilo marcado por la precisión y el poder, puede venir de la lectura de buena literatura, tanto la del pasado, como la del presente. Por medio de esto se enriquecerá el vocabulario y se mejorará la claridad de expresión. Tal lectura al mismo tiempo contrarresta muchas malas influencias en nuestro discurso. Para citar a Boradus una vez más:

Pocos de nosotros hemos aprendido desde la niñez a hablar con gracia y contundencia, o incluso un correcto español. Y conforme los hombres crecen y se desarrollan en la vida, una gran parte de lo que leen en los periódicos y lo que escuchan en una conversación e incluso en el hablar público es en un estilo corrompido, que inevitablemente hace sentir su efecto... El estilo la predicación siempre será natural e incluso, en gran medida, compartirá las peculiaridades que marcan la literatura del día. Cuando esta exhibe un mal gusto, y a menudo eso es cierto de la escritura en el periódico y el hablar en público, debemos corregir el mal en la intimidad con verdaderos grandes autores de nuestra propia época y de épocas pasadas.

De todos los libros que leer para la mejora del estilo ninguno se puede comparar con la Biblia. Ella siempre tiene «color» y «sabor» apropiado para el púlpito. Incluso la versión antigua puede ayudar a moldear una buena escritura y un buen hablar. Las traducciones más recientes, son más adecuadas para nuestros días por varias razones. Se debe elegir una de ellas como la norma, para usarse en la predicación y la enseñanza congregacional. Cuánto mejor nuestros niños y jóvenes (por no hablar de los adultos) aprenderían a hablar con precisión y pureza, si la costumbre consagrada por el tiempo de memorizar largas porciones de la Escritura fuera restaurada. Tanto los predicadores como la grey deberían evitar algunos de los obstáculos principales para la comunicación exitosa desde el púlpito. Solamente cuando ofrecemos la oración de Frances R. Havergal:

Señor, háblame para que puede hablar
En ecos vivos de tu voz

Nos atreveremos también a orar con verdadera libertad:

Así como tú has buscado, así también yo busque
A tus hijos errantes y perdidos

Cuando se intenta unir la forma y el contenido adecuadamente, la primera y más importante propiedad es la claridad.

Si el predicador no tiene claridad en su propia mente de lo que está diciendo, ¿cómo puede una congregación de viejos y jóvenes aprender el camino de la vida eterna? Aquí el lenguaje debe ser, sobre todo, sencillo y directo sin volverse banal. Es un predicador sabio aquel que recuerda el consejo de un experimentado predicador de que, el que habla para que los niños puedan escuchar, pronto se dará cuenta que los adultos comprenderán. Más que nadie un ministro está bajo la obligación de hacer comprensible su lenguaje.

En conjunto, es muy frecuente que al pastor le asalte la tentación de dirigirse a aquellos que dentro de su audiencia considera que tienen una educación superior. Para llenar el tiempo citará extensamente de libros que nadie más ha leído. O usará palabras grandilocuentes o términos oscuros que llenen el auditorio con sonidos que no tienen ningún propósito sano. Esa predicación es abominación a Dios, así como para el hombre.

Se tendrán que usar términos nuevos y extraños porque están en la Biblia. Algunos de ellos han pasado a nuestro idioma como moneda común sin preservar su significado original. Estos, entonces, se deben explicar cuidadosa y claramente, a menudo usando alguna ilustración de la vida cotidiana. Las oraciones breves y sencillas son más efectivas cuando se emplean en esa enseñanza.

Esto es más que cierto para la construcción de párrafos. Las transiciones se deben hacer con claridad, con el propósito de que el desarrollo del pensamiento pueda ser seguido con relativa facilidad por los oyentes. Un sermón contiene muchas ideas, pero todas ellas deben ser controladas por una sola idea dominante –el tema central o mensaje del texto. Toda divagación en forma de comentarios al azar y desconectados, no importa que tan ciertos puedan ser, pronto vuelve ineficaz al sermón. La estructura es de importancia primaria para imprimir el mensaje de la Escritura en las mentes y corazones de sus oyentes.

Especialmente en el hablar –y los sermones están destinados a ser hablados aun cuando de antemano fueron preparados por escrito– dos extremos se deben evitar conscientemente.

Siempre existe la tentación de ser muy concisos. Esto presupone que lo que es claro para el orador, que ha reflexionado muchas veces sobre su mensaje antes de que lo proclame públicamente, será igual de claro para la audiencia. Aquí esperamos demasiado de aquellos que han salido de una semana muy ocupada de trabajo y diversión para escuchar lo que Dios tiene que decirles. Siempre debe haber espacio para hacer una pausa para darles tiempo para reflexionar. En muchas ocasiones se puede hacer un buen uso de la repetición por medio del empleo de sinónimos y antónimos. Decir la misma cosa en dos o, incluso, tres formas diferentes, permite la oportunidad para que la verdad se registre en la mente.

Pero un mal que igualmente hay que evitar es el de la redundancia. Ello crea la impresión de llenar el tiempo sin tener que decir nada que valga la pena. Tales sermones se estancan y pronto llenan a los oyentes con una sensación de cansancio y disgusto. Nada es más cansado que escuchar a alguien explicar una y otra vez lo que ya todos entienden. Tal predicación puede parecer que está luchando por ser clara, pero en realidad está pecando contra la ley del movimiento. Golpea el aire con muchas palabras. Abre el camino a la indiferencia y la indolencia espiritual. Es una pérdida de tiempo y un esfuerzo que no puede deleitar al Señor.

Para captar y mantener la atención de la congregación reconozcamos la importancia de la *elegancia* o habilidad de expresión.

El llamado se dirige aquí a las emociones, un ejercicio de buen gusto adecuado para el contenido de un sermón. Este intenta deleitar el alma, así como también estimular la mente. La imaginación creativa, confinada de hecho por los límites establecidos por la Escritura misma, juega un importante papel en mantener el interés. Incluso alivia la predicación de que los pasajes más conocidos de la Biblia se vuelvan triviales. Este peligro no se debe subestimar cuando se le predica a personas que tienen un gran conocimiento del evangelio. Muy a menudo se dan por hechas palabras que tienen como propósito producir vida, luz y libertad para el pueblo de Dios. Algunas narraciones, doctrinas y parábolas se han escuchado con tanta frecuencia, que ya no logran hacer impresiones profundas y permanentes. Este obstáculo solamente se puede superar por medio de una predicación que de evidencia de cierta elegancia.

La verdad de Dios es inmutable porque su Palabra vive y permanece para siempre. Ella es el «medio» provisto por el Espíritu Santo para la salvación de las multitudes en muchas naciones y a través de muchos siglos. Pero en labios del predicador irreflexivo y descuidado, esa divina verdad puede estropearse fácilmente. Lo que habla bien puede ser verdad; pero la manera en que la prédica semana tras semana puede a hacer que sea a veces bastante ineficaz. Ninguna afirmación piadosa de que solamente el Espíritu hace que el evangelio sea fructífero, excusa la indiferencia para que lo sea de parte del predicador.

La Palabra siempre debe ser explicada y aplicada. Debe ser interpretada para el pueblo. Esto debe caracterizar el sermón completo, pero sobre todo el anuncio del tema y las divisiones que constituyen el corazón del mensaje. Aquí la belleza o elegancia de expresión mejorará la claridad. Como en la naturaleza, también en esto la belleza y la utilidad están íntimamente conectadas. Sin embargo, lo que se debe evitar a toda costa es el entusiasmo por el entusiasmo mismo. Nada artificial o pretencioso es jamás atractivo.

La verdadera elegancia generalmente se viste de un estilo sencillo.

A menudo hace uso de expresiones fuertes, especialmente cuando son bien elegidas en cuanto a tiempo y lugar. Aquí se debe tener precaución, porque lo que es indecente o sugestivo hace que la mente se extravíe de la dignidad de la verdad de Dios. Lo que también se debe observar de la elección de las palabras es el sonido. Las combinaciones desagradables y ásperas hacen que el discurso sea horrible. La repetición de la misma palabra en una rápida sucesión es un peligro especial, donde los pronombres como «ello», «eso» y «que», así como el uso excesivo de la preposición «de» salpican el discurso con demasiada sal que ha perdido su sabor.

Las palabras bien elegidas merecen ser colocadas en oraciones llanas y fluidas. Pero una sucesión de las mismas a lo largo de todo el discurso puede evidenciar debilidad de pensamiento, contribuyendo así a la monotonía. Demasiada majestuosidad también roba al mensaje de su impacto. Un cambio del modo indicativo al interrogativo o imperativo estimula el interés y proporciona atractivo a lo que se está diciendo.

Cuando el orador no lo exagera, la aliteración y la antítesis tienen su lugar a la hora de plantear ideas con convicción y claridad. Ambas desafían la memoria, proporcionando un cambio de estilo que resulta agradable al oído. También es digno de elogio el uso adecuado de la poesía, especialmente cuando se extrae de los salmos o himnos que ilustran el mensaje. Como regla general, es preferible la voz activa a la voz pasiva, pero no al grado de excluirla. El ritmo de las oraciones sucesivas debe variar de vez en cuando, incluso hasta llegar al punto de alguna brusquedad sin asperezas. Esto fortalecerá el impacto que el orador produce en sus oyentes.

Todo buen discurso incluye un juicioso uso de las figuras retóricas. Algunas añadirán fuerza y elegancia al sermón. Lo mismo es cierto respecto a las ilustraciones, pero solamente en la medida en que no desvirtúen la verdad que se está ilustrando. Todos conocemos personas que, habiendo escuchado con mucho gusto un sermón, pueden repetir las historias que fueron contadas, pero fallan de manera lamentable en cuanto a recordar lo que esas historias tenían el propósito de enseñar. Lo que mejor concuerda con la elegancia en el estilo es la naturalidad. Salomón nos recuerda esto en uno de sus proverbios: «Manzana de oro con figuras de plata es la palabra dicha como conviene» (Proverbios 25:11).

Estrechamente asociado con la claridad y la elegancia está el *orden*.

En tanto que el sermón intenta producir la respuesta adecuada, moviendo así a los oyentes a la acción, lo hace trayendo el mensaje de la Palabra de Dios. Aquí el contenido es de extrema importancia. Confesamos el cristianismo como «nuestra religión razonable». Por tanto, todas las leyes del discurso lógico se aplican cuando nos ocupamos en la elaboración y la proclamación de un sermón. Las conclusiones tanto para la fe como para la conducta, deben extraerse del texto.

Lo que el pueblo puede esperar del predicador, por lo tanto, es que exponga la verdad en orden. Todo sermón avanza desde la introducción pasando por el cuerpo del mensaje hasta llegar a la conclusión. De esta manera los oyentes son llevados más plena, clara y profundamente hacia las riquezas del texto. Donde se observa orden, los que escuchan serán llevados a ver más claramente las cosas «viejas» y «nuevas», para su fortalecimiento en la obediencia de fe. Ya que todo sermón debe tener un objetivo, el pastor no solamente se dirige hacia él, sino que también se asegura de que la audiencia pueda seguirlo hacia donde se dirige. Esto requiere un enfoque «sintético» y «analítico» del texto, de manera que las divisiones del sermón arrojen luz sobre el tema. Cada uno debe hacer esto a su vez y con gran énfasis hasta que el clímax del mensaje recibe su lugar adecuado. La unidad dentro de la diversidad es el sello distintivo de los sermones que edifican al pueblo de Dios, haciéndolos crecer en la gracia y el conocimiento del Señor Jesucristo a medida que se alimentan con la comprensión de la Palabra.

Déjese guiar por algunas reglas sencillas. La estructura de las oraciones en aras de la claridad y el orden es incluso más importante al hablar de lo que es en la escritura. Generalmente las oraciones se deben mantener los más breves posibles. No las sature con demasiados adjetivos y adverbios. Estos generalmente contribuyen a una verborrea que oscurece la mente. Evite todas las digresiones de pensamiento dentro de las oraciones. Con frecuencia estas confunden el tema. Generalmente el sujeto de la oración debe señalarse primero, para ser seguido por el predicado. Sólo por el bien de la variedad y el ritmo es defendible una mayor complejidad en la estructura de la oración.

Además, cada párrafo debe constituir una unidad. Comenzar con una oración clave, clara y nítida. Después esta debe explicarse con cierta extensión. La última oración debe preparar a los oyentes para lo que sigue. Difícilmente se puede exagerar la importancia de hacer transiciones claras a la hora de desarrollar el mensaje. Las ideas básicas que explican el tema del sermón son como perlas; merecen estar unidas entre sí por una cuerda fuerte. Nunca supongamos que una audiencia puede cambiar de velocidad con mucha frecuencia. Cuando es necesario, el cambio debe llevarse a cabo de la mejor manera posible.

Haremos bien en variar nuestros patrones al hacer las transiciones. Nada sofoca la mente más que una monótona repetición de «en primer lugar», «en segundo lugar» o «por otra parte», «además de lo que hemos dicho» y «ahora vayamos al siguiente punto». Y el peor ofensor es el predicador que concluye su sermón con dos o tres, incluso cuatro, «¡finales!».

Aunque el orden tiene una valoración alta entre los requisitos para la buena predicación y se cultiva por el bien del predicador y la congregación por igual, nunca debe ser molesto. La espontaneidad sin dejadez estimulará la atención absorta que desea el predicador.

Los oradores eficaces también aprenden el valor de la *energía* o fuerza en su esfuerzo por comunicarse bien. Esto se refiere a la elección de las palabras tanto como al vigor en la presentación.

Varios términos ilustran el punto. Ya que la urgencia debe impulsar al predicador a subir al púlpito, reconoce la importancia del entusiasmo en su alocución. Lo que tenemos que decir nunca debe ser aburrido o triste de escuchar. El Señor no nos comisiona a repetir clichés viejos y desgastados. Si el pastor no está entusiasmado por la Palabra que trae, ¿cómo puede esperar tener la atención de quienes están en las bancas? La frescura de pensamiento y de expresión, aunada con el poder en la presentación, se combinan para hacer una impresión duradera. Si, como creemos, «la Palabra de Dios es poder para salvación», ese poder o energía merece expresarse de manera adecuada. El Señor no ha comisionado a robots sino a hombres, a llevar el evangelio de su gracia y gloria.

¿Estamos, entonces, como hombres que preparan mensajes para el púlpito, profundamente movidos por este alto privilegio? Como sus mensajeros, nuestra es la responsabilidad de servirle en esto, no solamente con la mente y el corazón, sino también con toda nuestra fuerza. Los sermones poco convincentes y apáticos raramente ponen fuego espiritual en las almas de los demás.

Aquí debemos hacernos algunas preguntas pertinentes mientras preparamos nuestros sermones. ¿Nos mueven de verdad las necesidades de las personas que vienen a la iglesia? ¿Qué tan conscientes somos del deber sagrado encomendado a nosotros de cuidar sus almas? ¿Aprendemos a regocijarnos con los que se regocijan; a llorar con los que caminan en las sombras de la tristeza? ¿El desafío de ministrar la Palabra vivificante a los niños y jóvenes hace que nuestros espíritus se eleven? También en la predicación, solamente el fuego enciende fuego.

Nada apaga la vida congregacional de forma tan efectiva

como el profesionalismo en el púlpito. La predicación es mucho más que un trabajo impuesto; es un llamamiento santo y solemne por el que el Dios de salvación nos pedirá cuentas estrictas. Toda congregación pronto descubre si un predicador es impulsado por el Espíritu Santo o es impulsado sólo por el deseo de la paga y la posición. No debe decir solamente lo que quiere decir; debe querer decir lo que dice de forma real y sincera. Sin fuertes convicciones de su parte, el sermón se convierte en un engaño.

La elección de las palabras debe guiar el camino. Como lo enseña el estudio de la lengua, reconocemos que hay palabras débiles y fuertes, que pueden significar la misma cosa. Los verbos activos tienen prioridad sobre las formas pasivas con el propósito de proporcionar entusiasmo en el hablar y en el escuchar. Las figuras retóricas por lo general se prestan admirablemente para dar fuerza a nuestras ideas. Y, recordando que en el sermón Dios habla por medio de su siervo para buscar lo más profundo de los corazones, de vez en cuando haremos uso de la forma de «diálogo». Incluso de la personificación y la dramatización, cuando se mantiene dentro de los límites adecuados, se pueden usar de manera efectiva. Todos estos elementos son componentes de una retórica sana. Aunque el predicador no es un retórico, hace bien en aprender de hombres que han sido capaces de incitar a las multitudes a la acción por medio de su uso efectivo del lenguaje.

Sin embargo, la energía en el sermón está muy lejos de significar gritar. Muy a menudo se pasa esto por alto. Los oradores eficaces aprenden a modular la voz y la armonía con las ideas que busca comunicar. Aunque se ha de decir más al respecto en conexión con la presentación del sermón, no está fuera de lugar que hagamos aquí una muestra. Lo que un predicador necesita al entrar al púlpito es confianza. Esto viene solo cuando conoce bien su tema, ha ordenado su material en un orden adecuado, y usa un vocabulario adecuado al mensaje a pronunciar. Solamente entonces está capacitado con libertad y fervor. Nunca somos verdaderamente elocuentes simplemente por el estudio de la voz o los ademanes. El entusiasmo, al agitar primero el corazón del predicador, también será capaz de estimular las almas de los que escuchan. Broadus concluye sus comentarios sobre este aspecto de la predicación con una cita de Cowper:

En un hombre o una mujer, pero mucho más en un hombre,
Y sobre todo en un hombre que ministra
Y sirve al altar, aborrezco en mi alma
Toda afectación. Es mi perfecto desprecio;
Objeto de mi implacable repugnancia.
¡Qué! ¿Querrá un hombre hacer trucos, consentir
Un tonto engreimiento de su bella forma
Y de su justa proporción, de su porte de moda,
Y de su bello rostro, en la presencia de su Dios?

Todas las cualidades de un buen discurso, por lo tanto, deben cultivarse para el único alto propósito de predicar. Al afirmar estos requisitos sin disculpa, no oscurecemos la verdad bíblica de que solamente el Espíritu Santo puede bendecir la Palabra en los corazones y vidas de los oyentes. Pero esto no da ninguna justificación para una preparación descuidada. Al contrario, reconocerlo nos estimulará a dar lo mejor de nosotros al ministerio de la Palabra. Este es el servicio señalado que prestamos a nuestros semejantes; mucho más, sin embargo, es un servicio que debe ser prestado al Dios vivo a través de Jesucristo, nuestro Señor.

El predicador, profundamente consciente de este privilegio, busca diligentemente aprender de otros que se han ido antes. Sin embargo, ni los envidiará ni los imitará. Estudia para reconocer sus propios talentos. Con estos, como talentos puestos a su cuidado, se esfuerza con paciencia y perseverancia en el ejercicio de la predicación de la Palabra cada vez con mayor eficacia.

CAPÍTULO 14
El método apropiado de estructurar el sermón

··· ℰℭ ···

Por lo cual te aconsejo que avives el fuego del don de Dios que está en ti por la imposición de mis manos. Porque no nos ha dado Dios espíritu de cobardía, sino de poder, de amor y de dominio propio.

2 Timoteo 1:6-7

Me anticipé al alba, y clamé; esperé en tu palabra. Se anticiparon mis ojos a las vigilias de la noche, para meditar en tus mandatos.

Salmo 119:147-148

Aunque se han discutido diversos requisitos para un sermón efectivo, ninguno es más esencial para comunicar el mensaje que el orden o la estructura. No es necesaria ninguna defensa rebuscada de este punto.

De la Escritura, así como de la observación del mundo en nuestro derredor, sabemos que nuestro Dios es un Dios de orden. Sin el ejercicio de su gobierno divino, la vida en la tierra sería imposible. Pablo claramente afirmó que se requiere de un orden saludable cuando nos acercamos a Dios en la adoración congregacional. En repetidas ocasiones les recuerda a los corintios: «Hágase todo para edificación» (1 Corintios 14:26); «Pues Dios no es Dios de confusión, sino de paz» (1 Corintios 14:33); «Pero hágase todo decentemente y con orden» (1 Corintios 14:40). Lo que es cierto para la adoración en general, ciertamente es obligatorio para un sermón que tiene por objeto honrar a Dios.

Tales preceptos son reforzados por el ejemplo apostólico. Observe qué tan cuidadosamente Pedro, predicando el día de Pentecostés, tomó un texto de la Escritura y luego explicó y aplicó su mensaje de manera que la audiencia respondiera preguntando: «Varones hermanos, ¿qué haremos?». De igual manera los sermones de Esteban, como también los de Pablo en sus varios viajes misioneros, proclamaron el evangelio del Señor Jesucristo inequívoca y deliberadamente por el uso de una buena organización.

Lo mismo es cierto de la Escritura. Aunque escrita por la inspiración del Espíritu Santo a lo largo de muchos siglos, a muchos diferentes tipos de personas y por medio de una amplia variedad de agentes humanos, hace hincapié en todas partes de un mensaje central. Esta es la Palabra de redención y reconciliación por la gracia de Dios en Jesucristo. Como un hilo dorado, el tema de la salvación es tejido en la fábrica de la Palabra ya sea en forma de promesa o de cumplimiento, de instrucción, de amonestación o de consolación.

Lo que es verdad acerca de la Biblia como un todo, también se puede afirmar con confianza de sus diversas partes. Cada libro sigue un patrón único a su mensaje y propósito, como el estudiante atento fácilmente puede percibir. El tipo de orden y organización de los materiales, en efecto, difiere de un libro a otro. La epístola a los *Romanos* parece más rigurosamente lógica, por ejemplo, que la primera epístola a los *Corintios* o la primera epístola de *Juan*. Pero en cada caso el orden o «lógica» está subordinada al propósito principal del autor. En la primera Pablo resume a sus lectores la totalidad de la nueva vida en Jesucristo. En la segunda reprende y corrige varios defectos nocivos en la doctrina y conducta que plagaban a la iglesia corintia. En la última, si bien no es carente de instrucción y exhortación cuidadosa, Juan aborda el tema de nuestra comunión con el Salvador y entre los hermanos, en gran parte de una manera devocional. Pero en todos estos escritos, el patrón es claro.

Entonces, cuando predicamos la Palabra de Dios, el arreglo de los materiales merece mucha atención. Como un arquitecto experto ocupado en diseñar un edificio, nosotros debemos adoptar el patrón que es apropiado para el «uso» para el que está destinado el sermón. No olvidando que algunos sermones son más de carácter instructivo, lo cual demanda precisión en la definición y explicación de las doctrinas básicas de la Escritura, en tanto que otros serán más devocionales o de exhortación, el predicador se esforzará por tener algo de flexibilidad en el arreglo o estructura formal de sus mensajes. Sin embargo, el orden y la organización demandan una formulación cuidadosa.

El valor del orden debe ser obvio. En primer lugar, esto concuerda con la alta dignidad que atribuimos a la Palabra de Dios. Nos persuade a dar nuestro mejor esfuerzo con el objetivo de comunicar el evangelio de forma efectiva. Cualquier descuido delata una perspectiva demasiado baja del privilegio de predicar la Palabra.

La estructura también es de gran importancia para el predicador. En circunstancias ordinarias debe predicar, no leer el mensaje que el Señor ha puesto en su corazón. ¿Pero cómo se puede hacer bien esto, si las ideas sobre las que ha meditado y que ahora busca poner por escrito son confusas y se relacionan unas a otras en su mente? Apoyamos nuestra memoria en gran medida cuando adoptamos un orden para el sermón en el que las distintas verdades básicas del texto fluyen directamente del «tema» o asunto. Esto ayuda a dar comodidad al predicador en el púlpito, de manera que pueda hablar con un alto grado de espontaneidad.

Las ventajas de una estructura ordenada para la congregación también son obvias. Se espera que se comprometan en un «diálogo» amable con la Palabra, respondiendo a ella en el momento de su presentación. Con el objetivo de hacer esto de manera provechosa, deben ser habilitados por medio de la estructura del sermón para seguir y reflexionar sobre el mensaje a medida que el predicador avanza paso a paso. Tampoco el sermón debe entrar por un oído y salir por el otro, estando ya olvidado en su mayor parte para cuando el servicio haya concluido. Un sermón útil será aquel que los oyentes, hasta cierto punto, «puedan volver a armar por sí mismos» y practicar el resto de la semana. Solamente así pueden ejercer «el oficio de todos los creyentes», el cual incluye su deber de discernir «los espíritus si son de Dios» (1 Juan 4:1). Muchos malos entendidos del mensaje, así como el recordar sólo un ejemplo, una ilustración o un punto relativamente importante, se evitarán si el sermón sigue las leyes del orden.

Escuchar, tanto como hablar, es un «arte» o habilidad que requiere ser cultivado. A menudo este es el más difícil de los dos. Por lo visto, algunas congregaciones nunca aprender a hacer esto bien. La culpa de ello puede a menudo estar más en el predicador que en el pueblo.

Si el «tema» y las «divisiones» deben anunciarse siempre puede ser un punto de discusión. Con frecuencia esta práctica ha sido ridiculizada como pasada de moda o estereotipada. Sin embargo, cuando se hace con claridad con una apelación directa a las palabras del texto, muchas personas en la congregación expresarán su reconocimiento. Mediante la demostración del curso que el predicador ha elegido para exponer el texto, se capacita tanto a jóvenes como a viejos para seguirlo con creciente interés.

En un punto con respecto al orden y organización de los materiales del sermón, la Biblia es clara. Ella no prescribe ningún método. Esto es evidente a partir de los «resúmenes» de los mensajes proclamados por los profetas, los apóstoles y nuestro Señor. Esto explica, también, por qué a lo largo de la historia de la predicación cristiana han ganado muchos seguidores métodos muy diversos. Lo anterior permite al predicador actual cierta libertad en su elección. De hecho, parece prudente introducir de vez en cuando algunas variantes en la estructura del sermón. No obstante, no todos los métodos son igualmente provechosos en la edificación del pueblo de Dios en la fe cristiana.

Si bien existe cierta superposición, reconocemos cinco tipos principales de estructuras del sermón: la *homilial*, la *topi-*

cal, la *analítica*, la *sintética* y la *reconstructiva*. En tanto que no queremos descalificar el uso juicioso de los demás tipos, nos parece que el método *reconstructivo* es con mucho el más efectivo cuando se predica la palabra semana tras semana a la congregación. Esto permite adoptar lo mejor de las cualidades de cada uno de los demás, sin caer en algunas de sus debilidades.

A continuación algunos comentarios sobre cada uno de los tipos.

La *homilía*, como una forma de sermón cristiano, puede presumir de una historia venerable. Fue el método usado casi exclusivamente por los primeros predicadores cristianos. En este método el pasaje de la Biblia, leído oficialmente en el culto, era primero explicado brevemente y luego cuidadosamente aplicado a la vida cotidiana de los oyentes. De esta manera el pasaje alcanzaba pertinencia inmediata. Al mismo tiempo, como lo indica el nombre, la homilía participaba del carácter de la exhortación fraternal para aquellos que se reconocían unos a otros como miembros de la familia de Dios. Cuando se hacía bien, la homilía abría el sentido y significado de pasajes bíblicos importantes a una audiencia que no tenía copia de las Escrituras a la mano.

Sin embargo, pronto se manifestaron ciertas debilidades. A menudo los aspectos incidentales y secundarios del «texto» fueron acentuados a expensas del pensamiento central que controlaba el conjunto. Debido a que el deber era acentuado a expensas de la doctrina, la congregación no siempre discernía claramente las poderosas obras de Dios en Cristo para la salvación del hombre. Frecuentemente las porciones históricas o narrativas de la Escritura eran explicadas de una forma «ejemplarista» o «moralista» con el resultado de que, andando el tiempo, muchos miembros de la iglesia fueron presa fácil de las ideas pelagianas acerca de la capacidad del hombre. Muy a la ligera se podía dar la impresión de que el predicador estaba dando buenos consejos en lugar de proclamar la urgencia de la obra del Espíritu en la regeneración, la justificación por la fe y la santificación diaria. Muchos de estos mensajes tampoco se podían recordar por un espacio largo de tiempo por parte de los oyentes, por su falta de unidad y coherencia.

El método *topical* ha sido tenido en descrédito con razón por las iglesias reformadas evangélicas. Esto resultó no tanto de su estilo como de las perversiones del evangelio cristiano producidas por su uso.

En la actualidad, así como sucedió en tiempos pasados, es un método seguido con más frecuencia por quienes tienen una baja estima de la Escritura, es decir, por hombres no comprometidos con la doctrina de la inspiración verbal atestiguada por la Biblia y expresada en las confesiones reformadas.

Aquí el predicador puede, en la medida que apela absolutamente a la Escritura, tomar una *palabra* o una *frase* como su «tema». A menudo, sin embargo, en un intento por ser interesante y contemporáneo, toma prestado su tema de un proverbio de uso cotidiano o un tema discutido en algún libro, revista o un artículo del periódico. Según su capacidad, puede desarrollar este tema con cierto grado de interés y efectividad. Sin embargo, en el sermón topical no puede obligarse al texto bíblico y a su contexto. Se permite a sí mismo mucha libertad, poniendo ante la atención de la congregación sus propias opiniones, ideas y convicciones. Esto está muy lejos de la comisión de Cristo de predicar el evangelio. Tal ministro no es un heraldo, no es un siervo o un administrador que maneja correctamente la Palabra de Dios.

Este método, sin embargo, también ha sido usado y defendido por algunos que buscan ser fieles al evangelio. Eligen temas (todos ellos bíblicos, ciertamente) tales como «Salvación», «Fe», «Luchas espirituales» o «Lo que la Biblia dice acerca del pecado». Pero, si intentan hacer algo de justicia a cualquiera de estos tópicos, pronto se encuentran citando un texto tras otro. Esto solamente puede producir confusión ya que nadie en la audiencia puede recordarlos todos.

Honestamente el predicador «topical» tampoco puede elegir un texto para su mensaje, ya que ningún pasaje bíblico cubre todo lo que debe decir sobre el tema. Ciertamente, todo lo que dice puede ser cierto, pero hace injusticia a la rica variedad con la que la Escritura, es decir, Dios mismo, se dirige a cualquiera de estos temas. Tal predicador da una conferencia o un discurso; apenas se puede decir que «administra la Palabra», de manera que la congregación sea edificada consistentemente en la fe que es para la piedad.

Incluso en el mejor de los casos, este método trata con el material de una manera muy general y difusa para ser recordada fácilmente y puesta en práctica. Carece de unificación y claridad. Como ejemplo nos referimos a un sermón predicado por el muy conocido, y altamente respetado, Alexander Maclaren. Eligió como su tema «El secreto del poder» y buscó ilustrar esto partiendo de Mateo 17:19-20a: «¿Por qué nosotros no pudimos echarlo fuera? Jesús les dijo: Por vuestra poca fe». Las cuatro divisiones del sermón indican que hizo muy poca justicia al contexto o a la intención de la represión de nuestro Señor, mientras disertaba sobre:

1. Tenemos un poder invariable;
2. La condición para ejercer este poder es la fe;
3. Nuestra fe está siempre amenazada por la incredulidad;
4. La fe se puede mantener solamente por medio de una devoción constante y una abnegación inflexible.

O para demostrar cuán amplio es el campo sobre el que el predicador «topical» recorre, llamamos la atención al sermón de J. S. Stewart (completamente sin un texto) sobre «¿Por qué ser un cristiano?». A esta pregunta responde con las siguientes respuestas:

1. La vida cristiana es la más feliz que cualquier otra;
2. La vida cristiana es más difícil que cualquier otra;

3. La vida cristiana es la más santa que cualquier otra;
4. La vida cristiana es la más optimista que cualquier otra.

En efecto, estas son profundas y preciosas verdades bíblicas. Sin embargo ningún texto las cubre todas. Tampoco, excepto por un orador excepcionalmente hábil, pueden estos cuatro importantes aspectos de la vida cristiana ser adecuadamente explicados y aplicados en un solo sermón. Mucho más efectivo y edificante serían cuatro sermones sobre cuatro textos distintos pero relacionados, en una serie de predicaciones para cuatro domingos seguidos.

Mucho más recomendable es el método *analítico* en la estructuración del sermón. Sin embargo, aquí es seleccionado un pasaje continuo de la Biblia para servir como texto. Este es estudiado cuidadosamente. Los puntos principales se explican claramente, tanto por la forma de la exposición como por la aplicación. Pero de lo que carece un sermón así es de unidad y coherencia. La interrelación de las varias ideas al pensamiento principal del pasaje con mucha frecuencia se ignora. Mientras que es básicamente fiel a la Palabra, que es el sello distintivo de tal predicación cuando se hace bien, al seguir el método de un «comentario» no puede ser fácilmente recordado y meditado en un momento posterior por los oyentes.

Spurgeon, cuya efectividad como predicador nadie puede negar, frecuentemente hizo uso de este método, uniendo a los diversos puntos que deseaba hacer algún «tema» o «título» que no hizo justicia ni al texto ni a las divisiones. Un ejemplo de la forma mecánica en que varias ideas en un texto fueron arregladas a veces por él es evidente en su sermón sobre Marcos 10:45: «Porque el Hijo del Hombre no vino para ser servido, sino para servir, y para dar su vida en rescate por muchos». Spurgeon eligió cinco puntos para este sermón, todos ellos enseñanzas principales de la Escritura:

1. *El Hijo del hombre* –la humanidad del Salvador;
2. *Vino* –la pre-existencia del Salvador;
3. *No para ser servido* –la vida vicaria del Salvador;
4. *Sino para dar su vida en rescate* –la muerte sustitutiva del Salvador;
5. *Por muchos* –la amplitud del Salvador.

Blackwood al citar este ejemplo, correctamente comenta sobre la metodología de Spurgeon. «Eligió discutir cinco verdades, con tan poca conexión aparente como cinco islas en un archipiélago. Ninguna de las cinco partes estuvo cerca del espíritu del texto en su contexto». Incluso el mejor predicador pronto cae en esta trampa cuando sigue el método analítico.

El método sintético de estructuración de un sermón es similar al topical. Sin embargo, este normalmente hace más justicia al mensaje único del texto. Después de leer y reflexionar cuidadosamente, el predicador formula no simplemente un tópico sino un «tema» que puede declararse en forma de una proposición, una declaración clara de hecho. Luego esta es explicada con cierto detalle y profundidad. Cualquier cosa que el ministro dice en el sermón tiene el propósito de iluminar ese único pensamiento. Siempre y cuando esté comprometido a la perspectiva que la Biblia tiene de ella misma como la Palabra infalible, autoritativa y eficaz de Dios, cada sermón puede beneficiar mucho a la congregación.

La debilidad de este sermón, no obstante, es que a menudo gran parte de la rica elaboración encontrada en el texto recibe poca o ninguna atención. Solamente un punto es llevado a la conclusión. Cuando esto se hace repetidamente, incluso con una variedad de ilustraciones y ejemplos, pronto resulta una cierta monotonía. Este método es admirablemente adecuado para una meditación o un sermón breve. Pero cuando se extiende más de doce o quince minutos, lo cual es necesario para el crecimiento espiritual de una congregación que escucha solamente uno o dos sermones a la semana, el predicador pronto hace uso de una abundancia de materiales extra bíblicos, los cuales oscurecen la gloria de la Escritura. Siempre hay sino un pequeño paso del sermón sintético al topical. Esto es evidente en un sermón predicado hace algunos años por un popular pastor sobre Hechos 8:26-40; la historia de Felipe y el eunuco Etíope. El «tema» elegido fue: «La actitud cristiana hacia los prejuicios raciales». Este enfoque centrado en el problema no hizo justicia al poder de atracción del Espíritu por medio de la Palabra. El «corazón» del texto fue completamente oscurecido, posiblemente incluso obstruido, por el intento del predicador de estar al día. No debe tolerarse una falta así de grave.

El método que se recomienda como el más apropiado y provechoso para el pueblo de Dios, es el *reconstructivo*, que pretende, de manera consciente, combinar las fortalezas de la comprensión analítica y sintética del texto.

Este exige por parte del predicador un estudio más intenso del pasaje.

El predicador comienza leyendo el contexto o escenario. A la luz de esto, analiza cada palabra y frase del texto. Indaga en la relación tanto con la construcción gramatical como con el significado, observando que cada parte sostiene a las demás. Toma nota de todo esto cuidadosamente. Por medio de este análisis detallado, determina el pensamiento básico que controla e ilumina al resto. Escribe esto en forma de una proposición, una oración completa que interpreta lo que cree ser el mensaje del Espíritu para la iglesia.

Por medio de tal estudio intensivo, pronto se da cuenta de las muchas perspectivas a partir de las cuales son señaladas las verdades básicas en la Biblia.

Muchos textos hablan, por ejemplo, de la cruz de nuestro Señor Jesucristo. A menudo enfatizan su poder salvador. Pero este poder no siempre es explicado de la misma forma. Algunos enfatizan su poder «dador de vida». Otros enseñan el poder «limpiador» o «liberador» o «separador» que experimentan todos los que se refugian en la obra expiatoria del Salvador.

Casi lo mismo es verdad de textos que hablan acerca de la fe. Algunos enfatizan la fe como el don de Dios por medio de la operación del Espíritu Santo; en otros, la fe como respuesta al evangelio que nos llama a confiar en los méritos del Señor Jesucristo o a dar frutos dignos de arrepentimiento. El «tema» a elegir en cada caso debe reflejar el énfasis específico con el que la idea principal es presentada. Esto da variedad a los sermones a medida que se abren a las infinitas riquezas de la verdad de Dios. Tal predicación, cuando se sigue consistentemente, nunca carece de interés. Siempre bajo la dirección del Espíritu Santo extraerá tanto cosas «viejas» como «nuevas» del almacén de la Sagrada Escritura.

Habiendo seleccionado cuidadosamente el «tema» con su *idea temática*, el predicador puede ahora formular las divisiones apropiadas del sermón. Estas tienen la intención, cada una a su manera, de explicar la idea básica. Este ejercicio también demanda una reflexión cuidadosa. Junto con el tema constituyen el «esqueleto» o «armazón» del sermón. Cualquiera que los recuerde podrá, a veces incluso varias semanas después, alimentarse de nuevo en el mensaje que fue proclamado por primera vez a la congregación reunida.

Dependiendo de cuántas ideas subordinadas se encuentran en el pasaje a predicar, el sermón generalmente tendrá dos, tres o cuatro divisiones principales. Si se deben explicar más de cuatro ideas principales para hacer justicia al «tema», entonces bien puede ser que el texto sea demasiado largo para un solo sermón.

Se deben observar varias reglas para estructurar un sermón reconstructivo con su tema y divisiones principales en aras de la claridad, elegancia y fuerza.

En primer lugar, cada división puede explicar adecuadamente un aspecto del tema y su idea temática. En otras palabras, debe ser explicativa del mensaje central. Esto requiere, al mismo tiempo, que ninguna división se ponga en igualdad con el tema o sea repetitiva respecto a este. No es sino una parte del todo.

Además, en aras de la elegancia y el progreso del pensamiento, cada división debe ser diferenciada claramente, en tanto que al mismo tiempo se deben coordinar en importancia con las demás divisiones.

Tampoco se puede introducir ningún material extra-textual como uno de los encabezados principales a ser discutido. Esto no quiere decir que el «contexto del texto» o materiales paralelos de pasajes parecidos en la Santa Escritura estén prohibidos. Se pueden introducir para arrojar luz sobre una división trazada por el sermón mismo. Pero es el texto el que debe ser «resumido» o «recapitulado» en el tema y sus divisiones principales; nada menos, pero tampoco nada más. Estos, unidos, forman las «ventanas» a través de las cuales los oyentes van a ver los tesoros que Dios ha provisto para ellos en el texto.

Cada una de las divisiones principales debe ser exclusiva respecto de las demás. Una no debe repetir a la otra. El predicador puede lograr esto mejor cuando prepara el «armazón» para su sermón haciendo del texto las preguntas que este adecuadamente sugiere. ¿Quién pronuncia estas palabras? ¿En qué forma fueron habladas, como instrucción, advertencia, elogio o reproche? ¿Quizá el texto habla del carácter, la causa y las consecuencias de un cierto hecho de parte de Dios o del hombre? De esta forma las divisiones interpretarán lo que el texto en sí mismo afirma. Por medio de este método también se evitará la tentación de repetir de una manera servil las dos o tres ideas incorporadas en el tema. No debemos preparar un sermón reconstructivo sobre, por ejemplo, «El amor de los justos de Dios» para primero hablar largo y tendido acerca de *Dios*, luego acerca del *amor* y, después de eso, acerca de los *justos*. El pensamiento central a ser explicado aquí es *amor*, y eso a la luz del énfasis específico encontrado en el texto elegido. Así, este puede calificarse como amor «indefectible», «salvador» o «de gracia». Solamente de esta manera el sermón será claro y ordenado. Al mismo tiempo este derivará su «color» y «sabor» de la Palabra misma.

Una o dos ilustraciones del método reconstructivo pueden ser útiles en este punto.

Eligiendo como texto 1 Corintios 1:30-31: «Mas por él estáis vosotros en Cristo Jesús, el cual nos ha sido hecho por Dios sabiduría, justificación, santificación y redención; para que, como está escrito: el que se gloría, gloríese en el Señor». Un predicador podría desarrollar adecuadamente el «armazón» para este sermón como sigue:

LAS RIQUEZAS DEL SALVADOR QUE TRANSFORMAN LA VIDA
Para ser experimentadas en:
1. Su *garantía*
Es *Dios* quien nos ha unido a *Cristo*,
Para que vivamos *en* Él;
2. Su *suficiencia*
Todo lo que necesitamos como pecadores para ser reconciliados con Dios y disfrutar su compañerismo se encuentra en los cuatro dones mencionados;
3. Su *desafío*
Que dejamos de jactarnos acerca de nosotros mismos o nuestro mundo y nos *regocijemos* solamente en el Señor Jesús.

Este mismo texto también puede ser tratado, reconstructivamente, en una forma algo más práctica y experimental como sigue:

VIVIR PARA LA ALABANZA DEL SALVADOR
Como una vida descrita aquí por Pablo como:
1. Una vida *en* Él,
2. Una vida *por medio* de Él, (todo lo que Él nos da día a día conforme nos apoyamos por fe en Él)
3. Una vida *para* Él.

Si se elige el segundo «bosquejo», la congregación podría adecuadamente cantar como respuesta el himno #320, *Cuando la mañana resplandece en los cielos* o el #448, *Cristo, cuya gloria llena los cielos*.

A esta estructura se prestan bien, no solamente textos específicamente doctrinales, sino también aquellos elegidos de los salmos. Asaf, después de su intenso conflicto espiritual con la duda, incluso hasta el punto de la desesperación, hace una confesión que conmueve el alma en el Salmo 73:23-24: «Con todo, yo siempre estuve contigo; me tomaste de la mano derecha. Me has guiado según tu consejo, y después me recibirás en gloria». Sin lugar a dudas canta acerca de:

LA BIENAVENTURANZA DE SER HIJO DE DIOS
Y esa «bienaventuranza» o consuelo es garantizada al creyente por:
1. La presencia de *gracia* de Dios;
2. El *poder* sustentador de Dios;
3. La continua *protección* de Dios; y
4. La asombrosa *promesa* de Dios.

Cuando tal «bosquejo» ha sido preparado cuidadosamente y en oración, la parte más difícil de la elaboración del sermón se ha terminado.

Ciertamente, se debe hacer todavía más trabajo. Pero ahora el predicador ha aprendido no solamente «a ver a través del texto» por sí mismo; ha formulado de forma clara y concisa el corazón del mensaje de manera que, cuando es anunciado, la congregación puede seguirlo con placer y provecho, a medida que proclama la gloria de la obra de gracia de Dios.

En conclusión, estructurar el sermón aún es siempre el aspecto más difícil de este trabajo. El contenido debe estar unido para poder adquirirlo no solo felizmente, sino honestamente. Cualquier se intenta disfrazar el mensaje básico del texto con la esperanza de apelar a lo sensacional, es deshonesto. Un sermón debe dar lo que promete su título.

Esto se puede y se debe hacer en un lenguaje que el oyente promedio pueda comprender fácilmente. No es incorrecto «interpretar» términos bíblicos, que parezcan algo abstractos y extraños a muchos oídos, con palabras que puedan ser más fácilmente comprendidas. Por ejemplo, «justificación», nos recuerda la escena de una corte, en tanto que «redención» se refiere a la liberación de un esclavo por medio de la compra. Es ciertamente apropiado simplificar estos y otros términos por medio de un tema sencillo. La congregación siempre debe recibir ayuda por medio de la predicación, a fin de comprender mejor el lenguaje bíblico. Pero también se requiere una moderación adecuada.

Predicar, como alguien lo hizo en un intento por ganar popularidad, sobre: «Las leyes de tráfico para los cristianos», apenas si concuerda con la dignidad de la Palabra de Dios. Entre dichas leyes incluyó: «Calle cerrada», «Prohibida la vuelta en U», «Curvas adelante», «¿Tienes la luz verde?» y «Velocidad máxima 50». Las ilustraciones, en efecto, tienen su legítimo lugar en nuestro sermón. Pero solamente son permisibles en el «tema» aquellas que salen del terreno de la Escritura misma.

Cultivemos para la congregación, así como para nosotros mismos, un alto concepto de la Escritura. Confesando, como lo hacemos, la claridad y eficacia de la Biblia, nunca vamos a arrastrar el mensaje a lo banal. Cada palabra, cada frase, cada pasaje en ese sagrado libro tiene el imprimátur del Espíritu Santo. Y todos aquellos que en su predicación honren su obra, serán honrados con su bendición en ellos.

CAPÍTULO 15
Las partes que componen el sermón

··· ℘℃ℬ ···

Entre tanto que voy, ocúpate en la lectura, la exhortación y la enseñanza. No descuides el don que hay en ti…

1 Timoteo 4:13-14a

En una división textual la regla de la minuciosidad también se aplica en este sentido, de que ningún miembro del texto debe ser omitido en la división. El pastor debe instar a todos lo que el escritor sagrado ha instado en ese lugar que es elegido como texto.

Robert L. Dabney

El predicador comprometido es altamente privilegiado. Cada vez que se dispone a preparar un mensaje de la Palabra de Dios, Él, como los sacerdotes que ministraban al Señor en el altar, entra a un lugar santo. En él, el Dios de toda gracia y gloria le habla, de manera que pueda servir como portavoz eficaz del Dios que lo envía.

Cualquier acercamiento casual a este ministerio es, por lo tanto, contrabando. Con el verdadero siervo de Dios se ha preparado con cuidado y oración. Tiene que leer y releer su texto. Tiene que meditar en cada palabra y frase. De él ha derivado su «tema», la afirmación central que debe ser desarrollada en divisiones adecuadas relacionadas al texto. De esta manera, el camino a seguir en el desarrollo del sermón ha sido señalado por y para él. Ha escuchado la voz del Espíritu, que pone en su mente y corazón la responsabilidad de administrar esta porción de la Palabra al pueblo de Dios. Y con eso, parte del trabajo más difícil ha sido lograda.

Sin embargo esto no es sino un bosquejo «desnudo». Todo debe concretarse aún. Cada parte del texto debe explicarse de acuerdo con el propósito del Espíritu. Y en tanto que no se debe olvidar el significado del texto para los oyentes originales, el principal objetivo del predicador es proclamar lo que debe significar para el pueblo de Dios hoy. Nuestro es el llamado privilegiado de convocarlos al arrepentimiento, fe y obediencia piadosos.

Con ese fin el predicador se ocupa a continuación de reunir materiales adecuados. En tanto que el contenido es de suprema importancia, la forma en que este se presenta no puede ser descuidada. Aunque confiesa su dependencia de la bendición del Espíritu Santo para hacer provechoso su mensaje, el predicador consciente reconoce el valor de la preparación. Un sermón no puede consistir de una serie de ideas, exhortaciones e ilustraciones –no importa cuán ciertos y provechosos sean en sí mismos– puestas juntas de una manera fortuita.

Todo sermón apropiadamente estructurado consistirá de tres partes: una introducción, el cuerpo del mensaje y una conclusión. Con mucho, la parte más importante es, por supuesto, la segunda. Es el sermón propiamente dicho. Sin ella, las otras dos partes son inútiles.

Hasta ahora nos hemos ocupado principalmente del *cuerpo* del mensaje. Aquí por medio del tema, junto con su explicación y aplicación de acuerdo con dos, tres o cuatro divisiones principales, la congregación reunida ha de escuchar lo que el Espíritu tiene que decir a las iglesias. Cada idea principal se debe desarrollar cuidadosamente y con claridad. Ninguna de las divisiones puede simplemente repetir el tema. Tampoco puede una división repetir lo que se ha dicho en o es adecuada para las demás. Todas las palabras y frases subsidiarias se deben explicar a la luz del tema. Todas estas se deben arreglar en el orden que sea más efectivo para instruir, consolar o desafiar a los oyentes. En un sermón estructurado de acuerdo con el método reconstructivo, no es obligatorio que la secuencia de las ideas encontradas en el texto se siga siempre de forma servil. Por el bien del énfasis, dependiendo del propósito implícito en el texto, este se puede cambiar.

Seguidamente, es necesario agregar algunos comentarios prácticos sobre esta parte de la elaboración del sermón.

Una de las experiencias más frustrantes para el predicador ocupado en este trabajo es la frecuencia con que es interrumpido. Rara vez las personas le permiten el «silencio» necesario para desarrollar su mensaje sin interrupciones. Apenas si se ha sentado para dar una forma más definida al sermón, cuando el timbre o teléfono suenan. Estas comodidades modernas, sin las cuales pocos de nosotros querríamos vivir, pronto se vuelven molestas. El pensamiento es interrumpido seriamente y en ocasiones incluso destruido. Un vendedor, un vecino, una persona preguntando por una dirección o transmitiendo un aviso para el boletín dominical, aparta la atención de la Palabra. De vez en cuando será alguien que se encuentra en gran necesidad. Casi a todo ministro le resultará sumamente difícil recuperar el estado de ánimo tan necesario para desarrollar el mensaje después de dos o tres de estas interrupciones. A menos que tenga una secretaria para protegerlo de ellas en sus horas de estudio, queda a merced de cualquier persona que pueda reclamar su atención.

Sin embargo, gran parte de esta aflicción puede minimizarse. Si de vez en cuando se le recuerda a la congregación el horario del pastor para el estudio, la mayoría de los miembros lo respetarán. No a pocos pastores les resulta ventajoso tener un estudio en el templo, especialmente si no cuentan con teléfono. También dedicar las primeas horas de la mañana al estudio resulta muy adecuado para escapar a tales interrupciones. Pero no importa qué lugar o qué horario se haya elegido, el pastor nunca escapa completamente a este problema.

No obstante, incluso así hay formas que le permiten volver a la línea de pensamiento tan abruptamente interrumpida. Uno de los más útiles es la de tomar notas. Con ellas a su disposición puede regresar a su trabajo, que siempre merece alta prioridad en su ministerio. A menos que tenga una memoria tan retentiva como una computadora, el predicador hará un abundante uso de pluma y papel mucho antes de intentar componer un sermón en su forma final.

En cada división apropiada, las notas sobre el contexto, la explicación y la aplicación, comenzarán a tomar forma con este método. Estas se pueden revisar de vez en cuando. Las correcciones se pueden hacer fácilmente. Lo que está menos claro puede ampliarse por una explicación más detallada o una ilustración. Las ideas sobre la aplicación adecuada del mensaje pronto vendrán a la mente. En ocasiones, incluso el orden de las divisiones principales se puede cambiar. Y cuando tales materiales han sido ensamblados y evaluados, ha llegado el momento de pensar acerca de preparar el sermón en su forma más definitiva.

Recordemos que el *cuerpo* del sermón es, por mucho, la parte más importante.

Es el sermón propiamente dicho. Para su preparación el predicador debe dedicar la mayor parte de su tiempo y esfuerzo. Incluso cuando se han colectado suficientes materiales y se han colocado en un orden preliminar, hará bien en dejar que todo esto se incube por un día o dos. La prisa en la preparación del sermón produce basura.

Todo el objetivo central del sermón, extraído del texto mismo, debe mantenerse enfocado. Sin esto, tanto el predicador como el pueblo se pasearán por un laberinto de muchas palabras, sin reconocer a donde deben llevarlos sus pensamientos. Si se escucha un mensaje tan disperso, alguien pronto preguntará: «¿Saben de lo que el pastor estaba hablando esta mañana?». Y entonces se puede escuchar la humillante respuesta: «No, pero al parecer tampoco él». Tal predicación inútil nunca puede fortalecer a una congregación para la adoración, el testimonio, y la obra del Señor en el mundo.

Normalmente, sin embargo, un sermón debe consistir de más que el cuerpo del mensaje. Merece una introducción y una conclusión.

Ambas tienen su lugar apropiado, una para capturar la atención de los oyentes, y la otra para reforzar de una forma u otra el objetivo principal del texto.

Aunque la forma siempre está subordinada al contenido, un buen sermón tiene un aspecto artístico. Es una «ofrenda» hecha para alabanza y gloria de nuestro Dios. Como elemento integral del culto, debe ser algo bello. Es alimento espiritual para los que tienen apetito de escuchar lo que el Señor tiene que decir. Por tanto, merece ser servido con tanto atractivo como una comida bien preparada.

En esto la introducción juega un papel importante, aun cuando siempre se debe preparar al final. Solamente después de que el predicador haya determinado el contenido y el objetivo de su mensaje, será capaz de elegir una introducción apropiada por medio de la cual conducirá al pueblo de Dios al texto mismo.

Todo el mundo tiene aversión natural y moral a la brusquedad. Agradecemos una entrada agradable a una casa, una iglesia, o un edificio público. Las primeras impresiones son importantes psicológicamente, encendiéndonos o apagándonos emocionalmente. Disfrutamos mejor de una sinfonía cuando nuestra alma ha sido estimulada por un preludio tentador. De la misma manera, el sermón también es generalmente más efectivo cuando ha sido introducido apropiadamente. Esto prepara a los oyentes para el mensaje central. En su libro *Concerning the Ministry* [Con respecto al Ministerio] John Oman observa con acierto:

Incluso si tu tema no necesita introducción, tu auditorio sí. Aunque no sea para nada más, necesitan tiempo para instalarse. Pero también tienen un mejor comienzo si son llamados a ti y a tu tema, y viajarán con más confianza si pueden inspeccionar el panorama un poco antes de tomar la carretera.

Aunque una congregación que está alerta espiritualmente se reúne principalmente para escuchar la Palabra, casi todos necesitan una pausa antes de pasar de la alabanza y la oración a aquella reflexión sostenida y tranquila, requerida para escuchar con provecho.

Debido a que la Biblia desarrolla muchos temas, todos ellos relacionados directa o indirectamente a nuestra salvación en Jesucristo, es esencial que los oyentes sean preparados para el tema específico que va a exponerse y aplicarse. Sus mentes han estado ocupadas toda la semana con cosas que son propias del trabajo cotidiano en el mundo. Ahora deben prepararse conscientemente para reflexionar en Dios y sus caminos con ellos y el mundo en que viven. Tal concentración no es fácil.

Aquí, en efecto, el marco litúrgico del sermón ayuda a preparar a los adoradores. Se han cantado himnos. Se han ofrecido oraciones pidiendo la obra del Espíritu Santo en las mentes, corazones y vidas del predicador y del pueblo. Además, la lectura reverente de la Palabra, que siempre debe preceder al sermón, hace su aportación. Pero ahora, en el sermón, Dios, por medio del predicador, exige un corazón que esté en sintonía con la Palabra dadora de vida. El objetivo es llevar un mensaje central. Debe llegar a destacarse claramente en la mente. Pretende estimular las emociones, e incitar la voluntad a una respuesta piadosa. La persona en su totalidad debe estar involucrada con esa Palabra que es la única que puede hacer sabios a los hombres para salvación. La introducción sirve un único propósito. Su objetivo es atraer a los hombres, mujeres y niños a escuchar con entendimiento, reverencia y gozo.

También aquí nuestra elección de los materiales está restringida debido a la dignidad con la que merece ser adornada la predicación del evangelio. Cualquier cosa superficial, monótona o torpe está descartada. El sensacionalismo no debe tener lugar en el púlpito cristiano. No podemos pregonar a Cristo Jesús con palabras vacías o voces estridentes como lo hacen los vendedores ambulantes en los mercados. El Señor nos ha llamado a ser evangelistas, embajadores de la Palabra confiada a nosotros, administradores de los misterios de su obra salvífica en Cristo Jesús.

Pero se nos permite libertad al hacer nuestra elección. No todo sermón se debe introducir de la misma manera, para que no por escuchar muchos de sus mensajes el pueblo sepa de antemano qué es lo que va a decir el predicador a modo de introducción.

Aunque lo que se dice debe estar relacionado al texto, la introducción no debe intentar ser un resumen del sermón. El «corazón» del mensaje será declarado en el tema junto con sus divisiones. Lo que la congregación necesita, de una forma u otra, es un «indicio» o preludio de lo que seguirá.

Esto se puede hacer bien en una variedad de formas. Cuando en el mensaje se trata de una porción narrativa de la Escritura, puede servir adecuadamente un resumen del contexto. En otras ocasiones, el contenido de la introducción puede estar en agudo contraste o en contradicción con el mensaje central. De esta manera cuando se es llamado a predicar sobre el trabajo terrible de los demonios, el predicador puede introducirlo con un breve comentario sobre el ministerio glorioso de los ángeles. Si el texto tiene por objeto consolar a los santos, la introducción bien puede describir, de nuevo con brevedad, la desesperanza de los que viven y mueren sin Dios. En ocasiones hacer referencia a algún evento de la semana anterior, o a alguna experiencia personal, puede ser adecuado para preparar a la congregación para el texto a ser explicado y aplicado. A menudo una cita de un salmo o un himno cantado por la congregación con comentarios adecuados sobre su significado, la estimulará a poner atención. Aquí la «inventiva» del predicador se mueve bastante libre y ampliamente, siempre y cuando el material a utilizar conduzca al texto. El objetivo es construir un puente a través del cual los oyentes puedan transitar con creciente interés hasta adentrarse en el sermón propiamente dicho.

Se deben tener en cuenta tres observaciones sobre lo que constituye una «buena» introducción.

En primer lugar, es preparatoria para el sermón. Eso, y solo eso. No se debe usar ninguna explicación del texto o ninguna parte del mismo. Esto solo producirá cansancio y aburrimiento cuando posteriormente la explicación detallada deba ser expuesta. Solo tiene el propósito de producir una sensación de expectación, anhelo de escuchar lo que pronto seguirá.

La introducción siempre debe ser breve y al punto. Rara vez excederá una décima parte del sermón propiamente dicho. Con demasiada frecuencia, las introducciones son tan largas que no se da tiempo suficiente para la explicación y aplicación del texto mismo. Tampoco deben incluir más de un punto a destacar. Este debe declarse con la mayor claridad y colorido posibles, estimulando las emociones tanto como las mentes de los oyentes. Pero, una vez más, el predicador se debe distanciar de cualquier cosa que huela a sensacionalismo. Broadus nos advierte contra esto:

A la vez que buscamos sinceramente hacer la introducción interesante y atractiva, debemos eludir lo sensacional y pretencioso. Cualquier cosa que sepa a exhibición es sumamente objetable en un predicador, y especialmente al principio. Y debe comenzar, no solamente con modestia personal, sino también con una modestia oficial, reservando para un momento posterior del sermón cualquier cosa que pueda ser adecuada afirmar con la autoridad que pertenece a su oficio.

Por consiguiente, la introducción siempre debe diseñarse cuidadosamente, sin importar que tan sencillo o directo sea su contenido. No se debe dejar al impulso del momento cuando, habiendo anunciado su texto, tiene que comenzar a hablar. Si la audiencia se pierde durante los primeros minutos del sermón, raramente se volverá a captar su atención en un punto posterior. Si debido a la presión del tiempo y los deberes, el sermón no puede ser escrito y corregido con todo cuidado, esto es esencial para la introducción. Solamente así se evitarán algunos de los problemas más graves.

No menos importante que la introducción es la conclusión. Esta es el clímax. Aquí el mensaje del texto hace su apelación final, y generalmente, su impresión más duradera.

Los oradores siempre han reconocido esto. Y aunque los ministros se diferencian de los oradores en muchos aspectos, no deberían estar indispuestos a aprender de ellos. Macaulay en su «Essay on Warren Hastings» [Ensayo sobre Warren Hastings] nos informa que el famoso Edmund Burke revisó la conclusión de su primer discurso en el juicio de Hastings no menos de dieciséis veces. Reconoció con ello la influencia de sus palabras finales en la aprobación o desaprobación.

Con frecuencia los ministros no pueden seguir adelante con esto cuando planean y preparan sus sermones. La introducción puede ser interesante. La organización y desarrollo del sermón loable. Pero al darle muy poca atención a la conclusión, permiten que sus palabras vaguen de aquí para allá y, a veces, por todas partes. Toda la luz que el sermón comienza a derramar muere en un mar de palabras y oraciones desconectadas. Recordemos que terminar bien es, quizás, incluso más importante que comenzar y continuar bien para que no se pierda el contacto efectivo con la Palabra por parte de quienes escuchan. Este es lo «último», por medio de lo cual, la responsabilidad de responder a la Palabra de Dios se coloca de lleno en las mentes, corazones y voluntades de la congregación.

Una conclusión apropiada siempre será natural. Fluirá directa e inevitablemente del mensaje mismo. En este punto, no se puede introducir ningún material nuevo que confunda a los oyentes. Siempre, también, se expresará en forma de una apelación personal, directa. Ya sea que el mensaje se resuma o esto no se considere necesario, se destacará una exhortación explícita resumiendo el «objetivo» o meta prevista por Dios en el texto. Esta puede ser una llamada clara a la conversión de corazón y vida. Puede ser una llamada a una vida de sacrificio, en la forma la una cita de un salmo o una ilustración adecuada. Puede ser una doxología de alabanza y adoración para nuestro Dios a fin de estimular a la congregación a caminar más cerca de Él, que es nuestra única vida verdadera.

Si hay alguna parte del sermón en que pueda ser adecuado, aquí el pronombre personal «ustedes» puede servir a este propósito. Generalmente el predicador en su sermón hace bien en identificarse con la congregación de la cual es miembro. Por eso, el «nosotros» eclipsa al «ustedes» en la adecuación y frecuencia de uso en sus mensajes. Pero, al mismo tiempo, es el mensajero de Dios. Habla de parte de Aquel que lo envía y cualifica. En ningún momento se limita a dar un buen consejo. Su sermón, si es fiel a la Palabra, está investido de un alto grado de urgencia. Y para estampar esto en los oyentes, el uso de la segunda persona tiene su lugar, especialmente hacia el final del mensaje.

También en la conclusión debe haber variedad. No todo sermón debe terminar de la misma forma, pues no todos los textos tienen el mismo propósito. Tampoco es necesario, no importa cuán urgente pueda ser la apelación a veces, levantar la voz y llenar el santuario con gritos. El predicador que está alerta al grado de la respuesta que ha estado recibiendo durante el sermón, modulará su voz adecuadamente. A menudo la manera tranquila, deliberada, de expresarse será más enfática en este momento que en cualquier otro tono de llamada. En cada caso, dependiendo del carácter del texto mismo, el predicador debe determinar qué contenido y qué nivel de voz será capaz de hacer la impresión más efectiva. A veces la conclusión será abordada gradualmente, permitiendo a las mentes y corazones de los que han escuchado llegar a un descanso tranquilo en las promesas de Dios. En otras ocasiones, será abrupta. Pero siempre debe ser breve, intencionada y bien preparada.

Todo sermón bien organizado, téngase presente, consiste de una introducción, el cuerpo principal y una conclusión. Para que no transgredamos las leyes de unidad, coherencia y elegancia, pensemos cuidadosamente en éstas antes de sentarnos a escribir nuestro mensaje. Una vez más, nos recordamos a nosotros mismos que el camino para hacer sermones, cuando se ejerce a conciencia, rara vez se recorre en una breve hora. Todos nuestros mejores esfuerzos deben emplearse en esta tarea. Y como el sermón toma forma en la mente y estimula las emociones y llena el corazón del corazón, se vuelve, conforme se obtiene una mayor competencia, uno de los mayores deleites de su vida. Sus palabras «dichas con propiedad» serán como «manzanas de oro en una cadena de plata».

CAPÍTULO 16
La redacción del sermón

··· ॐℭ ···

Escribe la visión, y declárala en tablas, para que corra el que leyere en ella.

Habacuc 2:2b

Tengamos, por lo tanto, en cuenta también que cuando manejamos la palabra de Dios, debemos tener un cierto propósito a la vista si queremos evitar divagar. De otro modo seríamos capaces de decir muchas cosas buenas, pero ¿de qué serviría?

Juan Calvino

Los sermones pueden compararse correctamente con las plantas. Ambos brotan de una semilla. De esta, porque cada una contiene un principio de vida, se desarrollará lo que es inherente a la semilla. Ambos requieren tiempo para desarrollarse. Es desatinado el jardinero que espera que al día siguiente de haber sembrado pueda recoger los frutos de su trabajo. Todo aquel que se dedica a esta ocupación placentera pronto aprende que una planta madura mucho más rápidamente que otra. También influyen varios factores, para bien o para mal, sobre la cosecha anticipada. Solo el constante trabajo y observación asegurará la siega donde ha habido siembra.

A menudo se pregunta a los predicadores: «¿cuánto tiempo lleva preparar un sermón?». Cuando no se da una respuesta clara, la gente se queda sorprendida. Una mujer sabe cuánto tiempo le toma hornear unas galletas o un pastel. Un hombre puede calcular con bastante precisión cuánto tiempo se necesita para pintar su casa o su cobertizo. ¿Por qué los predicadores no pueden, entonces, indicar cuántas horas dedican a hacer un sermón? Especialmente, si hablan con facilidad, rápidamente se concluye que los sermones son hábilmente sacados de la manga. Solamente aquellos que se dedican en serio a este llamado saben cuánta paciencia y persistencia se requiere antes de que un sermón aceptable llegue a buen término a partir del texto.

A esta pregunta que intriga a muchos miembros de la iglesia y que concierne a todo predicador, Broadus responde con palabras que son dignas de reflexión:

No es posible una respuesta definitiva, porque todos los estudios anteriores del pastor, todas sus lecturas, meditación, oración, todo el ministerio pastoral, todos los tratos con ojos abiertos con las cosas y el mundo de los hombres, contribuyen en algo al trabajo preparatorio y la superestructura de todo sermón. La experiencia garantiza solamente la declaración general de que el tiempo requerido en la preparación inmediata está en relación inversa al tiempo empleado en la preparación general. Los sermones que requieren menos tiempo en la preparación inmediata, frecuentemente son mejores que los sermones laboriosamente forjados a través de largas horas solo porque se han beneficiado copiosamente de los materiales acumulados en la mente a lo largo de meses y años, y ahora, por medio de circunstancias favorables, subjetivas y objetivas, se elevan felizmente en la conciencia.

Aquí la educación teológica, cuando es sana y exhaustiva, es de inmenso valor. El estudiante se familiariza en profundidad, ante todo, con la Escritura. De sus riquezas debe sacar cosas «viejas» y «nuevas» para la congregación. Esto además se ilumina por su estudio de la historia, la organización y el cuidado de la iglesia; y más aún por un completo conocimiento de la doctrina que es conforme a la piedad. Aprende a ver los peligros de la falsa enseñanza, de los que las congregaciones deben ser alertadas sin cesar. Cultiva su conocimiento de las luchas de la vida espiritual tal como estas se describen en la Escritura y se experimentan por los que confiesan a Jesucristo como su Salvador y Señor. Para que el estudiante no esté «siempre aprendiendo, pero sin llegar nunca al conocimiento de la verdad», dicha educación nunca puede distorsionarse, convirtiéndose en especulación desde una torre de marfil.

Al mismo tiempo y de igual importancia es la comprensión y evaluación por parte del predicador del mundo en el cual viven él y la congregación. No sólo se requiere que tenga una amplia educación en las artes liberales como preparación general; durante todos los años de su ministerio está obligado a familiarizarse con las situaciones de vida que vive. A menos que desarrolle un fuerte gusto por escuchar e incluso más por leer, sus sermones pronto consistirán de poco más que verdades abstractas o tópicos superficiales.

Toda esta preparación, cuando se dedica a ella cuidadosa y deliberadamente, será de gran valor en la elaboración de los sermones.

La suya es la santa vocación de «administrar la Palabra de Dios» al anciano y al joven, al rico y al pobre, a santos y pecadores viviendo en un mundo en constante cambio. Las verdades permanentes de la Escritura se deben exponer y aplicar con el propósito de instruir y exhortar, consolar y advertir. Solamente entonces, bajo la bendición del Espíritu, la Palabra hará su trabajo de incitar los corazones y vidas a «la obediencia de fe».

Esa Palabra es para ser hablada, declarada, proclamada fielmente y sin contienda. El que trae esa palabra debe ser «amable para con todos, apto para enseñar, sufrido; que con mansedumbre corrija a los que se oponen, por si quizá Dios les conceda que se arrepientan para conocer la verdad, y escapen del lazo del diablo...» (2Ti 2:24-26).

Dicha oratoria persuasiva de la Palabra, sin embargo, no llega sin una preparación adecuada. Incluida en esta, después de estudio y meditación sobre el texto a la luz de las necesidades espirituales del pueblo, se encuentra la preparación del manuscrito. Aquí el texto, habiendo sido dispuesto adecuadamente para provocar la respuesta adecuada de parte de los oyentes, debe dar a luz el sermón. Es puesto en papel.

En tanto que la lectura hace al hombre «completo» y el meditar lo «prepara», solo la escritura bien hecha lo hará «preciso». Esto no llega con facilidad. Cualesquiera sean nuestros talentos, el arte de escribir no se adquiere inmediatamente. Sin una autodisciplina fuerte y sostenida poco que valga la pena aparecerá en el papel.

Casi sin excepción, los libros sobre hacer sermones instan a este ejercicio a los predicadores, especialmente durante los primeros años del ministerio.

En esto se deben seguir todas las reglas de la composición con el objetivo de que el sermón pueda mostrar marcas de orden, fuerza y elegancia. Estas aparecen solamente cuando ha sido desarrollado un bosquejo razonablemente completo del material. Mientras que la página, cuando el predicador se sienta a escribir, está en blanco, su mente ya ha sido llenada con los frutos de su estudio. El bosquejo debe dar amplia evidencia de esto.

Para este trabajo se debe apartar un tiempo definido durante la semana. A menos que surja una emergencia, el predicador insistirá en mantener su horario. El novelista inglés Somerset Maugham insiste:

Ningún escritor profesional se puede dar el lujo de escribir cuando se le da la gana. Si espera hasta que tenga el estado de ánimo, hasta que tenga la inspiración… espera indefinidamente y termina por producir poco o nada. El escritor profesional crea el estado de ánimo… pero lo controla y lo somete a su voluntad por medio de someterse a sí mismo a horas regulares de trabajo. Pero con el tiempo escribir se vuelve un hábito.

Aún más aplicable para el predicador que se sienta a escribir su sermón es el consejo de Buttrick en *Jesus came preaching* [Jesús vino a predicar]:

El sermón debe escribirse –se escribe no como un ensayo, sino como un sermón; es decir, con los ojos puestos en la congregación (nostálgica, hambrienta, triste o alegremente indiferente) mirando al escritor en su escritorio. Este escrito no es una tarea fácil. Habrá días cuando la pluma no se mueva. La predicación es un gran arte, parecido al arte de los pintores. Todo artista sabe que hay momentos en que el espíritu está inerte y el trabajo de la mente parece estéril.

Pero aun cuando el pensamiento parece lento y rígido, podemos tomar el corazón. Que el predicador, llenando su alma una vez más con la Palabra que ha estudiado, mire hacia arriba para sacar fuerzas del Señor cuya ayuda nunca falla, hacia el interior para recordarse a sí mismo de su alto privilegio, hacia afuera para ver al pueblo cuyas necesidades para el tiempo y la eternidad pueden ser solo adecuadamente llenadas cuando escuchan la Palabra de vida.

Ya que la redacción del sermón frecuentemente es una tarea tan laboriosa y que consume tiempo, hacemos bien en reflexionar sobre sus ventajas y desventajas.

Repasemos algunas de las posibles desventajas, ya que estas no deben tomarse a la ligera.

Algunos predicadores aparentemente nunca escriben sus sermones y aun así parece que sus mensajes logran comunicar. Entre estos encontramos a unos pocos excepcionalmente talentosos con memorias retentivas, que al mismo tiempo tienen la habilidad de poner los pensamientos clara, lógica y persuasivamente en un discurso. Más numerosos son aquellos que, habiendo meditado por breve tiempo y anotado dos o tres ideas, suben al púlpito sin mayor preparación. Mientras hablan con fluidez, mucho de lo que dicen se puede olvidar pronto. Luego están aquellos que solo escriben sermones ocasionalmente, explicando que continuamente se les están imponiendo exigencias de mayor peso. En razón de que no todos comparten los mismos talentos, conocimientos o convicciones, cada uno tiene que responder por el uso del tiempo a su propia conciencia delante del rostro de Dios.

¿Cuáles son, entonces, algunas de las desventajas de redactar un sermón antes de que sea predicado?

Una de las que rápidamente viene a la mente es la de una dependencia excesiva del manuscrito. La Escritura debe ser predicada. La espontaneidad en el púlpito se ahoga cuando esto se ignora. El contacto con la audiencia sufre mucho cuando el predicador tiene que leer casi cada palabra. La apelación directa a las mentes y corazones de aquellos que escuchan se vuelve cada vez más difícil. Pronto el sermón degenera en una lectura carente de la calidez, vitalidad y persuasión personal tan esencial para llevar las buenas nuevas de nuestro Señor Jesucristo.

Tampoco se debe pasar tanto tiempo redactando uno, dos o tres sermones cada semana de manera que se descuiden otros deberes. Quien se encierra lejos de su pueblo toda la semana, pronto se encuentra siendo incapaz de dirigir y alimentar a la congregación con la Palabra de Dios el Día del Señor. Ya no puede hablar más al corazón de las personas. No ha sido testigo de sus luchas. Carece de información sobre sus necesidades apremiantes. Coloca una barrera casi infranqueable entre él y su audiencia, lo cual hace que muchos de ellos sean impermeables, indiferentes u hostiles a lo que predica desde el púlpito. Todo ministro del evangelio comprometido se esforzará para usar sabiamente su tiempo, emulando al apóstol que hablaba la Palabra no solamente a las congregaciones reunidas, sino también a las personas yendo de casa en casa.

Sin embargo, todo esto no pesa más que las ventajas de redactar el sermón.

Este trabajo fija el mensaje en la mente de forma mucho más firme que la simple meditación. Obliga a poner atención a la presentación cuidadosa y ordenada del pensamiento. Puesto que lo que ha sido escrito puede revisarse, esto permite al predicador sentirse más a gusto cuando habla al pueblo. Cuando tiene terminado el manuscrito para el jueves por la tarde, tiene dos días para corregir el contenido y el estilo. Tampoco se debe pasar por alto que un «buen» sermón merece ser predicado más de una vez. Cuando para la misma congregación o para alguna otra, el predicador vuelve al texto como fuente y norma de su mensaje, se da cuenta de que la mayor parte del trabajo preparatorio tan esencial para la predicación sana, ya ha sido hecho. Ahora puede hacer revisiones más pausadas. Cada vez que revisa el manuscrito, incluso años después de su composición inicial, tiene la oportunidad de mejorar en la exposición o la aplicación. Como el vino, un sermón bien preparado a menudo mejora con la edad.

En tiempos pasados los sermones eran escritos frecuentemente con miras a su publicación. Muchos de tales volúmenes son muy apreciados por nosotros hoy en día. Actualmente, al disponer de grabadoras, esta práctica rápidamente está cayendo en desuso. Pero este hecho de la vida moderna no debe disuadir al predicador de una preparación cuidadosa por medio de la escritura. Lo que está grabado también sobrevive a los años. ¿Y qué predicador, convencido de que la Palabra designada por Dios es poder para salvación para todo aquel que escucha y cree, quiere ser recordado por sus traspiés en la buena gramática, el arreglo o la buena expresión?

Considerando todo, las ventajas superan con creces las desventajas. Esto debería estimular al predicador, especialmente en sus primeros años, a poner sobre papel al menos un sermón cada semana sin falta. Con la práctica no solamente escribirá con mayor facilidad y placer; pronto comenzará a escribir palabras, frases y oraciones con un toque distintivo. A medida que se regocija en este progreso, aprende el significado de aquellas sencillas líneas que dicen:

Dios tejió una telaraña de belleza
De las nubes, las tormentas y los pájaros,

Pero no hizo nada en absoluto
Tan hermoso como las palabras.

CAPÍTULO 17
La presentación del sermón

··· ঙ৩ভ ···

Y andaré en libertad, porque busqué tus mandamientos. Hablaré de tus
testimonios delante de los reyes, y no me avergonzaré.

Salmo 119:45-46

Por consiguiente, si hoy en día es anunciada dicha Palabra de Dios en la
iglesia por predicadores debidamente autorizados, creemos que la Palabra
de Dios misma es anunciada y escuchada por los creyentes; pero igual-
mente creemos que no debe inventarse ninguna otra palabra de Dios, o
esperar que vaya a venir del cielo.

Segunda Confesión Helvética (1566)

Ningún curso sobre la teoría y arte de la predicación está completo sin alguna referencia a la presentación del sermón.

Tres métodos han sido seguidos por los predicadores, algunos de ellos sumamente competentes, que después de haber preparado el manuscrito lo llevan consigo al púlpito y leen cada palabra. Jonathan Edwards siguió esta práctica durante la mayor parte de los años de su ministerio. Tomás Chalmers, escocés de fama, insistió en que era imposible para él hablar sin preparación.

Este método tiene algunas ventajas especiales. El predicador nunca necesitará sentir que se ha quedado sin palabras, ni siquiera sin palabras adecuadas. Puede hablar con precisión. Ha trabajado tan bien en su manuscrito que es capaz de poner el énfasis donde correctamente debe ir. Tiene, como alguien comentó con una sonrisa «muchas más posibilidades de dormir a pierna suelta el sábado por la noche». Tampoco se permite la libertad de vagar muy lejos de su tema a desvíos extraños y sorprendentes a donde pocos de sus oyentes lo pueden seguir.

Pero las desventajas superan las ventajas. Pocas personas, téngase presente, pueden leer bien. Muy rápidamente la voz se vuelve monótona. Rara vez se encuentra esa flexibilidad de pensamiento o de tono que estimula la atención y hace del escuchar un deleite. Uno de los elementos más poderosos en la presentación es la expresividad de los ojos, una oportunidad inasequible para el hombre atado por un manuscrito. A menudo dicha lectura lo hace parecer tímido y temeroso. La queja más general contra quienes leen sus sermones es la falta de viveza. Incluso cuando esta se intenta, huele artificial. Tanto los gestos como los cambios en el nivel de la voz parecen forzados. De esta manera, se aparta la atención del mensaje al mensajero.

Se debe reconocer que algunos predicadores han cultivado la lectura a un alto de grado de excelencia. Pero leer siempre es esencialmente diferente de hablar. Aunque es algo que debe cultivarse cuidadosamente para la lectura eficaz de la Escritura y los formularios litúrgicos, tiene poca cabida en la predicación.

Sin embargo, para la buena predicación es más peligrosa la práctica de recitar el sermón. En efecto, esta forma se ha defendido y practicado, por predicadores competentes, especialmente en el pasado. Algunas de las desventajas de leer el sermón son eliminadas. Aquí hay un directo contacto visual con la audiencia. También desarrolla la memoria, en la que todo predicador tendrá que confiar. Cuando el mensaje ha sido aprendido bien, de manera que es asimilado completamente, la recitación da un amplio margen de confianza y permite un uso vigoroso de la voz. Pero, incluso más que la lectura, este ata al predicador. Solo permite seguir el camino trazado en el manuscrito. No puede entrometerse ninguna nueva idea, ninguna frase fresca para iluminar el texto; para que el tren de pensamiento del predicador no se pierda. Siempre está presente el temor angustiante de olvidar por un momento o dos qué es lo que sigue. Cada pausa, incluso cuando se hace para causar efecto, interrumpirá el flujo de las oraciones memorizadas, haciendo sentir incómodo al pueblo así como al predicador. Y casi no es necesario añadir que memorizar bien uno o dos sermones a la semana, además de aquellas otras responsabilidades que demandan el tiempo y la atención del pastor, es casi imposible.

Mucho mejor es la práctica de hablar libremente sobre la base de un manuscrito bien preparado. Aquí el predicador se ha preparado exhaustivamente. Ha tomado el tiempo suficiente para revisar y corregir, incluso el producto relativamente terminado. Sobre él ha meditado varias veces antes de que la campana de la iglesia lo llame para el culto. Dicha revisión del mensaje es asistida en gran medida mediante la preparación, ahora a partir del manuscrito mismo, de un breve bosquejo estableciendo las ideas principales del texto en su orden apropiado. Mediante la consolidación firme de este en su mente es capaz de hablar con comodidad y efecto. Después de alguna práctica puede incluso predicar sin tener notas sobre el púlpito.

Esto está, por supuesto, muy lejos de lo que se puede llamar predicación improvisada. El sermón siempre ha sido cuidadosamente planeado de antemano. Sin dicha preparación ningún ministro puede administrar adecuadamente la Palabra de Dios. Pero habiendo hecho esto, es capaz de pensar más rápido. El mensaje se ha vuelto parte de su mente y corazón. Ante él ahora ve al pueblo y le habla cara a cara. Puede referirse libremente al texto que se encuentra abierto ante él. Se puede mover más fácilmente ya que no está atado a un manuscrito ni a un bosquejo detallado. Nuevos pero relacionados pensamientos vendrán a la mente ya que también es alegrado por la Palabra que proclama. Instintivamente toma nota de la respuesta de la audiencia, cambiando sus inflexiones para despertar a los que no están poniendo atención o haciendo pausas para añadir énfasis a lo que merece recordarse bien por quienes escuchan. Dicha predicación proporciona para ellos y para él una mayor facilidad. Esto se puede lograr por la bendición de Dios, recordando el resumen que da Blackwood de una preparación saludable:

1. Asigne suficiente *tiempo* para que el sermón se desarrolle.
2. Establezca una *meta* una meta alta, por escrito.
3. Elija un *texto* en línea con el propósito.
4. Exprese el propósito en una *conclusión*.
5. Comience la colección de todo tipo de *materiales*.
6. Deje que todo el asunto se *incube* por algún tiempo.
7. Comience a pensar el *tema* del sermón.
8. Gradualmente *arregle* los materiales de acuerdo con el objetivo.
9. Comience también a pensar en las *ilustraciones*.
10. Decida acerca de la *introducción*, o el enfoque.
11. *Redacte* el sermón como un todo, en una sola sesión.
12. Al día siguiente *revise* el manuscrito con cuidado.
13. Prepare la presentación del mensaje de Dios.
14. En el púlpito *olvídese* de la preparación.
15. *Confíe en que Dios* bendiga la predicación de su Palabra (Isaías 15:10-11).

El método siempre debe estar subordinado al mensaje mismo. Esto puede variar bastante entre los predicadores, dependiendo no solamente de sus habilidades naturales, sino también de las ocasiones en las que están obligados a hablar. Cuando se sube al púlpito un pastor, consciente de su llamado para hablar a la congregación en nombre de Dios, sentirá algo de nerviosismo junto con entusiasmo. Aunque esto debe mantenerse bajo control, no necesita y no debe paralizar el flujo de pensamiento. Al respecto Broadus nos recuerda oportunamente:

Un hombre que no tiene la capacidad de sentir, nunca puede ser elocuente. Si no tiene una naturaleza emotiva, una simpatía sensible con su entorno, como para abatirse mucho por las circunstancias muy desfavorables, entonces las condiciones más favorables no lo van a emocionar e inspirar. De la misma manera, un método de predicación que hace que el fracaso sea imposible también hace imposible lo sorprendente. Protegido de caer por debajo de cierto nivel, el predicador también se verá obstaculizado para encumbrarse tan alto como de otro modo estaría en su poder. Así, más aún, que el hombre se comprometa a la ocasión y al tema –que lo tome con el corazón y golpee con denuedo, que nade o naufrague.

Habiéndose preparado bien, el predicador deja el resultado en las manos de Aquel que le envió. Se presenta ante un pueblo que ha sido llamado para escuchar, creer y obedecer. Viene con el mensaje que proclama la Palabra de vida y esperanza. Habla con la autoridad del Dios vivo. Descansa en su promesa de que esta Palabra no regresará a Dios vacía, sino cumplirá el propósito para el que fue enviada.

Dos cuestiones adicionales requieren ser comentadas. Estas, siendo parte del «arte» de hablar en público, no necesitan ser explicadas con amplitud. Se puede esperar que todo el que sienta llamado al ministerio de la Palabra ya se haya adentrado en el estudio y práctica serios de este tema.

Pocos se atreverían a menospreciar la importancia de la *voz* para hablar en público. Un discurso, estrictamente hablando, existe solamente en el acto de hablar. Esto es lo que no se debe olvidar. Y el grado de efectividad con el que el mensaje hace su impacto en los oyentes, depende en gran medida del uso que orador hace de este instrumento único. Cicerón en uno de sus ensayos dice: «Para una presentación efectiva y admirable, la voz, indudablemente, ocupa el lugar más alto».

Cuatro cualidades deben ser cultivadas. La primera es el *compás* o el rango de la entonación. Aunque no todos nosotros hemos sido dotados con el mismo amplio alcance, todos podemos evitar la monotonía por medio de la práctica continua. Debemos usar diferentes inflexiones y tonos de acuerdo con los sentimientos que esperamos que el mensaje produzca en los oyentes.

El *volumen*, también, debe observarse cuidadosamente.

Demasiados predicadores ponen poca atención al entorno en el que hablan. Algunos hablan en un tono demasiado bajo y débil cuando están en un edificio grande, mientras que otros buscan su fuerza en gritos incluso dentro de los confines de un salón pequeño.

Si bien las voces difieren casi tanto como la forma física, todo orador puede desarrollar un *poder de penetración* adecuado cuando habla. Aquí la articulación es de un valor inestimable. Las palabras pronunciadas cuidadosa y claramente a menudo vuelan con facilidad hacia los lugares más alejados de un auditorio. Especialmente con el sistema de audio instalado en la mayoría de los templos, no tenemos excusa por ensordecer los oídos con gritos. Más bien, de vez en cuando tome una respiración profunda, conozca lo que quiere enfatizar, y luego hable deliberadamente mientras hace resaltar las palabras con la modulación adecuada.

A lo anterior se debe agregar la calidad o *melodía*. Esto produce atractivo. En un sermón, esta debe alejarse de ser un arrullo suave que pone a dormir a las personas. Tampoco debe degenerar en un sonsonete, que siempre es ridículo en un mensaje que se obtiene del Señor del cielo y de la tierra. No obstante, el predicador hace bien en poner atención a la cadencia. La voz debería subir y bajar conforme a la cualidad de los pensamientos que se están expresando. La suavidad en el habla sostendrá el interés a medida que el orador conduce a la audiencia, moviéndose de un pensamiento al siguiente en preparación para la conclusión.

A continuación también algunas sugerencias prácticas para los predicadores.

Tome tiempo para una pausa antes de que comience el sermón propiamente dicho. Que su vista se pasee cuidadosamente sobre la audiencia, de manera que recuerde a la gente. Nunca comience demasiado alto en una clave, ya que esta no podrá se sostenida por mucho tiempo. Aunque a veces la voz debe caer para volver al tono general requerido para un hablar continuado, observe cuidadosamente que las últimas palabras de una oración no se vuelvan muy apagadas. No dude de vez en cuando en tomar una respiración profunda. Asegúrese en mirar frecuentemente a los oyentes más alejados de usted. Y, cuando note una falta de atención, deténgase por un segundo o dos mientras llama la atención por medio del contacto visual.

Sobre todo, que su hablar sea natural. Haga uso de la variedad en el tono, la velocidad y el énfasis. Por lo demás, piense en el mensaje de modo que a medida que ha llenado su mente y corazón, ahora pueda inspirarle para hablar la verdad de Dios con dignidad, entusiasmo y efecto. Si usted es dueño del texto y su mensaje, generalmente la voz se hará cargo de sí misma.

Ordinariamente, en un curso de *Hablar en Público,* se da mucha atención al uso apropiado de los gestos.

Si bien su efectividad no debe minimizarse, el predicador hará bien en mantener un equilibrio prudente. Demasiados y demasiado pocos desvían la atención de la congregación del sermón al predicador. Algunos pecan contra el decoro que pertenece al culto agitando sus brazos desatinadamente como un molino de viento en una tormenta, en tanto que otros son culpables de correr desde un extremo de la plataforma al otro como perseguidos por un perro rabioso. Gran parte de esto puede parecer gracioso al principio al auditorio, pero contribuye poco a una predicación provechosa. En contraste se encuentran aquellos que se posicionan detrás del púlpito sin mover una mano o levantar una ceja. Dichos hombres son más apropiados para hacer guardia en el Palacio de Buckingham, que para predicar el evangelio.

El principal requerimiento para los gestos de cualquier tipo es la naturalidad. No se apoye en el púlpito, como si necesitara soporte para usted mismo o protección de las personas en las bancas. Que su cuerpo este erguido sin rigidez. Al principio las manos deben colgar quietas a los lados. No las cruce sobre su pecho o las coloque informalmente en sus bolsillos. Incluso más ofensivo es jugar con algunos objetos u hojear rápidamente las páginas de la Biblia y el himnario. Sobre todo, no trate de planear con anticipación sus gestos. Ya que el sermón generalmente debe comenzar con una nota tenue para atraer la atención de los oyentes, los gestos rara vez se necesitan desde el principio. Déjelos surgir espontáneamente conforme el mensaje avanza de un punto a otro, a menudo con mayor frecuencia y énfasis cuando se acercan a la conclusión.

Todos los gestos deben ser una mera sugerencia. El predicador no es un actor que deba proyectarse a sí mismo y sus palabras a través de una fila de reflectores. La variedad hará más por un hablar efectivo. Cuando ocasionalmente apunte el dedo hacia la audiencia, que se haga suavemente. Dar zapatazos o golpear el púlpito rara, si alguna vez, es de buen gusto. Rara vez debe el predicador intentar representar alguna parte de su texto, incluso cuando es extraído de un pasaje narrativo de la Escritura. Siempre, por supuesto, los gestos deben estar en consonancia con el pensamiento expresado. Uno nunca señala hacia abajo cuando está hablando de Dios, el cielo y los ángeles, o hacia arriba cuando está enfatizando la angustia o la condenación que espera a los impíos. Demasiada vehemencia aleja más que gana a los que están escuchando. Para un hablar efectivo, hacemos bien en recordar esta regla: use los ojos mucho más que las manos; las manos mucho más que los pies.

Siempre existen algunos peligros al hacer uso de los gestos. Las personas están listas para recordarlos durante semanas y meses y meses, especialmente cuando han sido ridículos. Por supuesto, es posible dedicar demasiada atención a este aspecto de la presentación del sermón, resultando en que el predicador se siente encadenado más de la mente que del cuerpo. Fácilmente se pueden cometer errores. Pero de estos, cuando le es llamada la atención por algún amigo comprensivo, puede aprenderse mucho. Los gestos no deben ser completamente evitados, ya que ayudan a impartir viveza y fuerza a lo que se dice. Teniendo presente esto Broadus, quien aprendió mucho por medio de la práctica, concluye sus comentarios con este consejo:

De vez en cuando pregunte a un verdadero y juicioso amigo que le informe de que le parecieron [las faltas]; y a este respecto, nadie puede ser más útil que una esposa inteligente. Hable libre y valientemente lo que siente. Un hombre nunca puede aprender a realizar ningún movimiento con gracia salvo realizándolo con frecuencia y con gran libertad. La vid debe crecer o no podrás podarla. Y no olvidemos que incluso algunas de las faltas del hombre en la acción y en la voz pueden ser parte de él mismo. Corríjalos siempre que sea posible; pero mejor deje que permanezcan en lugar de reemplazarlos por la artificialidad o por la insipidez.

Todo lo anterior tiene su lugar en la preparación para predicar. Todo don que podamos tener debe cultivarse por el bien de nuestro alto llamamiento. Pero no olvidemos nunca que la bendición viene solamente de Dios. En él deben estar asegurados nuestros corazones, más que en nosotros mismos o en nuestra congregación.

Alguien no extraño al púlpito, dijo acertadamente: «Oh, qué pequeñez inefable la del alma que, estando encargada del cristianismo, hablando en el nombre de Dios a seres inmortales y disponiendo de emoción infinita para el más amplio y ferviente amor, se hunde en una estrecha autoestima, estando solícita principalmente de su propio honor».

Nada daña más el alma del predicador que pretender la popularidad por la popularidad misma. Esta viene y se va con el viento. Es como las proverbiales «manzanas de Sodoma», agradables al gusto por un momento, solamente para convertirse en veneno para el espíritu. Lo que Goldsmith una vez cantó acerca de un párroco rural es el ideal más saludable y agradable a Dios:

En la iglesia, con gracia dócil y sincera,
Sus miradas adornaron el lugar venerable;
La verdad de sus labios prevaleció con doble balanceo,

Y los necios, que vinieron a burlarse, se quedaron a orar.

Recuerde bien que Dios está tan cerca de nuestra boca cuando predicamos, como lo está el hombre que inclina su oído a nuestros susurros.

Peter Y. De Jong

www.ingramcontent.com/pod-product-compliance
Lightning Source LLC
Chambersburg PA
CBHW061001280326
41935CB00009B/792